本书受到湖南工学院2015校本级规划教材建设立项项目(湖工教〔2015〕49号)资助

企业会计报表分析

服务外包企业战略决策的财务信息支持

康 健 唐 欣 张柯贤 洪 敏
徐 飒 朱纪红 曹文明 编著

浙江工商大學出版社
ZHEJIANG GONGSHANG UNIVERSITY PRESS

图书在版编目(CIP)数据

企业会计报表分析 ：服务外包企业战略决策的财务信息支持 / 康健等编著. —杭州 ：浙江工商大学出版社，2017.2

ISBN 978-7-5178-1940-0

Ⅰ. ①企… Ⅱ. ①唐… Ⅲ. ①企业—会计报表—会计分析 Ⅳ. ①F275.2

中国版本图书馆 CIP 数据核字(2016)第 293292 号

企业会计报表分析

——服务外包企业战略决策的财务信息支持

康　健等 编著

责任编辑 吴岳婷　刘　韵

封面设计 林朦朦

责任印制 包建辉

出版发行 浙江工商大学出版社

(杭州市教工路 198 号　邮政编码 310012)

(E-mail:zjgsupress@163.com)

(网址:http://www.zjgsupress.com)

电话:0571-88904980,88831806(传真)

排　　版 杭州朝曦图文设计有限公司

印　　刷 杭州恒力通印务有限公司

开　　本 787mm×1092mm　1/16

印　　张 16.75

字　　数 387 千

版 印 次 2017 年 2 月第 1 版　2017 年 2 月第 1 次印刷

书　　号 ISBN 978-7-5178-1940-0

定　　价 42.00 元

前　　言

对企业的会计报表进行分析，是财务分析的一项重要工作，需要会计人员利用会计知识对企业的经营管理状况进行判断和预测。会计报表中的数据是企业在一定时期财务状况、经营成果、现金流转情况的综合反映和高度概括。从这些信息中，我们可以比较经营状况、经营业绩和经营质量的变化，总结企业经营管理制度的合理性程度，并能为企业改善经营管理服务，提高企业经营管理决策的科学性、有效性、合理性，据此估计企业未来的发展趋势。因此，对于会计报表分析者来说，会计报表分析是服务于企业经营管理工作的会计活动。如何通过会计报表分析这项活动来了解会计报表中的数据来源，并运用数据反映的信息把握企业的经营形势，对帮助企业做出更好的经营决策是十分重要的。

但对各类报表使用者来说，要通过分析各类会计报表及相关资料，了解、评价企业经营管理状况，为企业经营管理决策提供服务和建议却并不容易，这就需要系统地学习一些报表分析方法，掌握正确的报表分析观点；发展到现在，会计报表分析已经成为一门比较成熟的专业课程，已经能够提供多种方法帮助我们正确地了解和分析会计报表。本书以服务外包企业为例，介绍会计报表分析的基本概念、理论和方法，并将之进行总结和归类。

本书分为四篇十二章，第一篇为会计报表分析概论，介绍会计报表分析的含义、步骤、方法等基本理论，并介绍了会计信息与非会计信息的利用和分析方法与注意事项；第二篇为主要会计报表的分析，说明资产负债表、利润表、现金流量表、所有者权益变动表的分析方法；第三篇为企业能力分析，重点说明如何运用财务比率分析法来评价企业的偿债能力、盈利能力、营运能力、成长能力；第四篇为财务综合分析，阐述了会计报表综合分析方法的原理，并以浙大网新作为服务外包企业的代表介绍会计报表综合分析方法的运用。

为了加强学习效果，本书中的每一篇都加入了引导性案例，方便大家带着对现实问题的思考进行阅读，并在每一章的内容前面都加入了学习目的与要求、关键知识点、重要概念和引言，每一章的后面都附带了思考题和练习题。最后的附录中配有复习资料(模拟试卷)。这样的内容安排，逻辑清楚、内容充实、重点突出，比较注重学生的自主思考能力。

在本书写作过程中，我们参考了大量的相关书籍和资料，在此谨表谢意。由于企业会计报表分析的迅速发展和编制的水平有限，书中难免有不足之处，敬请读者批评指正。

作　者

2016 年 7 月

目　录

第一篇　会计报表分析概论

第二篇　主要会计报表的分析

第四篇 财务综合分析

第一篇　会计报表分析概论

引导性案例:蓝田造假事件的反思

蓝田事件是中国证券市场一系列著名欺诈案之一。蓝田股份玩的也是编造业绩神话的伎俩。

蓝田股份曾经创造了中国股市长盛不衰的绩优神话。这家以养殖、旅游和饮料为主的上市公司,一亮相就颠覆了行业规律和市场法则,1996 年发行上市以后,在财务数字上一直保持着神奇的增长速度:总资产规模从上市前的 2.66 亿元发展到 2000 年末的 28.38 亿元,增长了 9 倍,历年年报的业绩都在每股 0.60 元以上,最高达到 1.15 元。即使在遭遇了 1998 年特大洪灾以后,每股收益也达到了不可思议的 0.81 元;5 年间股本扩张了 360%,创造了中国农业企业罕见的“蓝田神话”。

2001 年 10 月 8 日,蓝田发布了一个公告,称“公司已接受中国证监会对本公司有关事项进行的调查”。这引起了中央财经大学研究员刘姝威的注意。2001 年 10 月 9 日起,刘姝威对蓝田的财务报告进行了分析。得出的结果是,2000 年蓝田的流动比率已经下降到 0.77,净营运资金已经下降到 -1.27 亿元。这几个简单的数字在刘姝威看来说明了:蓝田在一年内难以偿还流动债务,有 1.27 亿元的短期债务无法偿还。这令刘姝威感到震惊,蓝田已经失去了创造现金流量的能力,完全是在依靠银行的贷款维持生存——它是一个空壳!10 月 23 日,刘姝威毫不犹豫地将《应立即停止对蓝田股份发放贷款》的 600 字报告传真给了《金融内参》编辑部,两天之后顺利刊发。自此,被称为“老牌绩优”的蓝田股份刻意制造的巨大泡沫宣告破碎。

这次事件让投资者意识到对企业会计报表进行阅读和分析的重要性,也引发了许多人的一系列思考:分析企业的经营状况究竟应该以哪些资料为依据?在会计报表分析的过程中,应该按照什么程序和方法开展工作?如何通过识别防范会计报表信息失真?

第一章 会计报表分析概论

●学习目的与要求

通过本章的学习，了解会计报表分析的产生和发展过程及会计报表分析资料的构成，熟悉会计报表分析的含义、步骤及形式，掌握会计报表分析的方法，能够熟练运用会计报表分析的步骤和方法进行分析，达到会计报表分析的目的。

●关键知识点

会计报表分析的概念；会计报表分析的资料；会计报表分析的步骤；会计报表分析的评价标准；会计报表分析的方法

●重要概念

会计报表分析；会计报表分析者；比较分析法；趋势分析法；结构分析法；比率分析法；因素分析法

会计报表是综合反映企业财务状况、经营成果和现金流量状况、所有者权益状况的书面文件，是会计核算的最终成果。会计报表分析，是运用具体方法对会计报表中有关数据进行比较与研究，评价企业的财务状况与经营成果，为会计信息使用者提供决策依据的管理活动。随着市场经济的不断发展，人们对会计报表所提供的信息的利用将越来越普遍，要求也将越来越高。对会计报表进行分析，是会计人员为企业理财的一项重要工作。

会计报表分析究竟能提供哪些信息？不同信息使用者对会计信息有哪些要求？如何提供这些信息？这将是本章所要讲述的主要内容。

第一节 会计报表分析的产生

一、会计报表分析的产生与发展过程

会计报表分析始于西方银行家对贷款者的信用分析，之后又广泛应用于投资领域与公司内部。从会计报表分析产生与发展的过程不难发现，该学科的理论与实务一直是在外部市场环境的影响下不断加以完善的。

会计报表分析起源于19世纪末20世纪初期，当时的会计报表仅指资产负债表。为了防止竞争对手获得资讯，公司一般不公布利润表。随着经济的快速发展和大规模生产的出现，公司的融资需求大幅上升，在这种情况下，银行的地位和作用逐渐增强。金融机构为了了解借款公司的财务结构和经营业绩，要求公司提交会计报表作为贷款的依据。1898年2月，美国纽约州银行协会的经理委员会提出议案：要求所有的借款人必须提交由他们签字的资产负债表，以衡量公司的信用和偿债能力。1900年，该协会发布了申请贷款的标准表格，

包括部分资产负债表。此后，银行开始根据公司资产和负债的质量对比来判断公司对借款的偿还能力和还款保障程度，并且提出如流动比率、速动比率等一系列比率分析指标来作为判断的依据。比如，美国学者亚历山大·沃尔(Alexander Wall)建议使用财务比率法来评价公司的信用，借以防范贷款的违约风险。1923年，美国的詹姆斯·布利斯(Jams Bliss)出版了《管理中的财务和经营比率》一书，书中提出并建立了各行业平均的标准比率，便于人们对各公司进行横向财务比较。当然比率分析也存在许多不足。1921年，吉尔曼(Gilman)出版了著名的《会计报表分析》，他指出不能高估比率分析的作用，因为财务比率与资产负债表之间的关系似乎难以明确，他同时还主张应用趋势分析法的必要性。

将会计报表分析引入投资领域的是美国汤姆斯(Thomas)。1900年他出版了《铁路会计报表分析》，该书使用了诸如经营费用与毛利率、固定费用与净收益比率等现代财务分析方法来评价当时的铁路行业经营状况。此后，会计报表分析作为评价财务状况的基础，在投资领域越来越盛行。

尽管在20世纪初，会计报表分析技术出现了许多重大突破，但会计报表分析成为一门独立学科还是始于20世纪50年代。随着股份制经济和资本市场的发展，债权人和投资者开始系统分析公司的会计报表资讯，关注公司的偿债能力、信用品质和经营成果，从而促进会计报表分析的发展，使之成为一门独立的、实用性很强的新学科。

二、会计报表分析基本框架的发展

(一)信用分析

企业财务报表分析起源于美国银行家对企业进行的所谓信用分析。银行为确保发放贷款的安全，一般要求企业提供资产负债表等资料，以便对企业的偿债能力进行分析。所以，信用分析又称资产负债表分析，主要用于分析企业的流动资产状况、负债状况和资金周转状况。然而必须强调的是，企业良好的偿债能力，必须以良好的财务状况和强大的盈利能力为基础。因此，现代企业的财务报表分析，不再只是单纯地对资产负债表进行分析，而是朝着以利润表为中心的方向转变。

(二)投资分析

银行对企业进行信用分析的结果不仅为银行本身所利用，对企业投资者也意义重大。投资者就是希望从投资中获得预期的收益，所以，为确保和提高投资收益，广大投资者纷纷利用银行对不同企业及行业的分析资料进行投资决策。于是，财务报表分析由信用分析阶段进入投资分析阶段，其主要任务也从稳定性分析过渡到收益性分析。

需要注意的是，对企业财务报表的分析由稳定性分析转变为收益性分析，并非是后者对前者的否定，而是以后者为中心的两者在分析中的并存。

由于盈利能力的稳定性是企业经营稳定性的重要方面，企业的流动性在很大程度上依赖于盈利能力，所以随着对企业盈利能力稳定性分析的深化，收益性分析也成为稳定性分析的重要组成部分。这时的稳定性分析，其内涵不仅包括企业支付能力的稳定性，还包括企业收益能力的稳定性。于是，财务分析又朝着以收益性为中心的稳定性分析方向发展，逐步形成了目前企业财务报表分析的基本框架。

（三）内部分析

在企业财务报表分析的开始阶段，企业财务报表分析只是用于外部分析，即企业外部利益相关者根据各自的要求进行分析。后来，企业在接受银行的分析与咨询过程中，逐渐认识到了财务报表分析的重要性，开始由被动地接受分析逐步转变为主动进行自我分析。尤其在"二战"后，企业规模不断扩大，经营活动更加复杂，企业为了在激烈的市场竞争中求生存、图发展，不得不借助于财务报表所提供的有关资料进行咨讯导向、目标管理、利润规划及前景预测。这些都说明，企业财务报表分析开始由外部分析向内部分析拓展，并出现两个显著特点：一是内部分析不断扩大和深化，成为财务报表分析的重心；二是分析所需和所用的资料非常丰富，为扩大分析领域、提高分析效果、发展分析技术提供了前提条件。通过财务报表分析，掌握企业的财务状况，进而判断企业的经营状况，已经成为现代企业及社会的一大要求。不过，无论是外部分析还是内部分析，所用的资料都主要来源于对外公布的财务报表。

第二节　会计报表分析者与会计报表分析资料

一、会计报表分析者

会计报表的分析者也是会计报表的使用人。通常情况下，一般包括企业的债权人、权益投资人、企业内部经理人员、政府管理机构及其他企业利益相关者。他们出于不同目的使用会计报表，分析会计报表。关注的角度不同，分析的目的就不同，分析的范围及采取的分析方法和指标，分析的观点都有所有不同。

有时候，在面对同一份报表时，不同的会计主体常常因为观点和立场的不同，做出不同的结论，有着难以调和的矛盾。

（一）债权人

债权人是指提供信用给企业并提到企业还款承诺的人。债权人主要包括提供银行信用的金融机构债权人和提供商业信用的商业债权人，他们尤其关心企业是否具有偿还债务的能力。债权人对企业财务报表分析的目的是判断企业为什么需要筹集外部资金，它们还本付息能力和信用水平如何，以决定是否给企业提供信用，信用期限有多长，以及是否需要提前收回债权等。因此，债权人最为关注企业的偿债能力，最主要分析的会计报表是资产负债表。

债权人根据其提供的债务期限还可以分为短期债权人和长期债权人，他们分别提供不超过一年期的短期信用和一年期以上的长期信用。短期债务的债权人分析会计报表的着眼点主要在于短期财务状况、短期偿债能力、存货周转率和获利能力等；长期债务的债权人分析会计报表的着眼点主要集中于长期偿债能力、资本结构、营运能力、获利能力和经营现金流量等。

（二）所有者

所有者一般是指企业的投资人或普通股东。他们投资于企业的目的是扩大自己的财富，他们不仅要求保证投资企业的本金，同时还要求有相应的投资回报。权益投资人考虑更多的是如何增强企业的竞争能力，获得更大的市场份额，降低财务风险，从企业持续稳定的增长中提取到更多的收益。

所有者进行财务报表分析的目的与债权人不同，所有者不仅要承担一切可能发生的风险，而且还要求获得投资回报。因此所有者对会计报表分析的重视程度超过其他任何会计信息使用者。就一般企业而言，所有者分析的重点是企业的获利能力，最主要分析的范围是利润表。所有者进行财务报表分析，其目的是评价企业业绩，以决策是否对企业进行投资或是转让现有的企业股份从原企业退出；另外，权益投资人通过分析企业的财务状况和经营绩效，还可以对是否更换企业的经营管理者等方面的问题做出决策。

（三）企业内部经营管理者

企业内部经营管理者是指被聘用的、对公司资产和负债进行管理的个人组成的团队。企业内部经营管理者关心企业的财务状况，如偿债能力、盈利能力、资金周转能力和持续发展能力等各方面的信息，以便能够更好地发现问题，采取对策，使企业能够持续稳定地经营和发展。内部经营管理者同时可以获取外部使用人无法得到的内部经营信息。他们分析会计报表的主要目的是了解企业的经营状况，进行财务筹资和投资决策，以及评价企业各项决策的执行情况等。

（四）政府管理机构

政府管理机构也是企业财务报表的使用人，包括财政税务机关、工商行政管理机关、证券管理机构、国有资产管理机关、会计监管机构、审计机构、社会保障部门等。这些政府机构分析会计报表的目的取决于各政府机构的职能，是为了履行自己的监督管理职责而关心企业的财务报表。他们通过考察企业的财务经营状况，可以检查企业是否遵守各项政策法规，评价企业的经营业绩，并分析企业对社会所做出的贡献程度等。比如，税务机关通过分析会计报表，主要对企业的纳税进行确认与鉴定；工商行政管理部门主要是通过会计报表分析企业的经营范围和注册资本的投入情况，作为核发工商营业执照和工商年检登记的依据；国有资产管理部门主要是通过会计报表分析，掌握国有资产的运用效率和投资报酬率，从投资者的角度研究分析企业的财务状况和经营成果。因此，政府管理机构主要考察会计报表的真实性和有效性。

（五）社会公众

社会公众是指那些进行企业会计报表分析的其他相关人士，还包括企业的内部职工、专业的投资理财分析师、律师、其他利益相关者等。企业的内部职工通过分析会计报表，不仅可以充分了解企业当前及未来的经营发展状况，同时还可以有效维护个人的相关权益；专业的投资理财分析师通过会计报表分析，可以为客户的证券投资提供专家意见和理财服务；律师也可以采用财务分析的方法，为其追查财务案件提供帮助。其他利益相关者有的可能是潜在的债权人或投资者，他们比较关注企业的成长能力，重点在于对企业的成长能力进行分析;还有的希望通过会计报表了解企业的社会责任履行情况,比如企业生产造成的污染程度、企业对员工的福利保障、与社区的沟通联系等。这使得社会公众成为一种特殊的报表分析主体,也使会计报表的反映和分析范围得以扩大。

二、会计报表分析的资料

(一)主要资料

会计报表分析主要是在会计报表提供的数据上进行分析,以判断企业目前的经营状况,预测企业未来的发展趋势,所以会计报表分析的主要依据是各类会计报表。

会计报表按照反映内容划分,可分为资产负债表、利润表、现金流量表和所有者权益状况变动表,资产负债表有利于分析企业的财务状况,利润表有利于分析企业的经营成果,现金流量表有利于分析企业的现金流转情况是否正常,所有者权益状况变动表有利于分析企业的所有者权益变动情况;按编报时间划分,可分为年度报表、中期报表(半年度报表、季度报表和月度报表),年度报表有利于企业做长期经营趋势分析,中期报表有利于企业比较短期的经营变化。另外,按服务对象划分,可分为内部报表和外部报表;按编制主体划分,可分为单位报表和合并报表。

(二)辅助资料

会计报表分析依据的主要资料是企业对外公布的各类报表,但会计报表分析并不仅仅是针对会计报表所做的分析。会计报表分析的辅助资料则是其他有关资料,包括报表附注、审计报告、财务情况说明书以及企业所处的市场和行业信息等,分析时要注意获取这些补充信息。比如,我国上市公司披露的信息有四类:招股说明书、上市公告书、定期报告(包括年度报告和中期报告)和临时公告(包括重大事项报告、收购公告)。总之,所有能有助于了解企业的财务状况、经营成果及现金流转情况的资料都可以作为会计报表分析的依据。

第三节　会计报表分析的含义、目的与内容

一、会计报表分析的含义

对于会计报表分析的含义,不同学者有不同看法。

美国南加州大学教授 Water B. Meigs 认为,会计报表分析的本质在于搜集与决策有关的各种财务信息,并加以分析与解释的一种技术。

美国纽约市立大学的 Leopold A. Bernstein 认为,会计报表分析是一种判断的过程,意在评估企业现在或过去的财务状况及经营成果,其主要目的在于对企业未来的状况及经营业绩进行最佳预测。

台湾政治大学教授洪国赐认为,会计报表分析以审慎选择财务信息为起点,作为探讨的根据;以分析信息为重点,以揭示其相关性;以研究信息的相关性为手段,以评核其结果。

上海财经大学的何韧教授提出,会计报表分析是指一定的财务报表分析主体以财务报

表为主要依据，采取一定的标准和系统科学的分析方法，对企业的生产经营活动和财务状况进行综合评价的过程，其目的是了解过去、评价现在和预测未来，为报表使用者的各项决策行动提供依据。

我们认为，会计报表分析是指在会计报表及有关资料的基础上，对各项报表数据和各项财务指标之间进行分析的一项管理活动。会计报表分析有系统的资料依据，有健全的内容与方法体系，是一项以分析企业经营状况和未来发展趋势为目的的管理活动。

二、会计报表分析与财务分析的区别

财务管理活动中有财务分析，财务分析的概念和方法与会计报表分析比较相近，但两者从内容和性质上来说并不是完全相同的。

首先，分析程序不同。企业的财务分析是一个结构复杂的体系，包括事前财务分析、事中财务分析、事后财务分析三部分。因此，广义的财务分析要比会计报表分析更宽泛。比如，企业价值分析、投资分析、成本性态分析等，显然都不能纳入会计报表分析的范围。但在狭义上说，也就是从事后财务分析的意义上看，财务分析实际上也就是会计报表分析。

其次，分析内容不同。财务分析的内容一般包括生产分析、生产要素分析、产品成本分析、产品销售分析、利润分析、资金分析、会计报表分析等。为了与分析内容相适应，财务分析需要利用广泛的分析资料和分析指标，除财务指标外，还有反映生产和销售等经营情况的许多实物量指标和非数量指标。所以，财务分析的内容比会计报表分析要广泛、全面得多。

再次，分析范围不同。分析立场不同带来了分析内容的不同。投资者和债权人通常要侧重分析一个方面，而企业经营者要综合分析和评价偿债能力、获利能力和管理效率，内容更全面。在财务分析中，不仅涉及以会计报表为基本依据的偿债能力、获利能力和资产营运效率分析，而且包括成本费用分析，甚至包括产品产量、品种、质量等非价值形态的因素分析等。

另外，分析依据和方法不同。财务分析资料非常广泛，会计报表资料不一定是主要的分析依据资料，而主要是以企业内部经营的所有数据进行分析。财务分析采用的方法也非常多，主要是以管理学中的公式、原理采用的数据分析方法。而会计报表分析是以会计报表作为主要依据资料进行分析的，所采用的方法主要是财务比率分析法。

三、会计报表分析的目的

会计报表分析的基本目的是管理决策和监督评价，可分为两个方面：一方面，为投资决策、信贷决策、销售决策和宏观经济决策等提供依据，即为管理决策提供依据。在这方面主要体现为投资者、贷款提供者、供应厂商和政府宏观管理部门及社会公众对企业进行财务分析的基本目的。另一方面，为企业经营管理业绩评价、监督和选择经营管理者提供依据，即为监督评价提供依据。在这方面，主要体现为投资者、企业客户和政府财务会计监督部门及社会公众对企业进行财务分析的基本目的。总而言之，会计报表分析的目的就是对会计报表及其他相关信息进行结合分析，提出简洁明了的分析结论，帮助企业相关利益人进行决策和评价。

四、会计报表分析的内容

会计报表分析经历了长期的理论研究和实践探索的过程，逐步形成了一定的比较稳定的内容，主要包括以下几点。

（一）会计报表解读

会计报表是对企业财务状况、经营成果和现金流量的结构性描述，它提供了最重要的财务信息，但是会计报表分析不是直接使用报表上的数据计算一些财务比率，然后得出分析结论，而应当先阅读会计报表及会计报表附注，明确每个项目数据的含义及编制过程，掌握报表数据的特性和结构。对会计报表的解读一般分为三个部分。

1. 会计报表质量分析

企业披露的最主要会计报表为资产负债表、利润表和现金流量表。质量分析关注会计报表中数据与企业现实经济状况的契合程度、不同期间数据的稳定性、不同企业数据总体的分布状况等。

2. 会计报表趋势分析

在取得多期比较会计报表的情况下，可以进行趋势分析。趋势分析是依据企业连续期间的会计报表，以某一年或某一期间（成为基期）的数据为基础，计算每期各项目相对基期同一项目的变动状况，观察该项目数据的变化趋势，揭示各期企业经济行为的性质和发展方向。

3. 会计报表结构分析

会计报表结构是指报表各内容之间的相互关系。通过会计报表结构分析，可以从整体上了解企业财务状况的组成、利润形成的过程和现金流量的来源，深入探究企业财务结构的具体构成因素及原因，有利于更准确地评价企业的财务能力。比如，通过观察流动资产在总资产中的比率，可以明确企业当前是否面临较大的流动性风险，是否对长期资产投入过少，是否影响了资产整体的盈利能力等。

（二）企业财务能力分析

现代企业的生存与发展，在很大程度上取决于企业的财务能力。为了正确把握和充分发挥企业的财务能力，有关分析主体需要对企业的财务能力进行分析。现代企业的财务能力可归为“四种能力”，即偿债能力、盈利能力、营运能力和成长能力。与此相对应，财务能力分析的内容有偿债能力分析、盈利能力分析、营运能力分析和成长能力分析。

1. 偿债能力分析

企业偿债能力是关系到企业财务风险的重要内容，企业使用负债融资，可以获得财务杠杆效应，提高净资产收益率，但随之而来的是财务风险的增加，如果陷入财务危机，企业相关利益人都会受到损害，所以应当关注企业偿债能力。企业偿债能力分为短期偿债能力和长期偿债能力，两者的衡量指标不同，企业既要关注即将到期的债务，还应当对未来远期债务有一定的规划。另外，企业偿债能力不仅与债务结构相关，而且还与企业未来收益能力联系紧密，所以在分析时应结合其他部分的能力分析。

2. 盈利能力分析

企业盈利能力也称获利能力，是指企业赚取利润的能力。首先，利润的大小直接关系企业所有相关利益人的利益，企业存在的目的就是最大程度地获取利润，所以盈利能力分析是会计报表分析中最重要的一部分。其次，盈利能力还是评估企业价值的基础，可以说，企业价值的大小取决于企业未来获取利润的能力。最后，企业盈利指标还可以用于评价内部管理层业绩。在盈利能力分析中，应当明确企业盈利的主要来源和结构，盈利能力的影响因素，盈利能力的未来可持续状况等。

3. 营运能力分析

企业营运能力主要是指企业资产运用、更新的效率高低。如果企业资产运用效果好、更新快，则企业可以较少的投入取得比较多的收益，减少资金的占用和积压。营运能力分析不仅关系到企业的盈利水平，还反映企业生产经营、市场营销等方面的情况，通过营运能力分析，可以发现企业资产利用效率的不足，挖掘资产潜力。

4. 成长能力分析

企业成长的内涵是企业价值的增长，是企业通过自身的生产经营，不断扩大积累而形成的发展潜能。企业成长不仅仅是规模的扩大，更重要的是企业收益能力的上升，一般认为是净收益的增长。同时，企业成长能力受到企业的经营能力、制度环境、人力资源、分配制度等许多因素的影响，所以在分析企业成长能力时，还需要测度这些因素对企业发展的影响程度，将其变为可量化的指标进行表示。总之，对企业成长能力的评价是一个全方位、多角度的评价过程。

（三）财务综合分析

在对各类会计报表进行阅读，分析企业的各种能力后，应当给企业报表分析者提供一个总体的评价结果，否则仅凭某个单方面的优劣难以评价一个企业的总体状况。财务综合分析就是解释各种财务能力之间的相关关系，得出企业整体财务状况及效果的结论，说明企业总体目标的事项情况。财务综合分析采用的具体方法主要是杜邦分析法和沃尔评分法等。

第四节　会计报表分析的步骤与评价标准

一、会计报表分析的步骤

会计报表分析的基本功能在于收集与企业利益相关者有关的各项会计信息，分析和研究、解释这些会计信息之间的相互关系，借以揭示与评价企业的财务状况和经营成果。报表使用者为了取得有效的会计报表分析成果，提高分析效率，需要遵循一定步骤，包括明确分析目的、划定分析范围、拟定分析方案、收集并整理分析资料、选定分析方法、进行分析计算、得出分析结论等。

（一）明确分析目标

明确分析目标是整个分析活动的出发点，决定着分析范围的大小、分析标准的选择、收集资料的详略、分析方法的选取等全部财务分析过程。由于报表使用人不同，所以分析目标也会有所不同。

也只有明确了分析目的，才能分清本次分析的重点和难易程度。比如说债权人的分析目的是分析企业的偿债能力，那么根据这个目的他会选择以资产负债表作为主要分析范围，在分析资产项目时主要看资产的数量和结构是否有利于偿还债务；而投资者的目的主要是分析企业的盈利能力，那么他会以此为目的，选择利润表作为主要分析范围，对于资产项目，他主要是看资产的保值增值能力。

（二）划定分析范围

在确定分析目标后，要根据具体情况有选择地确立分析范围，按照成本效益原则，进行重点分析，以节约收集有关资料、设计分析程序等环节的成本。

（三）拟定分析方案

根据分析目标和要求，拟定分析方案，主要是对整个分析过程的步骤、人员、工作内容、时间等做出具体安排，具体包括采用哪些合理的技术方法和财务指标进行分析、选择什么样的分析标准、确定分析到什么样的层次、时间进度如何、哪些人员做哪些内容的分析等等。比如确立分析目标是分析企业的获利能力，那么可以确定分析范围是分析企业在销售、投资等业务中的获利能力，并以销售获利能力分析为主，那么可以把分析步骤分成这两个环节，先分析销售业务中的获利能力，再分析投资业务中的获利能力，最好再进行综合分析，在这个过程中确定好每个环节的完成时间。分析方案的拟定就是会计报表分析前所做的规划。

（四）收集并整理分析资料

收集并整理分析资料也应在明确的分析目标和分析范围下进行。收集所需要的分析资料要注意尽量全面，不仅包括企业对外公布的会计报表，还包括企业内部的各类资料；不仅包括企业的会计信息资料，还包括非会计信息资料；不仅包括本企业的资料，还包括同行业其他企业的资料；不仅包括企业现在与过去的资料，还包括一些预测性的资料。

在收集资料后还必须对资料进行整理，对所收集的资料核实其真实性和时效性，尤其要注意防范会计失真和财务欺诈行为。对于来源不可靠的资料要慎重使用。除此之外，还要按资料进行重要性排序。同时如果分析目的有一定特殊性，还要注意搜集特定资料。搜集分析资料是保证分析质量的基本步骤。

（五）选定分析方法

报表分析方法有比较分析法、结构分析法、趋势分析法、因素分析法、财务比率分析法。每一种分析方法都有自己的适用范围。比较分析法有利于比较数据差异并查找原因，结构分析法有利于分析某项目的内部结构，趋势分析法有利于预测未来发展，因素分析法有利于分析原因，财务比率分析法有利于判断企业的各种能力。

（六）进行分析计算

对已经掌握的资料，在经过必要的数据处理之后，选用一定的分析方法，进行指标计算和分析，找出指标之间的差距，以揭示在各财务报表资料中所隐含的重要关系及相互之间的影响因素。

(七)得出分析结论

在初步分析的基础上,采用定性分析和定量分析相结合、综合分析和专题分析相结合、静态分析和动态(趋势)分析相结合的方法,按照相关性原则、可比性原则、成本效益原则等原则的要求,通过归纳和综合,把研究对象系统化,从总体上把握其本质和规律,最后形成分析结论,完成会计报表分析报告。

会计报表分析报告的组成与格式大致可以包括:

1.标题

会计报表分析报告的标题,一般由单位名称、时间、内容和文种四项组成。比如,标题可以为"某某股份有限公司某年度会计报表分析报告"。

2.开头

多数是概括介绍分析的范围和情况。针对分析的问题用数字简要介绍一些基本情况,或提出问题,或简要说明分析报告的目的。开头要紧扣分析的对象和问题,简明扼要,以极其简括的文字说明对企业哪一段时间、哪一方面(或全部)的财务活动进行了分析,或者用概括的语句把分析对象的概况大致反映一下,使人看了开头就能了解大致情况。

3.分析部分

这是会计报表分析报告的正文。首先,应按可比口径计算说明各项主要经济指标的完成情况,或用数字对比,或用表格列示,通过实际与计划对比、本年与上年同期对比的形式把经济指标的完成情况和经营管理的成果反映出来。其次,要肯定所取得的成绩,哪些是好的,好在什么地方,如提高经济效益的经验、扭亏增盈的经验、增产节约的经验等,应有层次、有分析地加以说明。最后,要把经济指标完成不好的情况和企业经营管理中存在的问题暴露出来,哪些是差的,差在什么地方,应切中要害,有针对性地反映清楚。

写正文部分,应当注意突出重点,突出问题的症结所在。只有重点突出的财务情况分析报告,才能让人读了之后,知道重点在何处,关键在哪里,以便抓住重点。具体写作时,应有重点地总结分析企业取得某一重要成绩的情况和经验,或者有重点地总结分析企业存在的薄弱环节的状况和造成的原因,切忌罗列数据面面俱到,而又不分析问题、解决问题。分析的时候,还要注意善于运用公式,对有关财务指标进行对比分析,以利于说明问题。这部分的写作还要注意情况具体、分析深入、结论公正,既不虚构或夸大,也不掩饰或缩小问题,使人阅读后能够对企业的生产经营活动和财务成果有一个全面、正确的认识。

4.建议部分

进行财务情况分析的最终目的是改善企业的生产经营管理和财务状况,提高经济效益。因此,建议部分应该针对分析发现的问题,提出改进意见,作为向管理层提出的建议。

5.署名和日期

总之,会计报表分析报告的写法不能千篇一律,有的在前面用文字分析说明,后面用数字列表说明;有的在文字说明中插入表格或列示一些主要数字;也有的没有单独开头这一部分,把开头的内容直接安排在正文分析说明中。

二、会计报表分析的评价标准

会计报表分析标准是会计报表分析过程中据以评价分析对象的基准，会计报表分析标准的设立与选择的目的是对企业的财务状况、经营成果做出适当的判断。

（一）会计报表分析评价标准的类型

一般来说，有以下分析标准：

1.历史标准

以过去某时期的数据为标准作比较，比如上期实际、上年同期、历史先进水平等。由于各企业间的实际情况千差万别，企业财务状况和经营成果必然要受到各种因素的影响，财务分析者在对企业经营状况做出判断的过程中，要剔除一些外部特殊因素对企业经营状况的影响，一方面反映企业的真实水平，另一方面有利于考核企业各部门的经营业绩。进行这一工作的可行方法就是采用历史标准作为分析评价标准。

2.预算标准

以预计数据为标准比较，比如预算标准、设计标准、定额标准等。预算标准比较适合企业成本与费用的控制管理，通过与预计数据比较，可以比较实际情况与预计的最佳或理想标准差距，得出实际工作的绩效。

3.经验标准

以实践经验数据为标准比较，简单、直观，比如国内和国外公认标准等。实际数据与经验标准进行比较，能够直接反映出实际完成情况的一般水平。

4.行业标准

常指行业平均水平，比如行业协会颁布的标准、国内外同类企业的先进水平等。行业标准是最为常用的财务分析标准，通过实际数据与同行业指标的比较，能够直接做出企业财务状况和经营成果好坏的判断。

（二）会计报表分析评价标准的选择

每一种分析标准都有优点缺点，需要根据具体情况选用合适的数据为标准数据作比较，以便得出结论。在实际的会计报表分析工作中，分析者应该根据分析目的，结合企业实际情况，选择恰当的分析评价标准。

如果分析目的是考察预算完成情况，则使用预算标准；若对企业发展趋势进行考察，则使用历史标准；若需要对企业的行业地位进行分析，则采用行业标准。但要注意历史标准只与企业自身进行比较，得出的结论比较片面而保守；采用经验标准则应注意经验标准值不是绝对的，要灵活地具体分析；采用预算标准，则要注意预算标准值在制定中容易受到制定者的主观影响，预算标准值一般比较理想化；采用行业标准值则需要考虑行业标准值的来源是否可靠、数据是否容易获得。当然，分析标准的选择是比较灵活的，并且在分析过程中并不仅仅是选择一种分析标准，更多的是综合使用多种标准，以对企业财务状况和经营成果进行全方位的考察。

第五节　会计报表分析的方法

会计报表分析的方法是达到会计报表分析目的、完成会计报表分析过程的手段。采用多种会计报表分析能适应不同的分析目的和要求。尽管分析方法一直在发展之中，但一些基本方法仍然是进行会计报表分析必须使用的。最常见的分析方法包括趋势分析法、比较分析法、结构分析法、因素分析法、比率分析法。

一、趋势分析法

（一）含义

趋势分析法是根据企业连续数期的会计报表，一般以第一年或本年份为比较的基期，计算每一期各项目对基期同一项目的趋势百分比，或计算趋势比率及指数，形成一系列具有可比性的百分数或指数，从而提示企业当期财务状况、经营成果、现金流量的发展变化趋势或变化规律，并对未来的结果做出预测的一种报表分析方法。趋势分析法主要采用历史标准数据进行分析。

趋势分析法可以绘成统计图表，以目测指标变动趋势；也可以采用比较法，即将连续几期的同一类型报表加以比较。这种比较可以是绝对数的比较，也可以换算为同一基期的百分比或指数。这一方法既可用于对会计报表的整体分析，研究一定时期会计报表各项目的变动趋势，也可仅对会计报表中某些项目的发展趋势进行分析。

（二）分析方式

对不同时期财务数据的比较，可以计算成百分比指标。根据采用的基期不同，所计算的百分比指标有两种，分别是定比百分比和环比百分比。

定比百分比＝（分析期数据/固定基期数据）×100％

环比百分比＝（分析期数据/前期数据）×100％

在定比百分比中，所有期间的项目与一个固定期间的项目数据进行比较，计算比率，然后观察每期之间比率的差异；环比动态比率是每期项目都对上期项目的数据进行比较，然后对比每期比率之间的差异。通过定比百分比，可以分析企业当期数据的变动趋势；通过环比百分比，可以明确数据的变动速度。所以，在实际工作中，应当结合定比百分比和环比百分比两种分析方式，综合考察相关财务数据或指标的变化趋势。

（三）例题

［例题 1-1］　假设 A 公司 2011—2015 年连续 5 年的营业利润等项目如表 1-1 所示。

表 1-1　A 公司 2011—2015 年营业利润表

单位：万元

项目	2011 年	2012 年	2013 年	2014 年	2015 年
营业收入	878	984	1116	1222	1208

续 表

项目	2011 年	2012 年	2013 年	2014 年	2015 年
减:营业成本	672	759	870	969	964
营业税金及附加	48	50	57	65	59
三项期间费用	8	9	10	14	19
营业利润	150	166	179	174	166

根据以上资料进行趋势分析,计算出 A 公司在 2011—2015 年营业利润等项目的定比、环比分析情况,如表 1-2 所示。

表 1-2　A 公司 2011—2015 年营业利润趋势分析表

项目	2011 年		2012 年		2013 年		2014 年		2015 年	
	定比	环比	定比	环比	定比	环比	定比	环比	定比	环比
营业收入	100%	100%	112%	112%	127%	113%	139%	109%	138%	99%
减:营业成本	100%	100%	113%	113%	129%	115%	144%	111%	143%	99%
营业税金及附加	100%	100%	104%	104%	119%	114%	135%	114%	123%	91%
三项期间费用	100%	100%	113%	113%	125%	111%	175%	140%	238%	136%
营业利润	100%	100%	111%	111%	119%	108%	116%	97%	111%	95%

从表 1-2 的定比趋势结果来看,A 公司连续五年实现了营业收入的较快增长,但营业利润的增长不及营业收入的增长,主要原因与营业成本、营业税金及附加、三项期间费用的增长有关系。从表 1-2 的环比趋势结果来看,A 公司营业收入虽然逐年增长,但增长速度已经逐步放缓,营业成本、营业税金及附加、三项期间费用的增长也基本呈现放缓趋势,营业利润的增长放缓趋势则更为明显。

二、比较分析法(水平分析法)

(一) 含义

比较分析法又称水平分析法,比较分析法与垂直分析法是相对应的,比较分析法是将反映企业当期会计报表的信息与反映企业前期或历史某一时期的信息进行对比,研究企业各项经营业绩或财务状况发展变动情况的一种财务分析方法。实际应用中,经常将比较分析法与结构分析法相结合,比较各项目比重的差距和变化情况,研究本企业与其他企业、当期与以前各期等相比的优势或差距。

比较分析法可以运用多种分析标准数据进行比较,广泛地应用于多种分析目的,比如同业分析、预算差异分析等。

(二) 分析方式

比较分析法中的比较按方法不同有绝对数比较和相对数比较,按比较对象不同可分为横向比较和纵向比较。

绝对数比较是将各报表项目的绝对数与比较对象的绝对数额进行比较，判断其数量差异，比如今年的销售额比去年增长了 200 万元就是绝对数比较；相对数比较是将会计报表中具有相关关系的相对数进行对比，以百分比、比率的方式来表达数量差异，比如今年的销售额比去年增长了 30%就是相对数比较。

在会计报表分析中，横向比较是把同一时期同一行业不同企业的数据进行比较，纵向比较是把同一企业在不同时期的数据（通常是连续几个时期的数据）进行比较。

（三）例题

［例题 1-2］ 根据 A 公司 2014—2015 年营业利润比较分析表，计算并分析该企业这两年的营业利润变动情况及原因。

表 1-5 A 公司 2014—2015 年营业利润比较分析表

单位：万元

项目	2014 年		2015 年		2015 年比 2014 年增加	
	金额	占收入比例	金额	占收入比例	金额	变动幅度
营业收入	1222	100%	1208	100%	−14	−1.15%
减：营业成本	969	79.3%	964	79.8%	−5	−0.52%
营业税金及附加	65	5.32%	59	4.88%	−6	−9.23%
三项期间费用	14	1.15%	19	1.57%	5	35.71%
营业利润	174	14.24%	166	13.74%	−8	−4.60%

从绝对数比较可得知，2015 年的营业利润比上年减少了，营业收入、营业成本、营业税金及附加都有所减少，但三项期间费用却增加了，所以三项期间费用此时的增加是极不合理的；从相对数比较反映出，三项期间费用的增长最明显，表明主要是由于企业对三项期间费用的控制不得力，导致营业利润的金额减少和变动幅度下降。

三、结构分析法（垂直分析法）

（一）含义

结构分析法又称垂直分析法，即关注于报表内部各项目的内在结构分析，以该项目占另一项目的结构百分比来说明该项目的重要性与变化情况。结构分析法主要分析报表项目的结构比例，判断项目的结构比例是否合理、结构百分比的变动是否合理。

结构分析法也称为共同比分析法，主要是对资产负债表、利润表、现金流量表等做纵向分析。

（二）分析方式

结构分析法的第一种运用方式是以某一关键项目做 100%的对比项目，第二种方式是以总指标为 100%的对比项目，研究其他所属项目占总指标的结构比例；其中第二种方式是最普遍适用的。

（三）例题

[**例题 1-3**] 以表 1-1 中 A 公司的营业收入为关键项目，即以营业收入为 100%的关键项目，计算出其他项目的结构百分比如表 1-3 所示。

表 1-3 A 公司营业利润共同比分析表

单位：万元

项目	2011 年		2012 年		2013 年		2014 年		2015 年	
	金额	占收入比例	金额	占收入比例	金额	占收入比例	金额	占收入比例	金额	占收入比例
营业收入	878	100%	984	100%	1116	100%	1222	100%	1208	100%
减：营业成本	672	76.54%	759	77.13%	870	77.96%	969	79.3%	964	79.8%
营业税金及附加	48	5.47%	50	5.08%	57	5.11%	65	5.32%	59	4.88%
三项期间费用	8	0.91%	9	0.91%	10	0.9%	14	1.15%	19	1.57%
营业利润	150	17.08%	166	16.87%	179	16.04%	174	14.24%	166	13.74%

从各期结构百分比的变动中，可看出由于销售成本占销售收入的比例逐期增加，导致营业利润率逐年下降。

[**例题 1-4**] 可以利用某个总项目为 100%的关键性项目，计算出其他项目的结构百分比来进行分析。比如表 1-4 国投电力(600886)2014—2015 年期间费用情况比较分析表所示。

表 1-4 国投电力(600886)2014—2015 年期间费用情况比较分析表

单位：万元

项目	2014 年		2015 年		结构变动	
	金额	比例	金额	比例	金额	比例
销售费用	1693.58	0.24%	655.58	0.096%	−1038	−0.144%
管理费用	80507	11.54%	86712.60	12.82%	6205	1.28%
财务费用	615550	88.22%	589014	87.08%	−26536	−1.14%
期间费用合计	697750.58	100%	676382.18	100%	−21368.4	

由表 1-4 所示，该企业 2015 年度销售费用和财务费用的金额都有所下降，所占比例也下降，而管理费用的金额和所占比例都有所上升；从所占比例来看，期间费用中绝大部分是财务费用，表明企业发生的期间费用中以财务费用为主，企业在 2014—2015 年中筹资的力度比较大，负担的银行借款利息成本较多；两年中三项期间费用的结构比例变动都不大。

[**例题 1-5**] 也可以将比较分析法与结构分析法综合运用起来进行比较。比如表 1-5 中荣安地产(000517)2010—2011 年流动资产结构分析表所示。

表 1-5 荣安地产(000517)2010—2011 年流动资产结构分析表

单位:万元

项目	2010 年		2011 年		结构变动		增减幅度
	金额	比例	金额	比例	金额	比例	
货币资金	16764.60	2.35%	301608	29.41%	284843.4	27.06%	16.99%
应收票据	0	0	222.10	0.022%	−222.10	0.022%	
应收账款	68.95	0.0097%	2203.96	0.21%	2135.01	0.2003%	3000.96%
预付账款	109142	15.31%	740.07	0.072%	−108401.93	−15.238%	99.32%
其他应收款	1692.24	0.24%	2046.92	0.002%	354.68	−0.238%	20.96%
存货	585017	82.08%	973362	94.90%	388345	12.82%	66.38%
其他流动资产	21.04	0.0029%	0	0	−21.04	−0.0029%	−100%
流动资产合计	712705	100%	1025660	100%	312955		43.91%

由表 1-5 所示,该企业 2010—2011 年度存货占流动资产结构比例最大,而且其金额和结构比例在 2011 年都有所增长,存货的增长将导致资产的流动性变差,但如果是由于生产经营规模导致的存货增长,则一般是合理的;另外,货币资金金额和比例的增长都比较明显,这又从一定程度上增强了流动资产的流动性;应收账款所占比例虽然不大,但增长幅度明显,应引起企业的警惕,以免发生坏账。

四、因素分析法

(一) 含义

因素分析法是计算各个因素的变动对总体指标影响程度的一种分析方法。因素分析法能说明引起财务指标变动和产生差异的主要原因。因素分析法主要与预算标准数据作比较,主要是在内部成本管理分析中占有重要的意义。因素分析法是现代统计学中一种重要而实用的方法,它是多元统计分析中的一个分支。

(二) 分析方式

按技术方法不同,因素分析法可分为连环替代法和差额分析法。

1. 连环替代法

(1)含义

连环替代法是根据因素之间的内在依存关系,依次测定各因素变动对经济指标差异影响的一种分析方法。连环替代法的主要作用在于分析计算综合经济指标变动的原因及其各因素的影响程度。应用连环替代法的前提条件是经济指标与它的组成因素之间有着因果关系,能够构成一种代数式。

(2)分析步骤

连环替代法是先分析财务指标由哪几个因素组成，再按照替代顺序，假设其他因素不变的情况下某因素进行替代变动，最后推测出该因素变动对总指标变动的影响程度。

连环替代法是有几个指标就替代几次。替代的顺序是先数量因素，后质量因素，再价格因素；总指标由几个因素组成就替代几次；每次替代都必须在上次替代的基础上完成；最后一次替代应得到实际指标数或本期指标数。

举例说明连环替代法的做法：

假设 N＝A×B×C

基期指标数 N1＝ A1×B1×C1

实际指标数 N2＝ A2×B2×C2

第一次替代 N2＝ A2×B1×C1

第二次替代 N3＝A2×B2×C1

第三次替代 N4＝A2×B2×C2＝N2

A 因素变动对 N 总指标的影响程度＝N2－N1

B 因素变动对 N 总指标的影响程度＝N3－N2

C 因素变动对 N 总指标的影响程度＝N2－N3

2.差额分析法

差额分析法也称绝对分析法，就是直接利用各因素的预算(计划)与实际的差异来按顺序计算，确定其变动对分析对象的影响程度。它是从连环替代法简化而成的一种分析方法，是利用各个因素的比较值与基准值之间的差额，来计算各因素对分析指标的影响。它通过分析财务报表中有关科目绝对数值的大小，据此判断发行公司的财务状况和经营成果。

假设 N＝A×B×C

基期指标数 N1＝ A1×B1×C1

实际指标数 N2＝ A2×B2×C2

A 因素变动对 N 总指标的影响程度＝(A2－A1)×B1×C1

B 因素变动对 N 总指标的影响程度＝A2×(B2－B1)×C1

C 因素变动对 N 总指标的影响程度＝A2×B2×(C2－C1)

(三) 例题

[例题 1-6]　假设某企业资料如下，请用连环替代法分析各因素变动对材料费用的影响程度。

项目	计划数	实际数
产品产量(件)	200	220
单位产品材料耗量(千克)	30	28

续　表

项目	计划数	实际数
材料单价(元)	500	480
材料费用(元)	300 万	295.68 万

计划材料费用＝200×30×500＝300 万　①

实际材料费用＝220×28×480＝295.68 万

第一次替代:220×30×500＝330 万　②

第二次替代:220×28×500＝308 万　③

第三次替代:220×28×480＝295.68 万(实际材料费用)　④

②－①:产量变动对材料的影响为 330 万－300 万＝30 万;

③－②:材料单耗变动对材料费用的影响为 308 万－330 万＝－22 万;

④－③:材料单价变动对材料费用的影响为 295.68 万－308 万＝－12.32 万;

三个因素对材料费用的总影响为 30 万－22 万－12.32 万＝－4.32 万,即 295.68 万－300 万＝－4.32 万。

由于最终材料费用是节约了 4.32 万元,因此三个因素中应是材料单耗变动对材料费用的影响最大。产量变动使材料费用增加,是负相关因素,不能作为最主要的影响因素。

[例题 1-7]　假设某企业资料如下,请用差额分析法分析各因素变动对材料费用的影响程度。

项目	计划数	实际数	差异数
产品产量/件	1000	1100	100
单位成本/元	400	380	－20
总成本/元	400000	418000	18000

总成本＝产品产量×单位成本

产品产量的影响＝(1100－1000)×400＝40000

单位成本的影响＝1100 ×(380－400)＝－22000

两因素对总成本的影响＝40000－22000＝18000

五、财务比率分析法

(一) 含义

财务比率分析法是会计报表分析中应用最广泛的一种分析方法。财务比率分析法是以同一期会计报表上几个重要项目的相关数据相互比较,求出比率,用以分析和评价企业的经营状况以及企业目前和历史状况的一种方法,是会计分析最基本的工具。

(二)比率的类型

财务比率一般都是以相对数的方式出现,即表现为百分比或比率。按财务比率反映的内容可以把财务比率划分为反映偿债能力、反映盈利能力、反映营运能力的财务比率，比如反映偿债能力的指标有流动比率、速动比率、资产负债率等，反映盈利能力的财务比率有销售毛利率、资产报酬率等，反映营运能力的财务比率有总资产周转率、流动资产周转率等。

按财务比率各数据的关系可以把财务比率分为相关比率、构成比率和效益比率。相关比率的分子与分母是不同的性质类别，但两者有一定的关联，比如资产负债率、流动比率；构成比率的分子一般是分母的一部分，比如货币资金占总资产比率等；效益比率的分子分母放在一起可说明投入与产出的关系，反映企业的效益，比如资产报酬率。

●思考题

1. 不同会计报表分析主体的分析目的为什么会有差异？
2. 会计报表分析内容与其分析目标是否有联系？
3. 会计报表分析的步骤有哪些？
4. 会计报表分析的方法各有什么优缺点？
5. 为什么说会计报表附注是会计报表的重要补充？

●练习题

1. 某投资股份有限公司 2012—2014 年利润表的有关数据如下表所示：

利润表

单位：元

项目 \ 年份	2012 年	2013 年	2014 年
一、营业收入	249574480.00	246882032.00	225864880.00
减：营业成本	163508096.00	161137360.00	141137040.00
营业税金及附加	3587579.00	3338386.50	3621020.00
销售费用	18854950.00	19298110.00	20370252.00
管理费用	23870732.00	26880504.00	25471534.00
财务费用	14030747.00	12935688.00	10003557.00
加：投资收益	−703345.63	−1086359.50	−1159623.88
二、营业利润	25019030.37	22205624.00	24101853.12
加：营业外收入	3731927.75	6015001.50	3961381.50
减：营业外支出	257955.36	221185.36	1904122.63
三、利润总额	28493002.76	27999440.14	26159111.99

续 表

项目 \ 年份	2012 年	2013 年	2014 年
减:所得税费用	4205844.00	3660285.00	3269846.75
四、净利润	24287158.76	24339155.14	22889265.24

要求:

(1)根据上述资料采用趋势分析法计算该公司这三年各项收入、成本及费用、利润的定比和环比百分比,总结各项目变化的规律及原因。

(2)预测 2015 年该公司利润总额的发展趋势。

2.某企业生产铸铁件,有关直接材料成本资料如下表所示:

材料明细表

项目	2013 年	2014 年
产量(件)	3000	3500
单耗(公斤)	2	1.8
单价(元/公斤)	6	5.9
材料成本(元)	36000	37170

要求:根据以上资料,采用因素分析法分别计算产量、单耗和单价的变动对材料成本的影响。

第二章　会计信息与非会计信息的利用与分析

●学习目的与要求

通过本章的学习，了解会计信息与非会计信息的内容与特点等基本理论；熟悉会计报表信息失真的识别及分析的基本思路与基本理论；掌握非会计信息的利用与分析的方法，能够熟练运用各种方法对会计信息与非会计信息进行分析，达到通过会计报表分析信息、利用信息的目的。

●关键知识点

会计信息的特征；会计报表信息失真的类型；会计报表信息失真的动因；会计报表信息失真的识别；非会计信息的内容；会计报表附注的分析；关联交易的分析；审计报告的类型

●重要概念

会计信息；会计信息失真；预警信号；非会计信息；会计报表附注；关联交易；审计报告

会计报表分析既包括对会计信息的分析，也包括对与之相关的非会计信息的分析，对会计信息和非会计信息的有效利用和分析贯穿整个会计报表分析过程并相辅相成。

会计信息是指以货币为主要计量单位，对经济活动进行完整、连续、系统的核算或监督，通过交易或事项确认、记录、报告，提供有关单位财务状况、经营成果、现金流量等情况的经济信息。会计信息包括企业外部报送和内部核算的信息，具有可靠性、相关性、可理解性等特征。当企业在一定的动机驱使下不遵循财务会计报告标准，有意识地利用各种手段，歪曲反映企业的经营状况时就会导致出现会计报表信息失真的现象。有效地识别会计报表信息失真，需要利用一定的方法和程序，否则即使会计报表分析的方法再合理也无法达到会计报表分析的目的。非会计信息是指不以货币为主要计量单位，不一定与企业财务状况相关，以非财务资料的形式出现，与企业的生产经营有直接或间接联系的各种信息资料。对非会计信息的分析包括对会计报表附注、资产负债表日后事项、审计报告等的分析。

那么会计信息与非会计信息都包括哪些内容？通过会计报表信息失真的识别与分析都能获取哪些信息？如何对非会计信息进行利用和分析？这是本章所述主要内容及目的所在。

第一节　会计信息的内容及特点

会计信息是会计报表分析的依据。了解会计信息的供求关系，获得高质量的会计报表信息是做好会计报表分析的基础。会计信息是由企业会计系统编制并提供的，可以分为外部报送信息和内部报送信息。

一、会计信息的内容

(一)外部报送信息

外部报送信息以会计报表为主。会计报表是企业向相关利益人定期报送的,反映企业在一定时期内的财务状况、经营成果和现金流量、所有者权益状况的书面文件。提供会计报表的目的在于为报表使用者提供财务信息,为他们进行财务分析、经济决策提供充足的依据。企业的会计报表主要包括资产负债表、利润表、现金流量表、所有者权益变动表。这些报表集中、概括地反映了企业的经营状况,对其进行分析和预测,可以更系统地揭示企业的偿债能力、盈利能力、营运能力和发展能力等财务状况。

(二)内部报送信息

除了定期对企业外部公开报送的会计信息以外,会计系统还编制一些仅用于内部管理使用的会计信息,比如企业成本计算数据和流程、期间费用的构成,企业预算、企业投融资决策信息以及企业内部业绩评价方法和结果等。这些信息作为企业的商业秘密一般不公开披露,而且国家相关部门也不强制企业对外报送。这些信息对于财务分析十分有用,但是鉴于外部利益人不能公开取得,所以只能用于企业内部分析。

二、会计信息的质量特征

(一)可靠性

可靠性要求企业应当以实际发生的交易或者事项为依据进行会计确认、计量和报告,如实反映符合确认和计量要求的各项会计要素及其相关信息,保证会计信息真实可靠、内容完整。违反可靠性就使得会计信息不能如实反映经济业务的实质,这主要是人为因素造成的,一般是故意编造、变造虚假的会计信息,误导信息使用人,达到会计信息披露者自身的目的。

(二)相关性

相关性是指企业提供的会计信息应当与会计报表使用者的经济决策相关,有助于会计报表使用者对企业过去、现在或未来的情况做出评价或预测。相关性就是披露的会计信息应当以会计报表使用者的要求为导向,有助于会计报表使用者分析会计信息后做出合理的判断。

(三)可理解性

可理解性要求企业提供的会计信息应当清晰明了,便于会计报表使用者理解和使用。会计信息的披露应当采取简单明了的方式,并且应当便于会计报表使用者理解会计信息的内涵。但是会计信息的可理解性是针对专业人士而言的,不能要求为所有会计报表分析者所理解。

(四)可比性

可比性要求企业提供的会计信息应当相互可比。这主要包括同一时期不同企业、同一企业不同时期的会计信息应当采用规定的会计政策,确保会计信息口径一致、相互可比。可比性的要求是为了便于会计信息使用者进行企业之间和企业内部不同时间上的信息比较，因为单独对于一个企业而言是无法判断其财务状况的。如果缺乏可比性，就会使得对相同的经济业务出现不同会计信息的结果，这种信息比较就失去了意义。

（五）实质重于形式

实质重于形式是指企业应当按照交易或者事项的经济实质进行会计确认、计量和报告，不应仅以交易或事项的法律形式为依据。会计信息应当反映经济业务实质，但哪种情况应当依据法律形式，哪种情况可以脱离法律形式，这是需要会计报表分析判断的。在进行会计报表分析时，分析人员不应当仅仅停留在会计信息所反映的法律形式上，应当分析经济实质与法律形式是否有暂时性差异，应当理解并把握这种差异。

（六）重要性

重要性是指企业提供的会计信息应当反映与企业财务状况、经营成果和现金流量等有关的所有重要交易或事项。按照重要性原则，企业并不是事无巨细，将所有的会计信息全部详细反映，而是考虑成本效益原则，在不影响会计信息使用者决策的情况下合并或简化一些信息。财务分析人员应当关注企业因为重要性要求而简化的信息，判断这些信息对自己决策是否有用。

（七）谨慎性

谨慎性是指企业对交易或事项进行会计确认、计量和报告应当保持应有的谨慎，不应高估资产或收益，低估负债或费用。谨慎性便于企业更多地披露潜在的风险和损失，揭示可能存在的经济业务不确定性，引起信息使用者的充分关注。在会计报表分析中，谨慎性不能运用过度，不能有意低估资产或收入，也不能有意高估负债或费用。

（八）及时性

及时性是指企业对于已经发生的交易或事项，应当及时进行确认、计量和报告，不得提前或延后。有价值的会计信息必须是及时的，否则无法保证决策相关。及时性要求企业及时收集、处理和传递会计信息。

第二节　会计报表信息失真的类型、动机及识别

一、会计报表信息失真的类型

会计报表信息失真的类型主要包括盈利失真、分类呈报失真以及其他一些特殊形式的失真。

（一）盈利信息失真

盈利失真是指为达到特定目的而对企业盈利水平进行人为失真。由于人们普遍对企业的盈利能力特别重视，盈利失真也就成为最主要的一种会计失真形式。盈利失真可以通过盈利最大化、盈利平滑和盈利最小化等方式来实现。

盈利失真根据企业收益的分类结构，又可以细分为以下四种形式。

1.收入信息失真

收入是企业盈利的主要来源，收入失真也就成为盈利失真的主要方法，典型手法是提前或推后确认收入，或者确认虚假的收入。通过虚增收入可以相应地虚增当期盈利水平，达到盈利最大化的目的；而通过虚减收入并在以后会计期间转回，可以虚减当期盈利水平和虚增后期盈利水平，从而达到盈利平稳化和盈利最小化的目的。

2.成本和费用信息失真

与收入类似，成本和费用对企业当期盈利水平也有重要影响，成本和费用失真也是盈利失真的一种主要方法，通过虚减成本和费用可以达到盈利最大化的目的；而通过虚增成本和费用来减少以后会计期间的成本和费用，可以虚减当期盈利水平和虚增后期盈利水平，从而达到盈利平稳化和盈利最小化的目的。

3.利得信息失真

利得是企业非主营业务活动或偶发事项形成的收益。企业通过投资收益和营业外收入等科目的一次性利得的失真可以实现盈利最大化的目的。

4.损失信息失真

损失是由企业非主营业务活动或偶发事项形成的各项支出，对企业的盈利水平也会造成影响，通过虚减损失可以达到盈利最大化的目的，而通过虚增当期损失来减少以后会计期间的费用和损失，可以虚减当期盈利水平和虚增后期盈利水平，从而达到盈利平稳化和盈利最小化的目的。

（二）资产信息失真

1.虚拟资产挂账

虚拟资产是指列示在资产负债表左方，即属于资产方项目。但严格来讲，它并不是真实的资产，不是能给企业带来未来经济利益的经济资源，而是介于资产与费用之间的一个概念，主要包括三年以上的应收账款、待处理财务损溢等。虚拟资产的存在，为企业失真利润提供了机会。一些企业就利用虚拟资产调节利润的基本方法是通过少摊销或不摊销已经发生的费用和损失来增加利润，即通过增加虚拟资产来虚增利润。

2.期间费用资本化

根据现行会计制度的规定，企业发生的支出必须区分资本性支出和收益性支出。资本性支出是指能够使企业在一个会计年度或一个经营周期以上的期间受益的支出项目，如购置固定资产和无形资产支出。收益性支出是指只能在一个会计年度或一个经营周期以内的期间使企业受益的支出项目，如管理费用和销售费用。根据这一要求，企业为在建工程和固定资产等长期资产而支付的专项长期借款的利息费用，在这些长期资产投入使用之前，可予以资本化，计入这些长期资产的成本。广告促销支出和研究开发支出，有可能使企业在一个以上的会计年度或经营周期受益，从理论上说属于资本性支出，然而由于广告促销和研究开发支出所能带来的未来经济利益具有很大的不确定性。因此，我国现行会计制度和准则要求将其作为期间费用，不得资本化。在实际工作中，一些企业滥用利息资本化的规定，或将广告促销和研究开发支出计入资本化项目，蓄意调节利润。

3. 高估资产

对外投资和股份制改组时，企业往往倾向于高估资产，以获得较大比例的股权。典型的做法是，编造理由进行资产评估，虚构业务交易和利润。

(三)负债信息失真

负债信息失真主要是低估负债和或有负债。企业贷款或发行债券时，为了证明其财务风险较低，通常有低估负债及或有负债的欲望。典型的做法是账外账，将负债和或有负债隐匿在关联企业。

(四)现金流量信息失真

现金流量信息失真的具体表现形式主要包括突击制造现金流量、混淆现金流量的类别。

1. 突击制造现金流量

为了使对外报告的利润表显得真实，企业可能在粉饰利润表的同时，对现金流量表进行粉饰。典型做法是，突击制造不可持续的现金流量。如在会计即将结束前，突击收回关联企业结欠的款项，降价处置存货，低价抛售有价证券，高额融入资金，在会计结束前形成现金流入的“高峰”。

2. 混淆现金流量的类别

不同类别的现金流量发出的信号也存在差别。其他条件保持相同的情况下，经营活动产生的现金流入净额越大，意味着企业的利润质量越高；反之，如果企业的现金流量主要来自投资活动或融资活动，则其利润的质量较低。为此，企业为了改变投资者对利润表的“印象”，可能蓄意混淆现金流量表的类别，将投资活动或融资活动中产生的现金流量划分到经营活动产生的现金流量。

二、会计报表信息失真的具体手段

(一)滥用会计政策、会计估计或会计差错更正

1. 滥用会计政策

会计政策是指企业在会计核算时所遵循的具体原则以及企业所采纳的具体会计处理方法。会计政策一旦确定，不得随意更改，如果需要更改必须在会计报表附注中说明更改的范围、理由和可能造成的影响。但有的企业还是通过选用对自己有利的会计政策或频繁变更会计政策来调节会计利润，造成会计报表信息失真。比如，有些企业随意变更固定资产的使用年限、预计净残值和折旧方法，从而在报告年度多提折旧、减少利润，或少提折旧、增加利润。还有一些企业通过改变发出存货的计价方法来调节利润。

2. 滥用会计估计

会计估计是指企业对其结果不确定的交易或事项以最近可利用的信息为基础所做的判断，由于许多会计事项如在费用摊配、成本计算、折旧计提、存货计价等方法的计量和确认上是基于企业自身的判断，这样就使企业通过不合理的会计估计来调节利润成为可能。比如，一些企业故意利用资产减值准备科目作为“蓄水池”，不及时确认、少摊销、不摊销已经发生的资产损失，有意提高利润增加利润。

3.滥用会计差错更正

会计差错是指本期发现的会计核算误差，这种误差包括与本期相关的误差及与前期相关的误差。一些企业通过对上期故意造成的重大会计“差错”进行更正，达到将部分收入、成本或费用在各会计期间重新调整，以调节可比会计报表各期利润的目的。

(二)利用各项关联交易

1.关联购销或置换

企业与关联方之间采用大大高于或低于市场价格的方式，进行产品或劳务的购销活动、股权置换和资产置换。比如，关联方之间以明显高于或低于市场价格的方式进行商品交易，使一方实现较高的利润或较低的利润。又比如，除有的企业利用关联交易将不良股权投资以天价与关联公司置换股权获取暴利外，还有少数企业利用利润转投资掩盖虚拟投资收益和投资项目合作分成等手段蓄意粉饰会计报表。

2.关联资金拆借

企业与关联方之间以低息或高息发生资金往来，进行资金拆借，调节财务费用。在我国，企业之间相互拆借资金是有关法规所不允许的，但企业通过同关联公司之间进行资金拆借进行会计报表造假的例子很多，企业实现的利润中，应收母公司的资金占有费就占很大比例。

3.关联托管及租赁

企业与关联方之间以旱涝保收的方式委托经营或受托经营，抬高企业经营业绩。其具体表现形式为，企业将不良资产委托给母公司经营，定额收取回报，以在避免不良资产亏损的同时，凭空获得一部分利润；母公司将稳定、获利能力高的资产以较低的托管费用委托企业经营，虚构企业的经营业绩。

4.关联费用分担

企业通过失真与关联方之间应各自分摊的销售和管理费用来调节利润。由于许多企业与母公司之间存在着接受服务和提供服务的关系，在改组时，双方往往签订有关协议，明确有关费用支付和分摊标准。但从实际情况来看，一些企业在利润水平不佳时，双方往往改变费用分担方式和标准，如母公司调低企业应交纳的费用标准，或承担企业的管理费用、广告费用、离退休人员的费用，或是将企业以前年度交纳的有关费用退回等，以提高企业的利润。

5.关联方与企业相互转移利润。

比如，一些公司的关联交易采取了协议定价的原则，造成利润在公司之间转移，将关联交易一方的利润转移到另一方，使一方利润减少和另一方利润增加。这一失真利润的手法普遍见于国有企业改制的上市公司，其目的在于控股母公司可以利用上市公司的壳资源从股市上筹措资金。

6.关联交易非关联化

企业与关联方之间通过出售股权解除关联方关系、多重参股隐瞒关联方关系、利用过桥公司将一笔关联交易变成两笔非关联交易、采用非货币性交易的货币化等方式，来逃避政府部门对通过关联交易调节利润进行约束的规定和信息披露义务。

（三）利用地方政府援助

1. 政策优惠

为帮助企业提高业绩，地方政府越权实施减免税政策，或以其他名义返还已缴的税金；或将大量土地无偿划拨或低价出让给企业，变相降低了企业的经营成本；有些地方政府为了吸引外地企业资金的投入，越权许以减免税、土地低价或无偿赠送等优惠政策。

2. 补贴收入

为使本地的上市企业保住上市资格或再融资资格，地方政府以技改贴息、技术开发费、扶优扶强资金、增值税退税收入、安置特困企业费用补贴、地方所得税已退抵征、贷款银行利息核销等名义，千方百计帮助企业达到盈利指标，其中某些补贴数额巨大，且缺乏正当理由。

3. 核准提价

对于公用事业或旅游垄断资源类企业，如供水、供电、供气、高速公路、旅游景区等，由于其产品或服务的价格需经政府核定，为帮助企业提高业绩，地方政府往往批准其提高价格，虽然业绩的提升是真实的，但却以损害消费者利益为手段。

（四）利用资产重组

资产重组是企业为优化资本结构、调整产业结构、完成战略转移等目的而实施的资产置换和股权置换。但因资产重组需要将企业某些以历史成本法记账的资产转为现时价值，从而产生巨额利润。特别是上市公司在资产重组过程中，通过不等价的资产置换，为上市公司输送利润。如凭借关联交易，用上市公司的劣质或闲置资产以大大高于账面价值的金额与其国有控股公司的优质资产相交换或干脆出售，从而获取巨额利润。或者是由非上市的关联股东将盈利能力较高的下属企业廉价出售给上市公司，或是将亏损子公司、不良债权及股权出售给关联股东等。

（五）掩盖交易或事实

由于会计报表只能提供货币化的定量财务信息，决策者如果想做出正确的判断和决策，仅仅靠会计报表信息是不够的，往往需要比报表资料更详细、更具体的信息，这些一般在会计报表的附注中体现。但目前企业出于粉饰报表的目的，在报表附注中通常掩饰交易或事实，常见作假手段主要包括对未决诉讼、未决仲裁、担保事项、重大投资行为和重大购置资产行为等的隐瞒或不及时披露。

三、会计报表信息失真产生的具体动机

判断企业管理层会计报表信息失真的动机是有效地分析和利用财务报表的关键。企业会计报表信息失真的根本动机是使自身利益最大化。在实务中，企业对财务报表进行失真有着各种各样的动机，主要有以下几个方面。

（一）会计报表信息失真的直接动机

1. 业绩需求动机

企业为了稳定或达到某一经营业绩，比如稳定股价、节省费用、提高经营管理者的资金提成或维持企业的声誉等故意造成会计信息失真，使披露的会计信息符合业绩需求。

2. 融资需求动机

企业的融资压力一般都比较大，非上市公司筹集资金比较依赖银行贷款，上市公司则要进行配股和增发新股，为了吸引银行和投资者成功地筹集资金，有的企业往往会粉饰会计报表数据，造成会计报表信息失真。

3. 政治利益动机

政治利益动机比较复杂。少数企业领导人为了个人职位升迁或推卸应有的责任，往往指使会计人员编造会计报表数据，以配合当地政府完成经济指标或是以编造会计报表数据来掩饰自己的经营决策过失和责任。

(二)会计报表信息失真的间接动机

1. 会计准则制度不完善

由于会计准则制度具有统一性的同时还兼顾一定的灵活性，同一会计事项的处理存在着多种备选的会计方法，使得企业在进行会计政策选择时随意性较大，客观上为其会计失真提供了一定的空间。

2. 对企业的监督控制不力

首先是企业内部监督不力，很多企业没有建立有效的内部控制制度，内部控制环境差，会计岗位职责不明确、信息沟通不畅、内部审计未能有效开展；其次是相关政府监管部门监督不力，有的监管部门开展审计往往流于形式，审计内容不全面、审计时间短等；最后是社会监督不足，注册会计师审计质量不高、独立性不强。

3. 其他相关利益主体的利益驱动

首先是一些地方政府的利益需求，少数地方政府存在纵容甚至暗示企业夸大经营业绩以作为政府业绩的现象；另外是会计师事务所的利益需求，会计师事务所为了经济利益也不认真履行报表审计职责。

四、会计报表信息失真的预警信号

从会计角度看，会计报表信息失真的作用对象包括销售收入、销售成本、负债和费用、资产以及信息披露五种形式。这五种形式的会计报表信息失真，其常见的具体预警信号分析如下。

(一)销售收入失真的预警信号

销售收入造假的常见预警信号主要包括：分析性复核表明对外报告的收入太高、销售退回和销售折扣过低、坏账准备的计提明显不足；在对外报告的收入中，已经收回现金的比例明显偏低；应收账款的增幅明显高于收入的增幅；在根据收入测算的经营规模不断扩大的情况下，存货急剧呈下降趋势；当期确认的应收账款坏账准备占过去几年销售收入的比重明显偏高；本期发生的退货占前期销售收入的比重明显偏高；销售收入与经营活动产生的现金流入呈现背离趋势；与收入相关的交易没有完整和及时地加以记录，或者在交易金额、会计期间和分类方面记录明显不当；记录的收入缺乏凭证支持或销售交易未获恰当授权；最后时刻的收入调整极大地改善了当期的经营业绩；销售交易循环中的关键凭证“丢失”；未能提供用以证明收入的原始凭证，或以复印件代替原件的现象屡见不鲜；未能对银行存款往来调节表或其他调节表上的重大差异项目做出合理解释；销售收入和现金日记账存在明显的不平衡；与收入相关的记录（如应收款记录）同询证证据（如函证回函）之间存在异常差异；高管层逾越销售交易循环的内部控制；新客户、异常客户或大客户未遵循惯常的客户审批程序；高管层或相关雇员对收入或收入异常现象的解释前后矛盾，含混不清或难以置信；存在着禁止注册会计师接触相关设施、雇员、记录、客户、供应商等有助于获取收入证据的行为；高管层在收入确认上对注册会计师施加了过分的时间压力；对注册会计师要求提供的收入相关信息拖延搪塞；高管层对注册会计师就收入提出的质询做出行为异常的举动；接到客户、雇员、竞争对手关于收入失实的暗示或投诉。

（二）销售成本造假与粉饰的预警信号

销售成本造假的常见预警信号主要包括：分析性复核表明对外报告的销售成本太低或降幅太大、购买退回和购货折扣太高；分析性复核表明期末存货余额太高或增幅太大；与存货和销售成本相关的交易没有完整和及时地加以记录，或者在交易金额、会计期间和分类方面记录明显不当；记录的存货和销售成本缺乏凭证支持或与之相关的交易未获恰当授权；期末的存货和销售成本调整对当期的经营成果产生重大影响；存货和销售成本的关键凭证"丢失"；未能提供用以证明存货和销售成本的原始凭证，或只能提供复印件；与销售成本相关的会计记录（如购货、销售、现金支付日记账）明显不相符；存货和销售成本的会计记录与佐证证据（如存货实物盘存记录）存在异常差异；存货盘点数与存货记录数存在系统性差异；存货收入报告与存货实存数存在差异；采购订单、采购发票、存货收入报告和存货记录之间存在着不一致现象；存货供应商没有出现在经过批准的卖主清单上；存货丢失或盘亏数量巨大；采购订单或发票号码被复制；供应商的身份难以通过信用调查机构或其他渠道予以证实；高管层逾越与存货和销售成本循环的内部控制；新的或异常的供应商未遵循正常的审批程序；存货实物盘点制度薄弱；高管层或相关雇员对存货和销售成本的解释前后矛盾、含混不清或难以置信；存在着禁止注册会计师接触相关设施、雇员、记录、客户、供应商等有助于获取存货和销售成本证据的行为；高管层对注册会计师解决复杂的存货和销售成本问题施加不合理的时间压力；对注册会计师要求提供的存货和销售成本相关信息拖延搪塞；高管层对注册会计师就收入提出的质询做出行为失常的举动；接到知情者关于存货和销售成本不实的暗示或举报。

（三）负债和费用失真的预警信号

负债和费用失真的常见预警信号主要包括：期后事项分析表明，在下一会计期间支付的金额属于资产负债表已经存在的负债，但未加以记录；存货盘点数超过存货会计记录数；仓库进出记录表明期末有验收入库的存货，但采购部门未能提供采购发票；供货商发货声明上标明的金额未体现在会计记录上；采购金额、数量和条件与询证函存在着重大差异，且未能调节一致，截止期测试发现大量存货被归属于错误会计期间；未能提供雇员薪酬个人所得税代扣证明；有贷款但没有相应的利息支出，或有利息支出但未体现贷款；有租赁办公场所，但没有相应的租金支出；在会计期末编制增加销售收入、减少预收货款的重分类分录；收入会计记录与客户函证存在重大差异;产品担保支出大大超过担保负债;客户的回函表明企业与客户签订了回购协议;将保证金记录为收入;董事会已经批准的贷款在会计记录上未得到体现;银行回函上载明的贷款没有在会计记录上体现;有租金支出但没有租赁负债;银行对账单上出现巨额的贷项;董事会会议记录讨论的或有负债没有体现在会计记录上;向外聘律师支付了大额费用,但未确认任何或有负债;律师函表明企业可能卷入重大法律诉讼;监管部门的公函表明企业可能存在重大违法违规行为,但企业既未确认或有负债也未在报表附注中披露;企业设立了众多的特殊目的实体,且资金往来频繁;企业与关联方的资金往来频繁,委托付款或委托收款现象突出;在收购或兼并过程中未预提重组负债和重组费用;以前期间提取的重组负债在本期被用于冲减经营费用;对注册会计师要求提供的重要负债和费用相关信息拖延搪塞;接到知情者对重要负债和费用不实的暗示或举报。

(四)资产失真和预警信号

资产失真的常见预警信号主要包括:缺乏正当理由对固定资产进行评估并将评估增减值调整入账;频繁进行非货币性资产置换;重大资产剥离;在某个会计期间计提了巨额的资产减值准备;注销的资产价值大大超过以前年度计提的减值准备;固定资产、在建工程和无形资产中包含了研究开发费用或广告促销费用;固定资产和在建工程当期增加额与经过批准的资本支出预算存在重大差异,且未能合理解释;缺乏正当理由将亏损子公司排除在合并报表之外;采用成本法反映亏损的被投资单位;经常将长期投资转让给关联方或与关联方置换;频繁与关联方发生经营资产买卖行为;固定资产和无形资产的折旧或摊销政策显失稳健;未能提供重要厂场设备资产和土地资源有效的产权凭证;重大资产的购置或处置未经过恰当的授权批准程序;未建立有效的固定资产盘点制度;高管层或相关雇员对重大资产的解释前后矛盾、含混不清或难以置信;存在着禁止注册会计师接触相关设施、雇员、记录、供应商等有助于获取重大资产证据的行为;高管层对注册会计师解决复杂的资产计价题施加不合理的时间压力;对注册会计师要求提供的重要资产相关信息拖延搪塞;高管层对注册会计师就重要资产提出的质询做出行为失常的举动;接到知情者对重要资产不实的暗示或举报。

(五)信息披露失真的预警信号

信息披露失真的常见预警信号主要包括:因信息披露原因受到证券监督管理部门或证券交易所的处罚或警告;披露程度历来只达到有关部门的最低要求,少有额外的自愿性披露;会计政策披露晦涩难懂;对收购兼并、或有事项等重大事项的披露过于简明扼要;对重大经营和非经营损失的解释有避重就轻之嫌;财务信息的披露与经营活动的总结相互矛盾;财务信息的披露与公司的对外宣传或新闻媒体的相关报道存在着严重的不一致现象;财务信息披露与董事会会议记录存在着重大差异。

五、会计报表信息失真的识别

(一)分析了解企业的基本经营状况

1. 对企业自身的分析

要查找企业存在的异常会计造假信息,更好地分析企业的财务状况,就要先对企业的自身特点和经营状况有一个全面而准确的了解，这其中包括对企业业务的构成，所处行业的性质、企业经营策略、产品和资产规模，以及企业总体的收入、成本费用等，还有企业财务报告中的各项数据，财务指标在最近几年的发展变化趋势。

(1)注意高级管理人员的表现

高管人员有造假或其他违反法律法规的不良记录；高管团队或董事会频繁改组、频繁离职。另外企业的管理制度中，高管人员的个人财富与企业的经营业绩和股价表现联系过于密切，高管人员对不切实际的财务目标做出承诺，高管人员过分热衷于税务筹划，高管人员经常向下属经营班子下达激进的财务目标或过于严厉的支出预算，高管层过多地介入专业性很强的会计政策选择、会计估计和会计判断。这些表现都可能意味着企业的高级管理人员会操纵会计报表信息。

(2)注意企业与其他组织及人员关系层面的表现

通过观察企业在处理与金融机构、关联企业、注册会计师、律师、投资者和监管机构的关系时是否存在异常情况，也可对企业是否进行会计报表造假做出判断。这些关系层面的预警信号主要包括：贷款或其他债务契约的限制对企业的经营或财务决策构成重大问题；银企关系异常(如与异地的金融机构关系过于密切，开设的银行账户众多)；高管人员或董事会成员与主办银行的高层关系过于密切；频繁更换为之服务的金融机构；缺乏正当的商业理由，将主要银行账户、子公司或经营业务设置在避税天堂；企业向金融机构借入高风险的贷款并以关键资产作抵押；企业的经营模式缺乏独立性，原材料采购和产品销售主要通过关联企业进行；经常在会计期末发生数额巨大的关联交易；当期的收入或利润主要来自罕见的重大关联交易；关系交易明显缺乏正当的商业理由；对关联方的应收或应付款居高不下；企业与其聘请的会计师事务所关系高度紧张或关系过于密切；企业频繁更换会计师事务所或更换信誉不良的会计师事务所；企业高管人员向注册会计师提出不合理的要求(如审计时间或审计范围方面的不合理要求)；企业高管人员对注册会计师审计过程中需要询问的人员或需要获取的信息施加了正式或非正式限制；企业经常变更为之服务的律师事务所或法律顾问；企业经常卷入诉讼官司；企业高管层与股东之间关系紧张；企业频繁发行或增发新股、债权，导致投资者抱怨或抵制；企业高管层与投资银行或证券分析师关系过于密切或紧张；企业高管层与证券监管机构关系紧张；企业高管人员或董事会成员在财务报告和信息披露方面受到证券监管机构的处罚或批评；企业与税务机关税务纠纷不断。

(3)关注企业组织机构设置与运行的表现

企业组织机构设置与运行如果存在以下问题，需要高度关注：企业的组织机构过于复杂；企业的主要子公司或分支机构地域分布广泛，且缺乏有效控制和沟通；缺乏内部审计机构或内部审计人员配备严重不足；董事会成员主要由内部执行董事或“灰色董事”组成；董事会的作用过于被动，受制于企业高管层；未设立审计委员会，或审计委员会缺乏独立性和专业胜任能力；企业的信息系统建设薄弱，信息交流沟通不畅通。

2. 对企业外部财务特征的分析

纵观企业外部的财务特征，最能直观反映出财务造假现象的便是该公司外公布的各期财务报告。研究企业财务报告的连续程度，关注财务报告的披露时间是否符合要求以及企业的外界评价是否下降等等，若上述因素出现异常，就要质疑企业财务报告的真实性。

3.对企业所处行业的分析

企业所在行业处于成熟或衰退阶段；企业所在行业竞争加剧，经营失败与日俱增；企业所在行业技术进步迅速，产品和技术具有很高的陈旧风险；在行业一片萧条时，企业的经营业绩一枝独秀；企业遭受巨额经营损失，面临破产、被敌意收购或其他严重后果；企业所在行业对资产、负债、收入和成本的确认，高度依赖于主观的估计和判断。

（二）利用财务报表发现问题

1.将当期财务报告与前期进行比较

任何一个企业的经营都具有连贯性，在进行财务分析时，当公司的正向财务指标，例如净利率等逐年下滑时，恶化的财务状况便会刺激企业管理者，容易滋生会计造假现象；同时，对于正向财务指标逐年增长过于快速的企业也相应地存在会计造假的风险。

2.会计报表账项之间的分析

会计造假是一个具有较强关联性的工程，这个工程离不开各个会计科目间的相互协调合作，并与会计报表的构成有密不可分的联系，也使得各个报表账项之间存在着一定的内在关系。例如，主营业务收入与净利润，主营业务收入与应收账款，净利润与税费，主营业务成本与存货，长短期借款与利息等都存在相关的联系。因此可以根据财务的数据、指标变动的规律，对会计报表账项之间的异常变动进行分析。

(1)主营业务与净利润的关系

识别此类的会计造假，其主要表现是企业主营业务收入不突出，利润的形成主要是由其他业务或者偶然业务所得构成。众所周知，企业的营业执照上明确列示了这个企业的主要经营范围和其他经营范围，而理论上主营业务收入的利润应该是企业利润的主要组成部分。比如，电脑销售企业的主营业务收入是销售电脑的主件及零件，对于销售软件、配件等就属于其他经营业务，但在会计造假企业中，其他经营业务的利润占据了总利润的大部分。单纯的虚增主营业务收入会导致企业的税负负担过重，因此有些企业就对其他业务收入或营业外收入进行调节，以达到增加企业利润的目的。但是，这种手段所导致的后果就是在对外披露的会计报表中，主营业务收入的数据非常小，而且不突出，如果这种情况出现，公司便可能存在会计信息造假现象。

(2)主营业务收入与应收账款的关系

对于这类会计造假，应当从企业主营业务收入和应收账款的关系上入手，以此判断企业是否存在“白条”利润。针对该问题的分析有两方面，第一，查看企业本期应收账款发生额占主营业务收入的百分比；第二，要看企业主营业务收入、利润与应收账款之间的增长比例和增长幅度。对于这两方面的情况，在人为操纵应收账款的同时也操纵了利润，主要手段就是提前确认或者伪造收入和债权，进而导致企业应收账款的回收期会比正常记录的回收期长，或者应收账款永远不能收回。因此两者所表现出的共性就是企业的应收账款数额在主营业务收入中的比例过大，收入、利润与应收账款呈现出正相关的关系，即在收入和利润增长的同时，应收账款也在增长，并且增长的幅度会更大；或者两方面出现负相关关系，虽然收入和利润在不断下滑，但应收账款却以较大的幅度增长。这些现象都说明企业资金沉积，经营资金流入短缺，导致“白条”利润的出现。

（三）从会计账务上进行核查

1.从数量上进行核查

对销售商品货物的企业，从其库存和销购数量上进行检查，可以判断出企业是否进行会计造假。例如，对一家电脑销售企业进行检查，发现该企业的销售数量和购进数量不一致，对比关系存在不对称性，则应当运用会计恒等式——资产＝负债＋所有者权益、收入－费用＝利润，对企业会计账目进行逐月逐年的累计核算，而后通过资产与权益的平衡关系进行综合归纳，便能查出企业的账目与实物不相符。

2.从资金来源方面进行审查

当检查会计账目不健全的企业财务时，我们不难发现，在企业的进货和库存资金较大时，企业的资金来源变得相对较少，并且在进行业务往来的“应付账款”账目中的数额也不大，这时将两者相比较便会存在较大的差异。这种现象与对资产负债表的存货、应付账款及现金流出的分析结果是一致的。归结起来的原因就是企业不想把自己拥有的资金或者借款在会计账目上反映出来，而是放在了账外。

3.从结转成本方面进行检查

大部分企业的产品在入库、出库、收入的确认、成本的结转等一系列操作上都比较紧凑。但是针对制作假账的企业而言，在结转成本中表现出操作过程松散，行为不规范，管理制度不严格。例如，部分企业为了把其利润额归属在免征计税的范围内，便私自将商品的销售成本提高，从而降低企业利润额，造成账目与报表不相符。

4.从企业现金流量方面进行分析

按会计基本原理，企业的现金净流量不应该长期低于其净利润，因为随着时间的推移，按权责发生制核算的结果会与按收付实现制核算的结果间的差异逐渐缩小并趋向于零。如果某企业的现金净流量长期低于其净利润，则意味着该企业可能将本应作为费用处理的一些项目变为虚拟资产，而虚拟资产是不可能转化为现金的，即企业是通过增加虚拟资产来失真利润。出现这种情况时，也应对利润进行调整。

（四）企业内部控制的审查

1.关注企业内部控制系统

企业内部控制系统主要由内部牵制和内部审查两大部分组成。内部牵制主要是针对企业业务过程中人员的职能和责任的分工，形成相互制约、相互平衡的机制。内部审查是指由企业设置的内部专门的机构和人员进行企业日常的审查和监督。对企业内部控制系统的审查主要包括企业的控制制度是否合理，人员权责的划分是否明确，是否能够发现并纠正企业会计的错误与造假现象，是否能够发挥内部控制的实际作用，以及发挥作用的效果。

2.关注企业内部会计系统

审查人员在审查企业会计系统的过程中，为方便找出其内部缺陷，总结出企业会计造假行为的动机，应该重视以下问题：例如企业账户在收支及余额方面的处理存在异常；会计账目及报表中的数据存在错误；不能按时记账，推延提交会计报告的日期；存在大量未记录的收入和费用，以及尚未确认和分摊的预收预付费用等期末调整事项；管理阶层的不自律，不认真对待工作等。

(1)关注企业会计基础核算工作的异常

会计基础核算工作如果出现以下异常，需要特别关注：原始凭证不合常规(如凭证缺失、银行调节表出现呆滞项目、过多空白或贷项、收款人或客户名称及地址太普通、劳动者应收账款拖欠增加、调节项目增多、凭证篡改、付款雷同、支票二次背书、凭证号码顺序不合逻辑、凭证字迹可疑、以凭证复印件取代原件)；会计分录存在瑕疵(如缺乏原始凭证支撑，对应收及应付款、收入和费用进行未加解释的调整，会计分录借贷不平衡，会计分录由异常人士编制，临近会计期末编制的异常会计分录)；日记账不准确(如日记账不平衡、客户或供应商的个别账户合计数与控制账户不相等)。

(2)关注企业会计报表项目的异常

会计报表项目的异常主要包括：未加解释的存货短缺或调整；存货价格存在背离或废品日增；采购过度；借项或贷项通知繁多；账户余额大幅增减；资产实物数量异常；现金出现短缺或盈余；不合理的费用或报销；注销费用未及时确认且金额繁多；会计报表关系诡异(如收入增加、存货减少，收入增加、应收账款减少，收入增加、现金流量减少，存货增加、应付账款减少，在产量增加的情况下单位产品成本不降反增，产量增加、废品下降，存货增加、仓储成本下降)。

3. 关注企业内部控制异常现象

内部控制缺陷的现象主要包括缺乏职责划分、缺乏实物资产保护措施、缺乏独立核查、缺乏适当的文件和记录保管、逾越内部控制、会计系统薄弱等。如果这些现象在企业表现突出，则应当特别关注。

(五)审计报告分析法

对注册会计师出具的审计报告加以分析，亦是识别会计报表造假的一个重要途径。分析审计报告时，应关注审计报告中所反映的意见类型。注册会计师所发表的审计意见类型直接反映了会计报表是否存在造假以及造假的严重程度。一般来说，经注册会计师审计过的会计报表的可信度要高于未经注册会计师审计过的会计报表，对已经注册会计师审计过的会计报表，需要结合审计报告意见，重点分析会计报表的粉饰状况；对未经注册会计师审计过的会计报表，除了分析会计报表粉饰状况外，还需要判断会计报表中是否存在技术错误。

(六)会计报表附注分析法

会计报表附注是为帮助理解会计报表的内容而对报表的有关项目所做的解释，包括：公司基本情况；公司采用的主要会计方法及变更情况、变更原因以及对财务状况和经营成果的影响；控股子公司合营企业的基本情况；会计报表主要项目注释；其他事项的说明。

将会计报表与其附注相对照，可以了解企业会计报表的披露政策是否合理、会计估计是否科学、会计差错处理是否恰当等方面的信息，为识别企业会计报表提供有用的信息。

(七)关联方交易分析法

在某些情况下,关联方之间通过虚假交易可以达到造假、欺骗报表使用者的目的。利用关联交易调节利润,其结果一般体现在“其他业务利润”“投资收益”“营业外收入”“财务费用”等具体项目之中。因此,识别的方法是首先要计算各项目中关联交易产生的盈利分别占项目总额的百分比和这些项目占利润总额的百分比,判断企业盈利能力对关联企业的依赖程度;其次分析这些关联交易的必要性及公正性;最后,将非必要和欠公正关联交易产生的利润从企业利润总额中剔除,以反映这些项目的正常状况。如关联交易产生的盈利占利润总额比例大,表明企业利润对关联企业的依赖程度高,如果从定价政策分析其交易为非公正交易,则表明企业有造假行为。

六、会计报表信息失真的分析程序

(一)深入了解企业的经营状况和造假征兆

企业的经营状况不佳是报表失真的主要原因之一。评估企业的经营状况,有赖于分析人员对企业及其行业两方面的了解,尤其是企业的业绩表现明显差于同行业的平均水平时。

另外,要关注造假征兆。在通常情况下,如果财务报告存在失真,往往会出现一些征兆。这些征兆包括收入的异常、费用的异常、关联交易的异常和应收账款的异常等。通过分析财务报告也能够发现一些警报,比如财务报告中出现一些无法解释的变化。在一个充满危机的环境下经营,迫于报告有利于收益的需要,一些非同寻常的获利交易会出现在报表中,这将使收益质量不断下降。另外,成本费用的增长速度快于收入的增长速度,也是报表失真的征兆之一。了解这些因素,有助于分析人员评估企业会计报表有无造假与粉饰的可能性,判断在分析过程中可能遭遇的困难程度。

(二)分析经营风险

一般情况下,经营风险越高,客户管理失真的可能性就越大。对客户经营风险的分析包括行业分析、战略分析、流程分析、绩效分析。如对竞争者分析形成同业分析预期,对前期数据分析形成纵向预期,对非财务数据分析形成财务预测,对一组财务数据分析形成另一组财务数据的预期。

(三)评价管理当局

对管理当局的评价主要包括以下内容:

一是分析管理当局的压力或动机。分析人员应当密切关注管理当局是否遭受异常压力,如盈利目标过度夸张并在这些目标基础上设计管理当局薪酬奖励制度、市场占有率突然下降、公司市场形象不佳、管理当局正面临提升的关键时刻等。

二是对企业管理人员的品行和能力进行分析。如管理人员曾经有不诚实记录、公司以前年度曾经有失真发生、主管会计和财务人员离职率高、经常更换法律顾问等。

三是要评价公司治理结构。公司治理结构的缺陷会导致管理当局权力膨胀、监督失控、缺乏透明度,给管理当局失真会计报表创造客观条件。分析人员在评价公司治理结构时,应重点关注客户是否在董事会下设立审计委员会、董事会执行董事与独立董事的比例及独立董事的独立性。

(四)确定造假风险

首先,考虑风险因素。分析人员根据经营风险的分析结果、造假环境和对管理当局的评价结果等进行风险评估。其次,考虑异常关系或偏离预期的情况。所谓异常,是指分析人员的合理预期与财务数据之间存在的差异,分析人员可利用分析性复核,寻找和发现异常,若发现异常关系或偏离预期的情况,说明存在较大的失真会计报表的风险。

(五)编制分析计划

根据造假风险的评价结果编制分析计划,运用“自上而下”的思路,确定分析目标、分析工作时间和日程安排、分析重点和范围,在高造假风险领域配备充分的分析资源。

第三节　非会计信息概述

一、非会计信息的概念

非会计信息是指以非财务资料形式出现与企业的生产经营活动有着直接或间接联系的各种信息资料,一般而言,不在会计报表上反映的信息内容大都可以认定为非会计信息,它客观存在于经济系统的信息传递过程中。财务信息是指以货币形式的数据资料为主,结合其他资料,用来表明企业资金运动的状况及其特征的经济信息。

对于非会计信息应当披露的内容,学术界主要有两种观点。一种认为包括历史性非会计信息和前瞻性非会计信息经济环境变动与公司计划信息两种;另一种认为包括公司的背景信息、公司经营业绩及财务部门对业绩的分析和公司的前瞻性信息三种。但到底非会计信息具体要披露哪些内容,还没有统一的认识。

二、非会计信息的内容

在财务分析中,除了财务信息外,非会计信息在分析中也占有重要地位。这些信息的来源不仅包括企业内部的非财务部门,也包括企业外部。我们认为非会计信息主要包括以下几个方面的内容:

(一)会计报表附注

会计报表附注是为了便于会计报表使用者理解会计报表的内容而对会计报表的编制基础、编制依据、编制原则和方法及主要项目等所做的解释。之所以要编制会计报表附注,首先,是因为它拓展了企业财务信息的内容,打破了三张主要报表内容必须符合会计要素的定义,又必须同时满足相关性和可靠性的限制。其次,它突破了揭示项目必须用货币加以计量的局限性。再次,它充分满足了企业财务报告是为其使用者提供有助于经济决策的信息的要求,增进了会计信息的可理解性。最后,它还能提高会计信息的可比性。比如,通过揭示会计政策的变更原因及事后的影响,可以使不同行业或同一行业不同企业的会计信息的差异更具可比性,从而便于进行对比分析。

（二）审计报告

审计报告是独立于第三方（注册会计师）根据独立审计准则的要求，对企业编制的财务报告的合法性和公允性做出的独立鉴定报告。审计报告中的审计意见有四种：无保留意见、保留意见、否定意见和无法（拒绝）表示意见。虽然审计报告本身并不提供任何关于企业财务状况和经营成果的信息，但是可以增加企业财务信息的可信性。

（三）市场信息

市场信息包括资本市场信息、产品市场信息等。资本市场信息主要涉及交易价格和交易量，比如市盈率、市净率等。依据市场有效假说，公司的所有信息（包括财务信息）都会影响股票价格。也就是说，股价是市场对企业信息处理后得到的一个综合评价，财务分析人员应当关注资本市场信息。产品市场信息包括销售量、销售价格、企业产品的市场占有率等。产品市场信息也是十分重要的，通过产品市场信息，可以更加明确地分析和预测企业未来市场状况、行业发展前景及企业成长能力。

（四）公司治理信息

公司治理，是指所有者对管理者的一种监督与制衡机制。这源于股东与管理者都是理性人，管理者有时会因为个人利益而损害股东利益，所以，所有者通过一种制度安排，合理配置所有者与经营者之间的权利与责任关系，保证股东利益最大化，防止管理者对所有者利益的背离。鉴于企业董事会和管理层是日常事务的决策者和执行者，他们的行为意向和执行能力直接与企业未来发展相关。所以，财务人员获取企业治理方面的信息是非常重要的，这将有助于判断企业的前景状况，有助于判定历史信息预测未来的效力。

（五）宏观经济信息

宏观经济信息一般包括影响整体国民经济运行的一些因素，比如通货膨胀率、GDP 增长水平、物价指数、固定资产投资增长率、基本利率水平等。企业的生产经营必须在整体经济环境中进行，所以就不可避免地受到宏观经济因素的影响。因此分析未来宏观经济的发展方向和速度，把握相关因素的未来走向，对于企业微观财务分析也是很重要的。

三、非会计信息的特点

与会计信息相比，非会计信息具有以下特点：

一是空间上的广泛性。非会计信息可以来自企业内部，也可以来自企业外部，而财务信息主要来自企业内部。在网络时代，由于信息的交流变得更为通畅，获取非会计信息的途径也进一步得到扩展。

二是时间上的延续性。非会计信息可能与企业过去事项有关，也可能与现在甚至将来的事项有关，而财务信息一般只与企业过去事项有关。

三是非货币性。非会计信息一般不以货币形式出现，而且大多是一种定性的描述。

四是真实性。由于非会计信息多而杂，外部对它的重视程度不够，所以企业刻意去修饰它的可能性比财务信息要小。特别是外部的财务信息，就更加真实可信，一般不是企业所能控制的。

四、非会计信息的意义

非会计信息是会计信息的一部分，可以由会计系统提供。但是与财务信息相反，不完全满足可定义性、可计量性、可靠性和相关性。非会计信息具有较强的相关性，部分非会计信息可以满足可计量性。但是大部分不能满足可定义性，非会计信息的可靠性明显不足。

会计的基本目标是满足会计信息的需求，因此会计系统必须向信息用户提供那些不遵守公认会计准则但与信息用户相关的信息。满足信息需求也是非会计信息披露的基本目标。会计对象即会计核算、监督的内容。非会计信息的披露仍然是对特定主体的生产经营进行反映和监督，仍然遵守会计主体假设。因此，对于反映通货膨胀和国家产业政策的信息就应被排除在外。

会计的基本职能是反映和监督。会计的反映和监督应该是面向企业全部的经济业务，不能只停留在对那些能够用财务信息反映的经济业务进行反映和监督。因此，非会计信息的任务是反映主体的经济业务活动，监督主体对既定目标的运行及其生产经营活动的合规性和合法性。

第四节　非会计信息的利用与分析

一、会计报表附注的分析

（一）会计报表附注的作用

会计报表附注是为便于会计报表使用者了解会计报表的内容而对会计报表的编制基础、编制依据、编制原则和方法及主要项目等所做的解释，一般在编制年度、半年度财务会计报告时编制。国家统一的会计制度规定季度、月度财务报告需要编制会计报表附注的，从其规定。

会计报表附注包括所有在会计报表内未提供的与企业财务状况和经营成果及现金流量有关的，有助于报表使用者更好地了解会计报表并可以随同会计报表一同报出的重要信息。会计报表附注一般包括企业简介、不符合基本会计假设的说明、主要的会计政策、会计报表项目注释、分部情况和重要事项反映等内容。编制时，没有统一的格式及要求。

（二）会计报表附注的内容

会计报表附注大致分为三部分，第一部分主要包括企业的基本情况、会计报表编制基础、重要会计政策和会计估计等内容。

会计报表附注的第二部分是主要会计报表项目注释，该部分是针对会计报表主要项目列示的金额所做的一一对应的解释。会计报表使用者在阅读会计报表过程中可根据各个项目的注释号在会计报表附注中找到解释该项目的详细内容。可以说，报表使用者要真正看懂会计报表，就必须在阅读过程中认真阅读这些注释，了解这些项目的具体含义，如果只看报表项目而不看报表附注中的项目注释，则难以了解这些项目的真正内容，分析结果将偏离实际情况。

对于资产负债表项目，在注释中会披露期初余额的构成明细、本期增加额及减少额情况、期末余额的构成明细等基本内容。比如，一些从事制造业的公司，报表中“存货”项目往往占有大量资金。报表使用者若要了解“存货”的具体内容、判断其合理性，只有在“存货”项目的注释中找到答案。在那里会详细列示原材料、在产品、产成品等各类存货的资金的分布及其变动情况，披露是否存在呆滞积压及所计提的跌价准备等重要信息，帮助报表使用者做出正确的判断。

对于利润表项目，在注释中会披露上期发生额的构成明细、本期发生额的构成明细等基本内容。比如对于投资型公司来说，利润表中所列示的“投资收益”往往金额较大。报表使用者如果要进一步了解投资收益的具体内容、哪些方面的收益对公司利润的贡献最大，必须到“投资收益”项目的注释中寻找。在那里会单独列示股票投资收益、债权投资收益、委贷利息收入，以及转让股权投资损益、以成本法核算的被投资单位宣告分派的利润、确认占联营及合营企业净损益等各项收益构成。使报表使用者明确，到底形成公司主要利润来源的是哪部分投资所产生的收益。

值得一提的是，按我国现在的要求，对增减幅度达到或超过30％的项目金额，在注释中需要对其说明变动的主要内容和原因。对于特殊报表项目，在注释中还需要披露其具体内容和发生的事由。这些注释将帮助报表使用者正确了解会计报表所反映的公司财务状况和经营成果。

会计报表附注的第三部分内容主要包括关联方关系及其交易、资产负债表日后事项、或有事项、承诺事项等其他重要事项的披露。这部分内容所披露的属于表外重要信息，是报表使用者必须掌握的财务信息，能对已经获取的会计报表信息起到修正作用。报表使用者在看完报表后不能忽视这个作用。

关联方关系及其交易的披露，能详细地列示出公司按会计准则认定的关联方的基本信息和当期公司与关联方之间发生的交易种类、定价政策、交易额等重要信息，这方面对于阅读并理解大型集团下属公司的会计报表而言非常关键。

实务中常有公司利用集团这个同一控制人的作用，与集团下属其他公司发生大额关联交易，达到粉饰会计报表的目的。“资产负债表日后事项”是指公司资产负债表日至财务报告批准报出日之间发生的需要调整或说明的有利或不利事项。这里所披露的是资产负债表日后非调整事项，有利事项能给报表使用者传递有利于公司形象的信息，如大额销售合同的签订、税收优惠政策的获得等；不利事项会传递给报表使用者要特别小心的地雷式信息，如主要客户的丢失、不利于公司发展的新经济政策的出台等。“或有事项”或“承诺事项”对于一个持续经营的公司来说，往往特别重要。有的公司尽管就会计报表数据而言是不错的，但就其披露的某些“或有事项”或“承诺事项”的内容来看，如对外巨额担保、主要经营资产抵押、重大诉讼等，对公司持续经营的风险非常大。

按照我国企业会计制度规定，在会计报表附注中至少应披露13项内容：不符合会计核算前提的说明、重要会计政策和会计估计的说明、重要会计政策和会计估计变更的说明及重大会计差错更正的说明、或有事项的说明、资产负债表日后事项的说明、关联方关系及其交易的说明、重要资产转让及其出售的说明、企业合并与分立的说明、会计报表重要项目的说明、收入的说明、所得税的会计处理方法、合并会计报表的说明、有助于理解和分析会计报表需要说明的其他事项。

（三）会计报表附注的编制形式

报表附注的编制形式灵活多样，常见的有以下五种。

第一种，尾注说明：这是附注的主要编制形式，一般适用于说明内容较多的项目。

第二种，括号说明：此种形式常用于为会计报表主体内容提供补充信息，因为它把补充信息直接纳入会计报表主体，所以比起其他形式来，显得更直观，不易被人忽视，缺点是它包含内容过短。

第三种，备抵账户与附加账户：设立备抵与附加账户，在会计报表中单独列示，能够为会计报表使用者提供更多有意义的信息，这种形式目前主要是指坏账准备等账户的设置。

第四种，脚注说明：指在报表下端进行的说明。例如，说明已贴现的商业承兑汇票和已包括在固定资产原价内的融资租入的固定资产原价等。

第五种，补充说明：有些无法列入会计报表主体中的详细数据、分析资料，可用单独的补充报表进行说明。比如，可利用补充报表的形式来揭示关联方的关系和交易等内容。

（四）会计报表附注的分析

1.关联交易的分析

关联交易是指公司或是附属公司与在本公司直接或间接占有权益、存在利害关系的关联方之间所进行的交易。关联方包括自然人和法人，主要是指企业的发起人、主要股东、董事、监事、高级行政管理人员，以及其家属和上述各方所控股的企业。

关联交易在企业的经营活动特别是企业购并行动中，是一个极为重要的法律概念，涉及财务监督、信息披露、少数股东权益保护等一系列法律环境方面的问题。

(1)关联交易的内容

企业的关联交易包括但不限于下列事项：购买或销售商品；购买或销售商品以外的其他资产；提供或接受劳务；代理；租赁；提供资金（包括以现金或实物形式）；担保；管理方面的合同；研究与开发项目的转移；许可协议；赠予；债务重组；非货币性交易；关联双方共同投资；交易所认为应当属于关联交易的其他事项。

(2)关联交易的种类

根据交易对企业及股东权益影响的大小，可将关联交易分为轻微关联交易、普通关联交易和重要关联交易。根据交易对象的不同，可将关联交易分为企业与企业之间的交易、企业与关键人员之间的交易等。按交易的计价原则，可将关联交易分为市场价交易、协议价交易、优惠价交易等。按交易是否合法，可将关联交易分为合法交易和非法交易。

(3)关联交易的优缺点

①关联交易的积极意义

一是关联方相互了解、彼此信任。出现问题协调解决，使交易高效有序地进行，可降低交易成本，增加流动资金的周转率，提高资金的营运效率，避免信息不对称。

二是通过集团内部适当的交易安排，可以使配置在一定程度上充分加强企业间合作，达到企业集团的规模经济效益，如内部组织成员的技术选择和劳动组合的专门化（产供销一体化）。

三是优化资本结构、提高资产盈利能力。及时筹集资金、降低机会成本，通过并购、联合等形式扩大规模，向集团化和跨国公司方向发展。

②关联交易的消极意义

一是影响上市公司独立经营能力，抗外部风险能力下降。比如，一些公司原本是控股公司的一个生产车间或工厂，而控股公司则成为上市公司的原料采购基地和产品销售市场。上市公司向控股公司销售产品、提供劳务，或上市公司向控股公司购买原材料及劳务。由于上市公司的独立性差，对关联方依赖性较强，导致市场竞争能力下降。若关联方自身难保，则上市公司就可能陷入困境。

二是各方利益失衡。上市公司的控股股东利用自身优势，"欺负"上市公司，如向上市公司高价出售原材料、低价购买产成品、抢占公司前景好的投资项目、掠夺公司的利润、挪用上市公司公开募集的资金或无偿拖欠上市公司的贷款、要求上市公司为自身或其他关联方提供借款担保等。控股公司为了保住上市公司的招牌，也会在上市公司即将摘牌的时候给予注资，如低价出售优质资产、高价收购上市公司的产品。如果需要满足上市公司融资条件，控股股东也可能会给予注资。

三是关联交易会损害债权人、中小股东的利益。控股股东牺牲自身利益来增加上市公司的利润，为上市公司保住了招牌，或者是为发行债券和股票创造了条件，最终还是会侵害债权人和中小股东的利益，由于股东本身也有可能亏损，注入资金太多不是以足额现金形式产生利润，而只是增加账面利润，最终上市公司有了利润或是募集到资金后，通过转移资金及利润等形式赚回更多的资金。从长远看，这损害了中小投资者和债权人的利益。

四是对上市公司的危害。通过不正当的"注资"，粉饰会计报表，保住了上市公司的招牌，或者满足配股、发债的调价，其危害性最终还是会在竞争中暴露出来。

五是可用来规避政府税。关联企业间可能利用协议价格在资产转移、原材料、产品或劳务购销等方面进行收入和费用的调整，有利于高赋税的一方，或者虚构并不存在的交易来转移收入和分摊费用，或者通过互相拆借资金的方式调解利息费用。

(4)关联交易舞弊

所谓关联交易舞弊，是指管理当局利用关联方交易掩饰亏损、虚构利润，并且未在报表及附注中按规定进行恰当、充分的披露，由此生成的信息将会对报表使用者产生极大误导的一种舞弊方法。通常，上市公司会采用以下几种关联交易来虚构利润：

①关联购销舞弊

关联购销舞弊，是指上市公司利用关联方之间的购销活动进行的舞弊。根据我国会计准则规定，当上市公司和子公司、兄弟公司之间发生购销往来时，需要在合并报表予以抵销；当上市公司和母公司之间发生购销往来时，由于上市公司提供的是单个报表而非合并报表，因此无法抵销，但需要在附注中详细披露关联方及关联方交易的内容。

②受托经营舞弊

受托经营舞弊是指管理当局利用我国目前缺乏受托经营法规的制度缺陷，采用托管经营的方式服务于利润失真的目的，它是报表欺诈的一种新方法。在实务中，上市公司往往将不良资产委托给关联方经营，按双方协议价收取高额回报。这样就不仅避免了不良资产产生的亏损，还凭空获得一笔利润，而这笔回报又常常是挂在往来账上的，没有真正的现金流入，因此只是一种虚假的报表利润。

③资金往来舞弊

尽管我国法律不允许企业间相互拆借资金，但仍有很多上市公司因募集到的资金没有好的投资项目，就拆借给母公司或其他不纳入合并报表的关联方，并按约定的高额利率收取资金占有费，以此虚增利润。

④费用分担舞弊

所谓费用分担舞弊，是指上市公司通过失真与关联方之间应各自分摊的销售和管理费用，实现调节利润的目的。在上市公司和集团公司之间常常存在着关于费用支付和分摊的协议，这就成为上市公司失真利润的一种手段。当上市公司利润不佳时，集团公司会通过各种手段，如调低上市公司费用交纳标准、代替承担上市公司各项费用，甚至退还以前年度交纳的费用等，"帮助"上市公司提高利润。

2.或有事项的分析

《企业会计准则第13号——或有事项》对或有事项的定义是，由过去的交易或者事项形成的、其结果需要由某些未来事项的发生或不发生才能决定的不确定事项。

或有事项中的或有负债是指过去的交易或者事项形成的潜在义务，其存在需要通过未来不确定事项的发生或不发生予以证实；或过去的交易或者事项形成的现时义务，履行该义务很可能导致经济利益流出企业或该义务的金额不能可靠计量。

或有事项中的或有资产是指过去的交易或者事项形成的潜在资产，其存在需要通过未来不确定事项的发生或不发生予以证实。

分析会计报表附注中披露与或有事项有关的下列信息：

(1)预计负债

①预计负债的种类、形成原因以及经济利益流出不确定性的说明。

②各类预计负债的期初、期末余额和本期变动情况。

③与预计负债有关的预期补偿金额和本期已经确认的预期补偿金额。

(2)或有负债

①或有负债的种类及其形成原因，包括已经贴现的商业承兑汇票、未决诉讼、未决仲裁、对外提供担保等形成的或有负债。

②经济利益流出不确定性的说明。

③或有负债预计产生的财务影响，以及获得补偿的可能性；无法预计的，应当说明原因。

(3)或有资产

企业通常不应当披露或有资产，但或有资产很可能会给企业带来经济利益的，应当披露其形成的原因、预计产生的财务影响。

在涉及未决讼诉、未决仲裁的情况下，按照上面披露全部或部分信息预期对企业造成重大不利影响的，企业无需披露这些信息，但应当披露该未决讼诉、未决仲裁的性质，以及没有披露这些信息的事实和原因。

3.会计政策和会计方法选择的分析

会计政策，是指企业在会计确认、计量和报告中所采用的原则、基础和会计处理方法。

会计报表附注可以通过披露企业的会计政策和会计估计的变更等情况，向投资者传递相关信息，使投资者能够理解会计政策和会计方法的实质，而不被会计方法所误导。

(1)企业选用会计政策涉及的具体内容

《企业会计准则第28号——会计政策、会计估计变更和差错更正》中规定企业选用会计政策涉及的具体内容包括：

①综合性会计政策：合并政策，包括企业合并和合并会计报表；外币业务，包括外币业务处理及外币报表的折算；估价政策、租赁、税收、利息、长期工程合同、结账后事项。

②资产项目：应收款项、存货计价、投资、固定资产计价及折旧、无形资产计价及摊销、递延资产的处理。

③负债项目：应付项目、或有事项和承诺事项、退休金。

④损益项目：收入确认、修理和更新支出、财产处理损益、非常损益。

(2)会计报表附注中应披露与会计政策变更有关的信息

①会计政策变更的性质、内容和原因。

②当期和各个列报前期会计报表中受影响的项目名称和调整金额。

③无法进行追溯调整的，说明该事实和原因以及开始应用变更后的会计政策的时点，具体应用情况。

(3)企业应当在报表附注中披露与会计估计变更有关的信息

①会计估计变更的内容和原因。

②会计估计变更对当期和未来期间的影响数。

③会计估计变更的影响数不能确定的，披露这一事实和原因。

(4)企业应当在报表附注中披露与前期差错更正有关的信息

①前期差错的性质。

②各个列报前期会计报表中受影响的项目名称和更正金额。

③无法进行追溯重述的，说明该事实和原因以及对前期差错进行更正的时点及具体更正情况。

企业采用的全部重大会计政策，应当在会计报表附注中集中说明；特殊行业还应当说明该行业特有业务的会计政策。

4.资产负债表日后事项的分析

(1)资产负债表日后事项的含义

2006年2月15日财政部发布的《企业会计准则第29号——资产负债表日后事项》将资产负债表日后事项定义为：资产负债表日到财务报告批准报出日之间发生的有利或不利事项。

其中，资产负债表日分为年度资产负债表日和中期资产负债表日。按我国《会计法》规定，年度资产负债表日是指每年的12月31日；中期资产负债表日是指会计中期期末。比如，提供第一季度财务报告时，资产负债表日是该年度的 3 月 31 日；提供半年度财务报告时，资产负债表日是指该年度的 6 月 30 日；提供第三季度财务报告时，资产负债表日是指该年度的 9 月 30 日。而财务报告批准日是指董事会或类似机构批准财务报告的日期。

资产负债表日后事项不是在该期间内发生的全部事项，而是对企业的财务状况和经营成果具有一定影响（既包括有利影响又包括不利影响）的事项。

（2）资产负债表日后事项的类型

①调整事项

调整事项是对资产负债表日存在的情况提供进一步证据的事项，以确定资产负债表日提供的财务信息是否与事实相符。这类事项所提供的新的或进一步的证据，有助于对资产负债表日存在状况的有关金额做出重新估计，并据此对资产负债表日所反映的收入、费用、资产、负债及所有者权益进行调整。准则中列举的调整事项主要有：已证实资产发生了减损、销售退回、已确定获得或支付的赔偿、资产负债表日后董事会制定的利润分配方案中与财务报告所属期间有关的利润分配等。

常见的调整事项有：

a. 资产负债表日后诉讼案件结案

企业在资产负债表日或资产负债表日之前被提起的诉讼，但还不具备确认负债的条件而未确认，在资产负债表日后至财务报告批准报出日之间获得了新的或进一步的证据（法院的判决结果），表明符合负债的确认条件。因此在财务报告中确认一项新负债；或者在资产负债表日虽已经确认，但需要根据判决结果调整已经确认负债的金额。

b. 已经证实的资产发生了减值或原先确认的减值金额需要调整

在年度资产负债表日以前或在年度资产负债表日，企业根据当时资料判断某项资产可能发生了损失或永久性减值，但没有最后确定是否会发生，因而按照当时最佳的估计金额反映在会计报表中。但在年度资产负债表日至财务报告批准报出日之间，所取得的新的或进一步的证据能证明减值事实成立，则应对资产负债表日所做的估计做出调整。

c. 进一步确定的资产负债表日前购入资产的成本或售出资产的收入

这类事项包括两方面内容：

一是，若资产负债表日前购入的资产已经按暂估金额等入账，资产负债表日后获得证据，可以进一步确定该资产的成本，则应对已经入账的资产成本进行调整。

二是，企业在资产负债表日已经根据收入确认条件确认资产销售收入，但资产负债表日后获得关于资产收入的进一步证据，如发生销售退回等，此时也应该调整会计报表相关项目的金额。

d. 资产负债表日后发现了会计报表舞弊或差错

资产负债表日后发现报告期或以前期间存在的会计报表舞弊或差错。企业发生这一事项后，应当将其作为资产负债表日后调整事项，调整年度财务报告或中期财务报告相关项目的数字。

②非调整事项

非调整事项是资产负债表日后才发生或存在的事项，这类事项不能影响资产负债表日存在的状况，但如不加以说明，将会影响财务报告使用者做出正确估计和决策，因此需要在会计报表附注中予以披露，准则将这一类事项称为非调整事项。准则中列举的非调整事项主要有股票和债券的发行、对一个企业的巨额投资、自然灾害导致的资产损失、外汇汇率发生较大变动等。

(3)资产负债表日后事项的分析

企业对资产负债表日后调整事项，已经由会计报表编制者在财务报告批准报出日之前根据会计准则，调整了相关账户、报表项目及报表附注，这使得企业会计信息的相关性、可靠性进一步增强。在对资产负债表日后事项调整的基础上，财务分析人员可以运用财务比率及财务的综合评价体系等工具，进行盈利能力、偿债能力、营运能力、成长能力等分析，从而可以对包含资产负债表日后调整事项在内的上年度企业的财务状况、经营成果和现金流量做出评价。

对于资产负债表日后调整事项，报表编制者无需调整账户和相关报表项目，只需要将这些事项形成的原因、内容及影响做相关披露即可，因此财务分析人员要根据披露的情况对其进行逐一分析。比如，资产负债表日后发生自然灾害，那么财务分析人员应关注该企业的资产受损情况，自然灾害导致的资产损失将使企业的盈利能力、偿债能力都下降。又比如，资产负债表日后外汇汇率发生重大变化，那么财务分析人员应当关注该企业会有多大的外汇折算收益或折算损失。需要说明的是，对于已经对资产负债表日后事项及其具体财务数据进行披露的，分析者可以对其进行定量分析。对于没有披露具体财务数据的事项，只能根据披露的实际情况做定性的判断。

(二)审计报告分析

审计报告是具有审计资格的会计师事务所的注册会计师出具的关于企业会计的基础工作即计量、记账、核算、会计档案等会计工作是否符合会计制度，企业的内控制度是否健全等事项的报告，是对财务收支、经营成果和经济活动全面审查后做出的客观评价。

1.审计报告的类型

(1)无保留意见的审计报告

无保留意见是指注册会计师对被审计单位的会计报表，依照中国注册会计师独立审计准则的要求进行审查后确认:被审计单位采用的会计处理方法遵循了会计准则及有关规定；会计报表反映的内容符合被审计单位的实际情况；会计报表内容完整，表述清楚，无重要遗漏；报表项目的分类和编制方法符合规定要求，因而对被审计单位的会计报表无保留地表示满意。无保留意见意味着注册会计师认为会计报表的反映是合法、公允和一贯的，能满足非特定多数利害关系人的共同需要。

注册会计师出具无保留意见的审计报告时，一般以“我们认为”这样的术语作为“意见段”的开头，以表明本段内容为注册会计师提出的意见，并表示承担对该审计报告意见的责任。不能使用“我们保证”这样的字样(因为注册会计师表示的是自己的判断或意见，不能对会计报表的真实性和合法性做出绝对保证)，以避免会计报表使用者产生误解，同时也可明确注册会计师仅仅承担审计责任，而并不减除被审计单位对会计报表承担的会计责任。在对会计报表的反映内容是否恰当提出审计意见时，应使用“在所有重大方面公允反映了”这样的术语，因为人们已经普遍认识到会计报表不可能做到完全正确和绝对真实，所以审计报告中不能使用“完全正确”“绝对真实”等词汇，也不要使用“大致反映”“基本反映”等模糊不清的术语。

（2）保留意见的审计报告

保留意见是指注册会计师对会计报表的反映有所保留的审计意见。注册会计师经过审计后，认为被审计单位会计报表的反映就其整体而言是恰当的，但还存在着下述情况之一时，应出具保留意见的审计报告：个别重要财务会计事项的处理或个别重要会计报表项目的编制不符合《企业会计准则》和国家其他有关财务会计法规的规定，而且被审计单位拒绝进行调整；因审讨范围受到局部限制，无法按照独立审计准则的要求取得应有的审计证据；个别会计处理方法的选用不符合一贯性原则。

注册会计师出具保留意见的审计报告时，应于“意见段”之前另设“说明段”，以说明所持保留意见的理由，并在“意见段”中使用“除上述问题以外”“除上述问题造成的影响以外”或“除上述情况待定以外”等术语。除使用保留意见的待定术语之外，其余应该使用无保留意见的审计报告术语，表示被审计单位的会计报表对其他事项做了恰当的反映。

下面举例说明表示有保留意见的审计报告的标准格式和措辞。

审计报告

立信大华审字〔2010〕1759 号

海信科龙电器股份有限公司全体股东：

我们审计了后附的海信科龙电器股份有限公司（以下简称“海信科龙”）会计报表，包括 2009 年 12 月 31 日的资产负债表和合并资产负债表，2009 年度的利润表和合并利润表、现金流量表和合并现金流量表，股东权益变动表，和合并股东权益变动表以及会计报表附注。

一、管理层对会计报表的责任

按照企业会计准则的规定编制会计报表是海信科龙管理层的责任。这种责任包括：(1)设计、实施和维护与会计报表编制相关的内部控制，以使会计报表不存在由于舞弊或错误而导致的重大错报；(2)选择和运用恰当的会计政策；(3)做出合理的会计估计。

二、注册会计师的责任

我们的责任是在实施审计工作的基础上对会计报表发表审计意见。我们按照注册会计师审计准则的规定执行了审计工作。中国注册会计师审计准则要求我们遵守职业道德规范，计划和实施审计工作以对会计报表是否不存在重大错报获取合理保证。审计工作涉及实施审计程序，以获取有关会计报表金额和披露的审计证据。选择的审计程序取决于注册会计师的判断，包括对由于舞弊或错误导致的会计报表重大错报风险的评估。

在进行风险评估时，我们考虑与会计报表编制相关的内部控制，以设计恰当的审计程序，但目的并非对内部控制的有效性发表意见。审计工作还包括评价管理层选用会计政策的恰当性和做出会计估计的合理性，以及评价会计报表的总体列报。

我们相信，我们获取的审计证据是充分的、适当的，为发表审计意见提供了基础。

三、导致保留意见的事项

如会计报表附注五(四)、附注五(六)、附注六、附注七所述，海信科龙原大股东——广东格林柯尔企业发展有限公司及其关联方(以下简称“格林柯尔系公司”)与海信科龙在2001年10月至2005年7月期间发生了一系列关联交易及不正常现金流入流出。另外，在此期间，格林柯尔系公司还通过天津立信商贸发展有限公司等特定第三方公司与海信科龙发生了一系列不正常现金流入流出。上述交易与资金的不正常流入流出，以及涉嫌资金挪用行为海信科龙已经向法院起诉。

该等事项涉及海信科龙与格林柯尔系公司及上述特定第三方应收、应付款项。到2009年12月31日，海信科龙对格林柯尔系公司和上述特定第三方公司应收款项余额为6.51亿元。海信科龙已经对格林柯尔系公司和上述特定第三方公司的应收款项计提坏账准备3.65亿元。如会计报表附注七所述，除佛山中院〔2006〕佛中法民二初字第178号案件撤诉、佛山中院〔2006〕佛中法民二初字第183号驳回诉讼请求，上述其他案件均已胜诉并生效，我们仍然无法采取适当的审计程序，以获取充分、适当的审计证据，以判断该笔款项所作估计坏账准备是否合理，应收款项的计价认定是否合理。

四、审计意见

我们认为，除了上述事项可能产生的影响外，海信科龙会计报表已经按照企业会计准则的规定编制，在所有重大方面公允反映了海信科龙2009年12月31日的财务状况以及2009年度的经营成果和现金流量。

立信大华会计师事务所有限公司　　中国注册会计师：×××

中国·北京　　中国注册会计师：×××

二〇一〇年四月八日

(3)否定意见的审计报告

否定意见是指与无保留意见相反，认为会计报表不能合法、公允、一贯地反映被审计单位财务状况、经营成果和现金流动情况。注册会计师经过审计后，认为被审计单位的会计报表存在下述情况时，应当出具否定意见的审计报告：会计处理方法的选用严重违反《企业会计准则》和国家其他有关财务会计法规的规定，被审计单位拒绝进行调整；会计报表严重歪曲了被审计单位的财务状况、经营成果和现金流动情况，而且被审计单位拒绝进行调整。

注册会计师在出具否定意见的审计报告时，应于“意见段”之前另设“说明段”，说明所持否定意见的理由，并在“意见段”中使用“由于上述问题造成的重大影响”“由于受到前段所述事项的影响”等专业术语，并指出会计报表“不能恰当地反映”“不符合……规定”等问题。

(4)无法(拒绝)表示意见的审计报告

无法表示意见是指注册会计师说明其对被审计单位会计报表的合法性、公允性和一贯性无法发表意见。注册会计师在审计过程中,由于审计范围受到委托人、被审计单位或客观环境的严重限制,不能获取必要的审计证据,以致无法对会计报表整体反映发表审计意见时,应当出具无法表示意见的审计报告。

注册会计师在出具拒绝表示意见的审计报告时,应于"意见段"之前另设"说明段"以说明所持拒绝表示意见的理由,并在"意见段"中使用"由于审计范围受到严重限制""由于无法实施必要的审计程序""由于无法获取必要的审计证据"等术语,并指出"我们无法对上述会计报表整体表示审计意见"。

2.审计报告的基本内容与格式

按照我国《独立审计具体准则第7号——审计报告》的规定,注册会计师对会计报表的审计报告应包括下列基本内容:

第一项:标题。我国的审计报告标题为统一规范的"审计报告"。

第二项:收件人。审计报告的收件人是指审计业务的委托人,审计报告应当载明收件人的全称。如"某某有限责任公司董事会""某某股份有限责任公司全体股东"等。

第三项:范围段。审计报告的范围段应当说明以下内容:已经审计的会计报表的名称及其日期或期间;明确会计责任和审计责任的归属;审计的依据,即"审计准则";所实施的审计程序和完成情况。

第四项:意见段。审计报告的意见段应当说明以下内容:会计报表的编制是否符合企业会计准则和国家有关财务会计法规的规定;会计报表在所有重大方面是否恰当地反映了被审计单位资产负债表日的财务状况和所审计期间的经营成果、资金变动情况;会计处理方法是否遵循了一致性原则。

第五项:说明段。若注册会计师出具保留意见、反对意见或拒绝表示意见的审计报告时,应当在范围段与意见段之间增加说明段。在说明段中,应当清楚地说明所持意见的理由及其对会计报表影响的程度。当注册会计师出具无保留意见的审计报告时,一般不设说明段;如果认为必要,可以在意见段之后,增加对重要事项的说明。

第六项:签章及会计师事务所地址。审计报告应由注册会计师签章,并标明注册会计师事务所的地址。

第七项:报告日期。审计报告日期是指注册会计师完成审计外勤工作的日期,是报告的提交日。

3.审计报告的作用

一般认为,注册会计师签发的针对企业年度财务报告出具的审计报告,主要具有鉴证、保护和证明三方面的作用。

(1)鉴证作用

注册会计师签发的审计报告,不同于政府审计和内部审计的审计报告,是以超然独立的第三者身份,对被审计单位会计报表合法性、公允性发表意见。这种意见,具有鉴证作用,得到了政府及其各部门和社会各界的普遍认可。政府有关部门,如财政部门、税务部门等了解、掌握企业的财务状况、经营成果和现金流量的主要依据是企业提供的会计报表。会计报表是否合法、公允,主要依据注册会计师的审计报告做出判断。股份制企业的股东主要依据注册会计师的审计报告来判断被投资企业的会计报表是否公允地反映了其财务状况、经营成果和现金流量,以进行投资决策等。

2.保护作用

注册会计师通过审计可以对被审计单位会计报表出具不同类型审计意见的审计报告,以提高或降低会计报表信息使用者对会计报表的信赖程度,能够在一定程度上对被审计单位的财产、债权人和股东的权益及企业利害关系人的利益起到保护作用。如,投资者为了减少投资风险,在进行投资之前,必须要查阅被投资企业的会计报表和注册会计师的审计报告,了解被投资企业的财务状况、经营成果和现金流量。投资者根据注册会计师的审计报告做出投资决策,可以降低其投资风险。

3.证明作用

审计报告是对注册会计师审计任务完成情况及其结果所做的总结,它可以表明审计工作的质量并明确注册会计师的审计责任。因此,审计报告可以对审计工作质量和注册会计师的审计责任起到证明作用。审计报告在一定程度上可以证明注册会计师在审计过程中是否实施了必要的审计程序,是否以审计工作底稿为依据发表审计意见,发表的审计意见是否与被审计单位的实际情况相一致,审计工作的质量是否符合相应的要求。通过审计报告,可以证明注册会计师审计责任的履行情况等等。

4.审计报告对财务分析的影响

审计报告是注册会计师站在公正立场上对企业会计报表是否遵循会计准则,是否恰当反映会计信息所发表的意见。附有注册会计师出具的审计报告的财务报告的会计信息质量将大大提高,对财务分析产生重要影响,具体表现在以下几个方面。

(1)无保留意见的审计报告对财务分析的影响

一般而言,对于无保留意见的审计报告,只是表明注册会计师对被审计单位的会计报表的编制及其对会计准则的运用的认同,不存在重大差异,不足以使会计报表使用者做出错误判断。

但在阅读审计报告时应注意,无保留意见的审计报告并不意味着企业的会计处理是与会计准则的要求完全一致的。一方面,当注册会计师认为会计报表的编制及其会计处理与会计准则的要求无重大背离,或存在一定偏差但不足以使报表使用者做出错误判断时,仍然会出具无保留意见的审计报告;另一方面,受到注册会计师水平和其他条件的限制,未能发现问题,也会出具无保留意见的审计报告。因此,报表使用者在进行财务分析时,一定要结合其分析目的进行财务分析。

对于带强调事项段的无保留意见的审计报告,应该特别关注其强调事项段所提及的问题。虽然这些问题已经在会计报表、附注或管理当局声明书中加强以适当的披露或体现,但站在报表使用者的角度,审计强调事项段所提及的问题更加一针见血,首先考察这些问题,再结合企业所做的会计处理或披露能更加全面地考量这些问题。

(2)保留意见的审计报告对财务分析的影响

附有保留意见审计报告的会计报表,其可信度有所降低。注册会计师经过审计后,认为被审计单位的会计报表整体反映是恰当的,但某些事项的存在会对会计报表产生较大影响,并不完全具备出具无保留意见的条件,因此只能出具保留意见的审计报告。报表使用者在进行财务分析时应仔细阅读审计报告,分析出具保留意见的原因,然后分析报表的内容。

(3)否定意见的审计报告对财务分析的影响

附有否定意见审计报告的会计报表,其可信度大大降低。这表明注册会计师认为被审计单位的会计报表没有依据公认的会计准则要求,真实、公允地反映企业的财务状况、经营成果和现金流量,此类会计报表已经失去其价值,无法被接受。

(4)无法(拒绝)表示意见的审计报告对财务分析的影响

在审计工作中,由于审计工作环境的限制,注册会计师无法实施必要的审计程序,无法取得必要的审计证据,因而无法对审计事项发表意见,只能出具拒绝表示意见的审计报告。此类审计报告很少被出具,其可读性最差,很难用来帮助报表使用者分析企业的财务状况、经营成果和现金流量。

●思考题

1. 会计报表信息失真与会计信息造假有什么区别?
2. 上市公司粉饰会计报表的手段有哪些?
3. 资产负债表日后事项对财务分析有何影响?
4. 为何在财务分析中要关注关联方交易信息?
5. 上市公司为何进行会计政策变更,请举例说明。

●练习题

1. 大族激光(002008)2007 年实现营业收入 148555.54 万元、利润总额 9690.14 万元、净利润 16820.28 万元,公司每股收益为 0.45 元。根据新会计准则,2007 年公司技术开发费用得以资本化,增加公司利润总额 1785.75 万元。2007 年公司科技研究开发投入 8125.55 万元,约占公司销售收入的 5.47%,同比增长 126.31%。显然,扣除研究费用资本化的金额,必定会导致利润的大幅度降低。如果扣除计入的费用,大族激光利润额仅为 7904.36 万元。

请问大族激光的做法违背了会计核算的什么原则,将给企业带来什么影响?

2. 1996 年红光实业在上市申报材料中隐瞒了固定资产不能维持正常生产的严重事实,其关键设备彩玻池炉实际上已经提完折旧,已经出现废品率上升的现象。请问它的这一做法是出于什么目的,将给信息使用者造成什么印象?

3. 九阳股份有限公司 2009 年度年度报告的报表附注中披露有关应收账款的资料如表所示:

应收账款账龄分析表

单位:元

账龄	期末账面余额		坏账准备	期初账面余额		坏账准备
	金额	坏账提取比例		金额	坏账提取比例	
1年以内	37580791.82	5%	1879039.59	61672519.31	5%	3083625.97
1—2年	353889.77	10%	35388.98	697913.02	10%	69791.30
2—3年	214079.72	30%	64223.92	84765.80	30%	25429.74
合计	38148761.31		1978652.49	62455198.13		3178847.01

要求:请根据报表附注中披露的该公司应收账款的结构,分析有无风险。

第二篇　主要会计报表的分析

引导性案例：巴菲特的会计报表分析思路

沃伦·巴菲特是全球著名的投资商，从事股票、电子现货、基金行业。1973年开始，他悄悄地在股市上扶植《波士顿环球》和《华盛顿邮报》，他的介入使《华盛顿邮报》利润大增，每年平均增长35%。10年之后，巴菲特投入的1000万美元升值为2亿美元。1980年，他用1.2亿美元、以每股10.96美元的单价，买进可口可乐7%的股份。到1985年，可口可乐改变了经营策略，开始抽回资金，投入饮料生产，其股票单价已涨至51.5美元，翻了5倍。1992年中巴菲特以74美元1股购下435万股美国高技术国防工业公司——通用动力公司的股票，到年底股价上升到113美元。巴菲特在半年前拥有的32200万美元的股票已值49100万美元了。在2008年的《福布斯》排行榜上财富超过比尔·盖茨，成为世界首富。

巴菲特把自己的股票投资经验归结于自己的财务专业经验。他充分肯定了会计报表分析对于股票投资的重要性，他曾说："只有你愿意花时间学习如何分析会计财务报表，你才能够独立地选择投资目标。"同时，他也强调分析会计报表的前提是针对真实的会计报表进行，他也说过如果不能从会计报表中看出上市公司是真是假，那就不用考虑投资了。他主张分析财务报表的程序应该是先确定公司的持续竞争优势强大，再分析报表数据的真实可靠性，然后需要从会计报表中看到"公司少量举债或不举债情况下良好的股东权益收益率水平和良好的管理"，最后他认为作为投资者分析会计报表的最终目的就是对企业未来长期盈利能力进行准确预测，"保证买入的公司未来业绩与我们的预测相符""重点在于寻找到那些在通常情况下未来10年、15年或20年后的经营情况是可以预测的公司"。在财务报表的分析方法上，他推崇财务比率分析法对各类会计报表进行分析，每年巴菲特致股东的公开信中的第一句话都是说他创立的投资公司——伯克希尔公司每股净资产比上一年度增长的百分比。

巴菲特的投资理念里强调了会计报表分析的作用，也说明了他进行报表分析的程序和方法。那么会计报表分析主要包括哪些报表的分析？对各类报表的分析要达到什么目的？可以计算和分析哪些财务指标？这是我们在本篇将要探讨的内容。

第三章　资产负债表分析

●学习目的与要求

通过本章的学习，学生应掌握资产负债表分析的内容和方法。了解资产负债表分析的目的与内容；熟悉资产负债表的一般项目分析，尤其是一些重点项目的分析评价；掌握资产结构与资本结构的质量分析，以便于分析企业的资产配置与资金来源情况。

●关键知识点

资产质量分析；负债质量分析；所有者权益质量分析；资产结构类型；资产结构弹性分析；资本结构的含义；资本结构的类型

●重要概念

资产负债表；资产结构；资本结构

资产负债表是反映企业某一时点静态财务状况的会计报表。它列示了企业拥有或控制的能以货币表现的经济资源的规模及分布形态，反映了企业全部资金的来源及构成，是企业对外编制的主要报表之一。通过资产、负债与所有者权益的对比，可以对企业的偿债能力及举债能力进行评价；通过不同时点资产负债表的比较，可以判断企业财务状况的未来发展趋势；通过对资产负债表与利润表、现金流量表有关项目的分析，可以对企业各种资源的利用情况做出评价，进而对企业财务状况和经营成果做出整体评价。会计人员要利用资产负债表所说明的信息，积极为企业理财提供决策依据。

资产负债表究竟能够提供哪些信息？如何处理和利用这些信息？这是本章所述主要内容与目的所在。

第一节　资产负债表概述

一、资产负债表的含义

资产负债表是反映企业在某一特定日期资产、负债、所有者权益及其相互关系的报表，它根据“资产＝负债＋所有者权益”的理论公式按照一定的分类标准和顺序，把企业一定时期的资产、负债和所有者权益各项目予以适当排列。资产负债表主要提供有关企业财务状况方面的信息，反映企业的资源控制及分布情况，负债的程度和结构，资本保值增值情况及对负债的保障程度。由于它反映的是某一时点的财务情况，所以又称为静态报表、财务情况报表。

二、资产负债表的意义及局限性

(一)资产负债表的意义

1.反映企业拥有或控制的经济资源及其分布情况

资产负债表把企业所拥有或控制的资产按经济性质、用途分成流动资产、长期投资、固定资产、无形资产及其他资产等类别。在各类别下,又分成若干明细项目。这样,报表的使用者就可以一目了然地从报表上了解到企业在某一特定日期所拥有或控制的资产总量及其结构。

2.反映企业的权益结构

所谓权益结构,是指在企业的权益总额中负债和所有者权益(业主权益)的相对比例。企业资金的提供者,无外乎债权人和所有者,相应地,企业的权益也由他们享有。资产负债表把企业的权益分成负债和所有者权益两大类。同时,又把各种不同性质的负债分为流动负债和非流动负债;把所有者权益分为股本(或实收资本)、资本公积、盈余公积和未分配利润。这样,报表的使用者就可以清楚地从资产负债表上了解到企业在某一特定日期的资金来源及其构成。

3.反映企业的流动性和财务实力

所谓流动性,又称变现能力,是指资产转换成现金或负债到期清偿所需的时间。资产转换成现金或负债到期清偿所需的时间越短,表明企业的流动性越强。由于资产负债表上的资产项目是按其流动性排列的,通过研究资产项目的构成及其比例,企业资产的流动性就可以得到充分的反映。

所谓财务实力,是指企业运用其财务资源以适应环境变化的能力。企业的财务实力,取决于企业的资产结构及其权益结构(或称资本结构)。保持合理的资产和资本结构,既可使企业以较低的成本获得资金,也可增强企业的财务弹性。资产负债表所显示的资产、负债及所有者权益,有助于评估企业的财务实力。

4.提供进行财务分析的基本资料

通过对资产负债表上有关的项目进行分析,我们可以解释、评价和预测企业的短期偿债能力、长期偿债能力、财务弹性和企业的绩效,帮助管理部门做出合理的经营决策。如通过资产负债表我们可以计算出流动比率、速动比率等,了解企业的短期偿债能力,并进而做出正确的投资和融资决策。

(二)资产负债表的局限性

1.主要采用历史成本法核算

资产负债表采用历史成本的计价模式,不反映资产、负债和所有者权益的现行市场价值,所以表中披露的信息虽然比较客观并且容易核实,但由于通货膨胀的影响,账面上的原始成本与编表日的现时价值相差很远。

2.只反映能以货币计量的会计信息

资产负债表以货币来表述有关的会计信息,难免会遗漏许多无法用货币计量的重要经济资源和经济义务的消息，如企业的人力资源、生产技术的领先程度、企业所承担的社会责任等。

3.包含大量的会计估计

资产负债表的信息中包含了许多估计数，如坏账准备、固定资产折旧、无形资产摊销等，不能完全避免主观因素的存在，从而影响会计信息的可靠性。

4.预测性的信息很少

资产负债表中反映的大多是已经发生过的会计事项，加上谨慎性原则的要求，对于还未发生的预测性信息则很少披露。

因此，对于资产负债表所提供信息的完全充分理解主要依赖于报表使用者自身的判断，如前述流动比率、速动比率的计算，并不直接反映在资产负债表中，这就对报表使用者提出了较高的要求。

三、资产负债表的内容

(一)资产

资产是指企业过去的交易或事项形成的、由企业拥有或控制的、预期会给企业带来经济利益的资源。具体来说，资产具有以下特征：

第一，资产必须是被企业拥有或控制的。一般而言，一项财产要作为企业的资产予以确认，其所有权必须归企业所有，也就是企业对该项财产具有产权。或者，企业虽不对该项资产拥有产权，但能够实际控制，如融资租入的固定资产，其所有权虽不为承租方拥有，但依租约，在租赁期间，该项资产的实际控制权归承租方，所以按照实质重于形式原则的要求，也应将其作为企业的资产予以确认。

第二，资产的实质是具有服务潜力，经企业利用，会为企业带来未来的经济利益，即可给企业带来现金流入。

第三，资产必须能以货币计量。也就是说，资产能够通过货币计量反映其价值，否则就不能将其作为资产确认。

第四，导致企业取得或控制某些经济资源的交易或事项已经发生。

资产有多种分类方法，如按货币性和非货币性分类，按有形和无形分类，按短期和长期分类，按流动性分类等。我国和国际会计实务一般是将资产按流动性进行分类。在我国，一般将资产分为流动资产和非流动资产等。

(二)负债

负债是指企业过去的交易或事项形成的、预期会导致经济利益流出企业的现时义务。负债具有以下特征：

第一，负债是目前和过去经济活动所形成的当前债务。也就是说，企业预期在将来要发生的经济业务可能产生的债务，一般不能作为会计上的负债，如企业与供货单位签订的供货合同。

第二，负债是在将来要支付的经济责任。也就是说，对于某些已经形成经济责任的支付义务，都要把它作为企业的负债处理。

第三，负债是需要以现金或其他资产或劳务偿付的经济义务。负债在大多数情况下，要用现金进行清偿；在某些情况下，也可以用商品和其他资产或通过提供劳务的方式进行清偿；有些负债还可以通过新债来抵偿。

第四，负债有确定的或可以估计的数额。

负债有多种分类方法，如按货币性和非货币性分类，按短期和长期分类等。我国与国际会计实务一般采用后一种分类方法，如将负债分为流动负债和非流动负债。

（三）所有者权益

所有者权益是指企业资产扣除负债后由所有者享有的剩余权益。所有者权益表明企业的最终归属关系，即企业是归谁所有，是谁投资的。所有者权益与负债有本质的区别。负债是企业对内和对外所承担的经济义务，需要加以偿还，而所有者权益在一般情况下无须归还给所有者；在企业清算时，应将其资产首先用于偿还债务，然后才能将偿还之余的资产在所有者之间进行分配，就此而言，所有者权益是对企业资产的、次于债权人权益的剩余权益；所有者可以参与企业当期实现利润的分配，而债权人则一般不能参与利润分配，只能按照预先约定的条件取得利息收入。对股份有限公司而言，所有者权益就是股东权益。

资产、负债和所有者权益构成了反映企业财务状况的会计要素。它们之间的关系可以用会计的基本等式予以表述，即资产＝负债＋所有者权益。

四、资产负债表的格式

资产负债表主要有两种格式：账户式和报告式。

（一）账户式

账户式资产负债表的表体分为左右两方，左方列示资产各项目，右方列示负债和所有者权益各项目。其中左方的各类资产按变现能力由强到弱依次排列；负债项目列在报表右方的上半部分，按偿还期限由短到长依次排列；所有者权益项目列示在报表右下部分，按稳定程度从强到弱排列。从形式上看，这种排列方式与会计常用的T形账户相似，故称“账户式资产负债表”。我国的资产负债表一般采用账户式格式。这种格式清晰直接，一目了然，便于编制、检查、阅读和理解。

表3-1　资产负债表（账户式）

编制单位：Z公司　　　　2014年12月31日　　　　单位：元

项目	金额		项目	金额	
	年初数	期末数		年初数	期末数
流动资产：			流动负债：		
货币资金	5200	6000	短期借款	16000	10000
应收账款	24000	38000	应付账款	6000	4000
存货	88600	96150	应付职工薪酬	20000	28000

续　表

项目	金额		项目	金额	
	年初数	期末数		年初数	期末数
流动资产合计	117800	140150	应交税费	12000	14000
非流动资产：			其他应付款	2800	3000
固定资产	490000	810000	流动负债合计	56800	59000
在建工程	6000	7000	非流动负债：		
无形资产	12400	12000	长期借款	40000	380000
商誉	1180	6090	非流动负债合计	40000	380000
递延所得税资产	500	150	所有者权益：		
非流动资产合计	510080	835240	实收资本	500000	500000
			资本公积		
			盈余公积	14000	26000
			未分配利润	17080	11740
			所有者权益合计	531080	537740
资产总计	627880	976740	负债及所有者权益总计	627880	976740

（二）报告式

在报告式下，所有的资产项目按一定的排列顺序列示在报表的上方，负债及所有者权益项目列示在下方。从形式上看，报告式资产负债表采用了上下呼应的格式，故称“报告式资产负债表”。

表 3-2　资产负债表（报告式）

编制单位：Z 公司　　　　2014 年 12 月 31 日　　　　单位：元

项目	金额	
	年初数	期末数
流动资产：		
货币资金	5200	6000
应收账款	24000	38000
存货	88600	96150
流动资产合计	117800	140150
非流动资产：		
固定资产	490000	810000
在建工程	6000	7000

续 表

项目	金额	
	年初数	期末数
无形资产	12400	12000
商誉	1180	6090
递延所得税资产	500	150
非流动资产合计	510080	835240
资产总计	627880	976740
流动负债:		
短期借款	16000	10000
应付账款	6000	4000
应付职工薪酬	20000	28000
应交税费	12000	14000
其他应付款	2800	3000
流动负债合计	56800	59000
非流动负债:		
长期借款	40000	380000
非流动负债合计	40000	380000
所有者权益:		
实收资本	500000	500000
资本公积		
盈余公积	14000	26000
未分配利润	17080	11740
所有者权益合计	531080	537740
负债及所有者权益总计	627880	976740

第二节 资产负债表分析的目的与内容

一、资产负债表分析的目的

(一)分析企业资源分布状况及生产经营的稳定性

资产负债表反映了企业资产的构成及其状况,有利于分析企业在某一日期所拥有的经济资源及其分布情况。资产代表企业的经济资源,是企业经营的基础,资产总量的高低一定程度上可以说明企业的经营规模和盈利基础大小。企业的结构即资产的分布,企业的资产结构反映其生产经营过程的特点,有利于报表使用者进一步分析企业生产经营的稳定性。

(二)分析企业的资金来源渠道、风险与成本

资产负债表可以反映企业某一日期的负债、所有者权益总额及其结构,分析企业目前与未来需要支付的债务数额。负债总额表示企业承担的债务多少,负债和所有者的比重反映了企业财务安全程度与财务风险大小及筹集资金的成本多少。负债结构反映了企业偿还负债的紧迫性和偿债压力的,通过资产负债表可以了解企业负债的基本信息。

(三)分析企业的资本保值增值能力

资产负债表可以反映企业所有者权益的情况,了解企业现有投资者在企业投资总额中所占的份额。实收资本和留存收益是所有者权益的重要内容,反映了企业投资者对企业的初始投入和资本累计的多少,也反映了企业的资本结构和财务实力。资产负债表的分析有助于报表使用者分析、预测企业资本保值增值能力、生产经营安全程度和抗风险的能力。

二、资产负债表分析的内容

(一)资产负债表水平分析

资产负债表横向分析,也称资产负债表的水平分析法,是指采用比较分析法和趋势分析法,对企业资产负债表进行多期比较,分析企业资产、负债和所有者权益增减变动情况及其变动趋势。具体来说,就是将分析期的资产负债表各项目数值与基期(上年或计划、预算)数进行比较,计算出变动额、变动率以及该项目对资产总额、负债总额和所有者权益总额的影响程度。分析的内容主要包括:

1.从投资或资产角度进行分析评价

分析总资产规模的变动状况以及各类、各项资产的变动状况,发现变动幅度较大或对总资产影响较大的重点类别和重点项目,分析资产变动的合理性与效率性;考察资产规模变动与所有者权益总额变动的适应程度,进而评价企业财务结构的稳定性和安全性;分析会计政策变动的影响。

2.从筹资或权益角度进行分析评价

分析权益总额的变动状况以及各类、各项筹资的变动状况;发现变动幅度较大或对权益影响较大的重点类别和重点项目;注意分析评价表外业务的影响。

3.资产负债表变动原因的分析评价

比如负债变动型、追加投资型、经营变动型、股利分配变动型。

(二)资产负债表垂直分析

资产负债表纵向分析,也称资产负债表的垂直分析法,是指运用结构分析法,分析企业资产负债表中有关资产、负债和所有者权益项目的内部构成情况。通过计算资产负债表中各项目占总资产或权益总额的比重,分析评价企业资产结构和权益结构变动的合理程度。可以分为静态分析和动态分析,其中静态分析是指以本期资产负债表为对象,动态分析是指资产负债表与选定的标准进行比较。分析的内容主要包括:

1. 资产结构的分析评价

从静态角度观察企业资产的配置情况，通过与行业平均水平或可比企业的资产结构比较，评价其合理性；从动态角度分析资产结构的变动情况，对资产的稳定性做出评价。

2. 资本结构的分析评价

从静态角度观察资本的构成，结合企业盈利能力和经营风险，评价其合理性。从动态角度分析资本结构的变动情况，分析其股东收益产生的影响。

（三）资产负债表具体项目的分析

资产负债表具体项目的分析是在横向分析和纵向分析的基础上，运用比较分析法、结构分析法对表中资产、负债和所有者权益的各具体组成项目进行进一步分析，查明各具体项目的存在状况。资产负债表具体项目分析的重点是货币资金、交易性金融资产、应收账款、预付账款、存货、长期股权投资、固定资产、无形资产、短期借款、应付账款、预收账款、长期借款、股本、未分配利润等经常性项目以及一些数额变动异常的特殊项目。

第三节　资产负债表项目的质量分析

一、资产质量分析

（一）货币资金

1. 货币资金的含义

货币资金（Money Funds）是指在企业生产经营过程中处于货币形态的那部分资金，按其形态和用途不同可分为库存现金、银行存款和其他货币资金。它是企业中最活跃的资金，流动性强，是企业的重要支付手段和流通手段，因而是流动资产的审查重点。其他货币资金包括外埠存款、银行汇票存款、银行本票存款、信用证保证金存款、信用卡存款、存出投资款等。

2. 货币资金的分析

（1）货币资金持有量分析

一个企业货币资金拥有量的多少，标志着它偿债能力和支付能力的大小，是投资者分析、判断财务状况的重要指标，在企业资金循环周转过程中起着连接和纽带的作用。因此，企业需要经常保持一定数量的货币资金，既要防止不合理地占压资金，又要保证业务经营的正常需要，并按照货币资金管理的有关规定，对各种收付款项进行结算。

企业的货币资金规模取决于企业的资产规模和业务收支规模、企业的行业特点、企业对货币资金的运用能力。一般而言，企业资产总额越大，相应的货币资金规模也就越大；业务越繁忙，且绝对额大的企业，处于货币资金形态的资产也会比较多。企业的行业特点也制约着货币资金规模，如银行业的货币资金规模一般会比较大。另外，货币资金规模也与企业运用货币资金的能力有关。比如，过高的货币资金规模可能意味着企业管理人员没有投资意识或缺乏投资能力，如果企业的管理人员运用货币资金进行各类投资，那么企业所储存的货币资金量就会相应地有所下降。

(2)分析企业对货币资金管理规定的遵守程度

企业对国家有关货币资金管理规定的遵守程度,形成了企业货币资金运用质量的又一重要方面:在由于没有遵守国家的现金管理制度而保留了过多货币资金的条件下,企业可能会遭受失窃、白条抵库的损失;在违反国家结算政策的条件下,企业有可能会遭受有关部门的处罚;在对国家有关货币资金管理制度的遵守质量较差的条件下,企业的进一步融资也将发生困难等。

(二) 交易性金融资产

1.交易性金融资产的含义

交易性金融资产(Financial Assets Held for Trading)是指企业为了近期内出售而持有的债券投资、股票投资和基金投资。如以赚取差价为目的从二级市场购买的股票、债券、基金等。交易性金融资产是会计学 2007 年新增加的会计科目,主要为了适应现在的股票、债券、基金等出现的市场交易,取代了原来的短期投资,与之类似,又有不同。

满足以下条件之一的金融资产应当划分为交易性金融资产:(1)取得金融资产的目的主要是为了近期内出售或回购或赎回;(2)属于进行集中管理的可辨认金融工具组合的一部分,具有客观证据表明企业近期采用短期获利方式对该组合进行管理;(3)属于金融衍生工具。但被企业指定为有效套期工具的衍生工具属于财务担保合同的衍生工具、与在活跃市场中没有报价且其公允价值不能可靠计量的权益工具投资挂钩并须通过交付该权益工具结算的衍生工具除外。

交易性金融资产的特点:一是企业持有的目的是短期性的,即在初次确认时即确定其持有目的是短期获利,一般此处的短期也应该是不超过一年(包括一年);二是该资产具有活跃市场,公允价值能够通过活跃市场获得;三是交易性金融资产持有期间不计提资产减值损失。

2.交易性金融资产的分析

持有交易性金融资产的目的是投机(作为交易性金融资产核算)或套期保值(作为套期保值准则核算)。所以对交易性金融资产的分析主要是对其进行风险与收益分析,分析交易性金融资产的种类有哪些,各自的规模如何,各自的风险与收益如何。

(三)应收票据

应收票据(Note Receivable)是指企业持有的、尚未到期兑现的商业票据。商业票据是一种载有一定付款日期、付款地点、付款金额和付款人的无条件支付的流通证券,也是一种可以由持票人自由转让给他人的债权凭证。根据我国现行法律的规定,商业汇票的付款期限不得超过 6 个月,符合条件的商业汇票的持票人,可以持未到期的商业汇票和贴现凭证向银行申请贴现。

在我国应收票据、应付票据通常是指“商业汇票”,包括“银行承兑汇票”和“商业承兑汇票”两种。商业承兑汇票是付款人签发并承兑,或由收款人签发交由付款人承兑的汇票。银行承兑汇票是由在承兑银行开立存款账户的存款人出票,由承兑银行承兑的票据。银行承兑汇票基本不存在拒付的可能，故应收票据一般认为比较可靠，但商业承兑汇票有到期不能收回的可能性，应关注企业债务人的信用情况。

(四)应收账款

1. 应收账款的含义

应收账款(Receivables)是企业对外销售产品、提供劳务等应向购货单位或接受劳务方收取的款项。一般而言，应收账款的数额与企业营业收入数额成正相关关系。对应收账款质量的判断应从以下几方面着手。

2. 应收账款的分析

(1)应收账款的账龄分析

对应收账款的账龄进行分析，是一种传统的方法。这种方法通过对应收账款的形成时间进行分析，进而对不同账龄的债权分别判断质量，即对现有应收账款按欠账期长短进行分类分析。一般而言，未过信用期或已经过了信用期但处于拖欠期的应收账款出现坏账的可能性，比已经过了信用期较长时间的应收账款发生坏账的可能性小。也就是说，应收账款的账龄越长，应收账款不能收回的可能性就越大，发生坏账的可能性就越大。

比如，某公司按此情况进行应收账款的账龄分析，见表 3-3。

表 3-3 应收账款账龄分析表

账龄	计提比例
1 年以内	0.3%
1—2 年	0.4%
2—3 年	0.45%
3 年以上	0.5%

(2)应收账款的债务人分布分析

债务人分布分析可以观察企业应收账款的债务人是集中还是比较分散。有的企业主要客户非常少，只向一两个客户进行销售，由此形成的应收账款可能有较大的风险，原因在于一旦客户面临财务危机，企业的坏账可能大大增加，或者企业为了保持自身的销售收入和利润，不得不接受客户比较苛刻的购货条件，导致账龄增加，或现金折扣上升。但是如果企业的客户比较分散、客户多则上述风险会增加，但也会增加应收账款的管理难度和管理成本。

债务人分布分析还可以观察企业的债务人是否集中在同一行业。由于不同行业的成长性差异可能很大，处于同一行业的企业往往在财务质量方面有较大的相似性，如果集中在同一行业则可能导致应收账款的回收受该行业的影响较大。

另外，还可以对债务人的所有权性质、债务人与本企业的关联状况、稳定状况进行相应的分析。实践显示，债务人的所有权性质不同，偿还债务的心态及偿还能力会有较大的差异；债务人与本企业如果存在着关联关系，则应收账款的回收受关联关系的影响较大；如果稳定的债务人较多意味着企业的经营没有太大改变，而临时性或不稳定的债务人增多，则表明企业有可能是为了扩展其经营业务导致了应收账款增多。

(3)坏账准备的计提分析

对于坏账准备应当关注其计提方法和计提比率。应当观察企业应收账款计提方法是否在不同期间保持一致,企业是否对计提方法的改变做出了合理解释,企业计提比率是否恰当,是否低估了坏账比率,是否有利用坏账调节利润的行为等。

(五)存货

1.存货的含义

存货(Inventory)是指企业或商家在日常活动中持有以备出售的原料或产品、处在生产过程中的在产品、在生产过程或提供劳务过程中耗用的材料、物料等,销售存仓等。存货区别于固定资产等非流动资产的最基本的特征是,企业持有存货的最终的目的是为了出售,不论是可供直接销售,如企业的产成品、商品等,还是需经过进一步加工后才能出售,如原材料等。

2.存货的分析

如果存货持有量太多,会影响资产的流动性,增加存货保管成本;太少又容易影响企业正常的生产和销售。对于存货的质量分析,则应关注以下几点。

(1)存货的可变现净值与账面金额之间的差异分析

正常情况下应当是存货的可变现净值比账面价值要高,因为企业需要通过销售存货来获取利润;否则可变现净值较低,会使企业发生亏损,影响企业的后续发展。对于再现下列情况的存货,应当关注是否存在可变现净值低于账面价值的情况:

①市价持续下跌,并且在可预见的未来无回升希望;

②企业使用该项原材料生产的产品成本大于产品的销售价格;

③企业因产品更新换代,原有库存原材料已经不适应新产品的需要,而该项原材料的市场价格又低于其账面成本;

④因企业所提供的商品或劳务过时,或消费者偏好改变而使市场的需求发生变化,导致市场价格逐渐下跌。

存在以上情况时,应当观察企业是否已经计提了相应的存货减值准备。财务分析人员应当遵循谨慎性原则,观察企业的减值准备计提是否充足,计提减值准备的标准前后各期是否一致。

(2)存货的周转状况分析

存货是一项流动资产,判断存货质量高低的一个标准就是观察存货能否在短期内变现。因此,存货周转的速度直接关系存货数据质量。一般而言,分析存货的周转主要是使用存货周转率和存货周转天数,在分析判断时应当注意:第一,如果企业的销售具有季节性,那么仅仅使用年初或年末存货数据,会得出错误的周转结论,这时应当使用全年各月的平均存货量;第二,注意存货发出计价方法的差别,企业对于相同的存货周转,如果存货发出的计价方法不同,最后得到的期末存货价值一般不相同,但这种差异与经济实质无关,应当对其进行调整;第三,如果能得到存货内部构成数据,应当分类分析周转情况,观察具体是何种存货导致了本期存货周转率的变动,以便分析企业存货周转的未来趋势。

(3)存货的构成分析

企业的存货类别较多,每种类别的存货对于企业的盈利能力以及自身的周转情况都不同。对于生产销售多种产品的企业,分析人员应当仔细判断每种产成品的市场状况和盈利能力,每种产品对外界环境变化的敏感程度,哪种产品是企业主要的利润来源,企业是否能将较多的资源配置在日后有发展潜力的产品上等;再有,就是分析企业产品是否在同一产业链上,具有上下游的关系,这种关系能否增加企业存货的销售,降低存货成本。如果企业存货中原材料较多,应观察这种情况是企业的正常安排,还是因为预计原材料即将涨价而做的临时储备。如果企业内部产品构成单一,则可能面对较大的价格风险,但如果企业在市场上具有垄断性地位,可以控制市场的定价权,则这种价格风险相对不大。

另外,在存货的构成分析中,还应该关注各类存货的存在状况。比如,企业的产成品是否完好无损、制造业的产成品质量是否符合相应产品的等级要求等,这样可以为分析存货的营利性、周转性和变现性奠定基础。

(4)对存货的毛利率走势分析

通过对存货的毛利率走势进行分析,可以考察存货的营利性。存货的毛利率在很大程度上体现了企业在存货项目上的获利空间,也反映了企业在日常经营活动中的初始获利空间。毛利率下降,或者意味着企业的产品在市场上的竞争力下降,或者意味着企业的产品生命周期出现了转折,或者意味着企业生产的产品面临激烈的竞争。当然,企业年度间毛利率的变化也有可能是企业通过低转或高转成本、改变存货计价和盘存方式等手段,人为进行利润失真的结果。在对存货进行质量分析时,就考虑尽量剔除诸多主观因素的影响。

(四)长期股权投资

1.长期股权投资的含义

长期股权投资(Long-term Investment on Stocks)是指通过投资取得被投资单位的股份。企业对其他单位的股权投资,通常视为长期持有,以及通过股权投资达到控制被投资单位,或对被投资单位施加重大影响,或为了与被投资单位建立密切关系以分散经营风险。

2.长期股权投资的特点

(1)长期持有

长期股权投资目的是为长期持有被投资单位的股份,成为被投资单位的股东,并通过所持有的股份,对被投资单位实施控制或施加重大影响,或为了改善和巩固贸易关系,或持有不易变现的长期股权投资等。

(2)利险并存

利险并存即获取经济利益,并承担相应的风险。

长期股权投资的最终目标是为了获得较大的经济利益,这种经济利益可以通过分得利润或股利获取,也可以通过其他方式取得。如被投资单位生产的产品为投资企业生产所需的原材料,在市场上这种原材料的价格波动较大,且不能保证供应。在这种情况下,投资企业通过所持股份,达到控制或对被投资单位施加重大影响,使其生产所需的原材料能够直接从被投资单位取得,而且价格比较稳定,保证其生产经营的顺利进行。但是,如果被投资单位经营状况不佳,或者进行破产清算时,投资企业作为股东,也需要承担相应的投资损失。

(3)禁止出售

除股票投资外,长期股权投资通常不能随时出售。

投资企业一旦成为被投资单位的股东,依所持股份份额享有股东的权利并承担相应的义务,一般情况下不能随意抽回投资。

(4)风险较大

长期股权投资相对于长期债权投资而言,投资风险较大。

在中国,长期股权投资的取得方式主要有:

一是企业合并形成的长期股权投资,应区分企业合并的类型,分别同一控制下控股合并和非同一控制下控股合并确定形成长期股权投资的成本。

二是以支付现金取得的长期股权投资,应当按照实际支付的购买价款作为长期股权投资的初始投资成本,包括购买过程中支付的手续费等必要支出。

三是以发行权益性证券方式取得的长期股权投资,其成本为所发行权益性证券的公允价值。

四是投资者投入的长期股权投资,应当按照投资合同或协议约定的价值作为初始投资成本,但合同或协议约定价值不公允的除外。

五是以非货币性资产交换、债务重组等方式取得的长期股权投资。

3.长期股权投资的分析

长期股权投资是企业为获取另一企业的股权所进行的长期投资,通常为长期持有,不准备随时变现,投资企业作为被投资企业的股东。与短期投资和长期债权投资不同,长期股权投资的首要目的并非为了获取投资收益,而是为了强化与其他企业(如本企业的原材料供应商或商品经销商等)的商业纽带,或者是为了影响,甚至控制其关联公司的重大经营决策和财务政策。股权代表一种终极的所有权,体现所有者对企业的经营管理和收益分配投票表决的权利。通过进行长期股权投资获得其他企业的股权,投资企业能参与被投资企业的重大经营决策,从而影响、控制或迫使被投资企业采取有利于投资企业利益的经营方针和利润分配方案。同时,长期股权投资还是实现多元化经营,减少行业系统风险的一种有效途径。

(五)持有至到期投资

1.持有至到期投资的含义

持有至到期投资(Held to Maturity Investments),是指到期日固定、回收金额固定或可确定,且企业有明确意图和能力持有至到期的非衍生金融资产。

2.持有至到期投资的分析

持有至到期投资一般指长期债券投资,对其质量分析应当注意以下几点:

(1)对债权相关条款的履约行为进行分析

应当观察被投资企业是否存在到期不能付息的情况,如果是分期还本的债权,还应当注意是否企业到期不能支付本金;该项投资持有至到期后,是否被投资单位不能按时还本,存在违约行为。上述各种不能完全履行债权条款的行为都会使得持有至到期投资的质量下降。

(2)分析债务人的偿债能力

虽然被投资企业截止到分析前都已经按照条款履约,但是应当关注债务人未来的偿债能力,关注其现金流是否充分,是否存在违约风险。

(3)持有期内投资收益的确认

依据会计准则的要求,按照权责发生制原则,投资企业并不是在收到现金时确认投资收益,而是依据债权条款,按照时间推移,对已经发生的债权利息无论是否收到现金都确认投资收益。如果出现被投资单位不能按时付息的行为,企业的投资收益将仅仅停留在账面上,没有现金支撑。

(六)可供出售金融资产

1.可供出售金融资产的含义

可供出售金融资产(Available for Sale Financial Assets),是指能够利用公允价值可靠计量的金融资产,比如在活跃市场上有报价的股票投资、债券投资等,如果企业没有将其作为交易性金融资产、持有至到期投资和长期股权投资,则应将其作为可供出售金融资产处理。

可供出售金融资产的计量与交易性金融资产相同,都是用公允价值计量,区别在于公允价值变动并不相应计入当期损益,而是直接计入所有者权益项目,排除了企业据此失真利润的可能。

2.可供出售金融资产的分析

对可供出售金融资产的质量分析应参照交易性金融资产进行。在分析该项目时,必须关注其分类是否恰当,确认是否符合相应的标准,会计处理是否正确。尽管按照规定,一旦划定为交易性金融资产,不能再重新分类为其他类别的金融资产,其他类别的金融资产也不能再重新分类为交易性金融资产,但企业还是有可能出于粉饰会计报表的目的,将投资风险较小的金融资产划分为交易性金融资产,把公允价值变动收益直接确认为当期损益;而将投资风险较大的金融资产划分为可供出售的金融资产,通过把公允价值变动损失计入资本公积来避免对当期损益造成的负面影响;而当其实际发生升值时,可通过出售的方式,将其获取的收益通过投资收益在当期收益中得以体现。

(七)固定资产

1.固定资产的含义

固定资产(Fixed Assets),是指企业为生产商品、提供劳务、出租或经营而持有的、使用寿命超过一个会计年度的有形资产。

属于产品生产过程中用来改变或者影响劳动对象的劳动资料,是固定资本的实物形态。固定资产在生产过程中可以长期发挥作用,长期保持原有的实物形态,但其价值则随着企业生产经营活动而逐渐地转移到产品成本中去,并构成产品价值的一个组成部分。根据重要性原则,一个企业把劳动资料按照使用年限和原始价值划分为固定资产和低值易耗品。对于原始价值较大、使用年限较长的劳动资料,按照固定资产来进行核算;而对于原始价值较小、使用年限较短的劳动资料,按照低值易耗品来进行核算。在中国的会计制度中,固定资产通常是指使用期限超过一年的房屋、建筑物、机器、机械、运输工具以及其他与生产经营有关的设备、器具和工具等。

从会计的角度划分，固定资产一般被分为生产用固定资产、非生产用固定资产、租出固定资产、未使用固定资产、不需用固定资产、融资租赁固定资产、接受捐赠固定资产等。

2. 固定资产的分析

进行固定资产质量分析时，应当注意以下方面：

(1)固定资产规模的合理性分析

企业固定资产代表了生产能力的强弱，但是并非固定资产数量越大越好，超量的固定资产占据企业资金，而且不能短期内变现，造成企业转产困难。另外，固定资产数额与行业有很大关系，比如，制造企业的固定资产数额一般较大，其中，重工业又较轻工业为大，应查看企业固定资产数额是否符合行业水平。

固定资产规模是否过大，可与流动资产规模相比来衡量，一般用"固流结构＝固定资产/流动资产"来考查。固流结构有三种：第一种是适中的固流结构策略(流动资产与固定资产持1∶1比例，偿债风险一般，获利能力一般)；第二种是保守的固流结构策略(流动资产高，偿债风险低，获利能力低)；第三种是冒险的固流结构策略(固定资产高，获利能力高，偿债风险高)。

选择固流结构策略应考虑盈利水平、风险程度、行业特点、经营规模等因素，比如盈利水平高、风险高的企业固定资产多；工业企业的固定资产比商业企业固定资产多；规模大的企业，固定资产较多。

(2)固定资产的结构分析

企业持有的固定资产并非完全为生产所需，还有相当数量的非生产用固定资产，以及生产中不需要用的固定资产。据此可以评价企业固定资产的利用率以及生产用固定资产的比率，如果这两个比率较低，应当降低对固定资产总体质量的评价。

(3)固定资产的折旧政策分析

固定资产的价值与其技术水平直接相关，具有同样用途的固定资产，如果技术有差距，则价值间的差距将非常明显。比如，随着技术的发展电脑的贬值速度很快，企业应当对此通过加速折旧的方式来使账面净值接近公允价值。财务分析人员应当分析企业哪些固定资产受技术进步的影响较大，是否应当采用加速折旧，企业折旧的计提是否充分，等等。

(4)固定资产原值的年内变化情况分析

固定资产原值在年内的变化可以在一定程度上反映企业固定资产的质量变化。各类固定资产在某会计期间的原值变化，不外乎增加、减少(投资转出、清理、转移类别等)。但是，由于特定企业生产经营状况的特点，企业对各类固定资产的结构有着不同的要求。企业在各个会计期间内固定资产原值的变化，应该向着优化企业内部固定资产结构、改善企业固定资产质量、提高企业固定资产利用效果的方向努力。因此，从企业年度内固定资产结构的变化与企业生产经营特点之间的吻合程度，就可以对企业固定资产质量的变化情况做出判断。

(5)固定资产的变现性分析

固定资产的数量、结构、完整性和先进性都直接决定企业长期偿债能力，但其中固定资产的保值程度，即固定资产的变现性将直接决定企业长期偿债能力的大小。因此，从对企业偿债能力进行分析的角度来看，可以将固定资产分为具有增值潜力的固定资产和无增值潜力的固定资产两类，应结合特定固定资产的技术状况、市场状况和企业特定固定资产的使用目的等因素综合加以确定。

①具有增值潜力的固定资产，是指那些市场价值的未来走向趋于增值的固定资产。这种增值，或是由特定资产的稀缺性（如西方国家的土地）引起；或是由特定资产的市场特征表现出较强的增值特性（如房屋、建筑物等）引起；或是由于会计处理的原因导致账面上虽无净值但企业仍然有可进一步利用的原因而引起（如已经提足折旧、企业仍可以在一定时期使用的固定资产）。

②无增值潜力的固定资产，则是指对特定企业而言，其价值的未来走向不可能增值的资产。这种不能增值状况的出现，既可能是由与特定资产相关联的技术进步较快，原有资产因技术落后而相对贬值（如计算机等）引起；也可能是由特定资产本身价值状况较好，但在特定企业不可能得到较充分利用的原因引起（如不需要用的固定资产）。

通常情况下，资产的专用性在一定程度上也决定了资产的变现性。资产的专用性越高，其变现的风险就越大，至少要大大超过通过资产。

(6)固定资产的营利性分析

固定资产是企业生存发展的基础，反映企业的技术装备水平和竞争实力，因此固定资产的营利性会在很大程度上决定企业整体的盈利能力。对于制造业企业来说，固定资产的营利性可以通过以下几个方面反映出来：一是固定资产技术装备的先进程度要与企业的行业选择和行业定位相适应；二是固定资产的生产能力要与企业存活的市场份额所需要的生产能力相符；三是固定资产的工艺水平要达到能够使产品满足市场需求的程度；四是固定资产的使用效率适当，闲置率不高。

在会计报表中，通过考察产品生产规模与固定资产的关系问题，可以在一定程度上反映企业固定资产的利用情况。可以将存货余额与销售成本的合计数与固定资产的原价进行比较，一般情况下，比值越高，说明固定资产的利用越充分。但具体还应结合企业各自的经营活动特点进行比较与分析。

同时，通过单独考察销售成本与固定资产的关系问题，可以在一定程度上反映固定资产的生产能力及生产工艺与市场需求之间的吻合程度，这是固定资产营利性的重要体现。可以将销售成本规模直接与固定资产的原价进行比较，一般情况下，比值越高，说明固定资产对企业利润的贡献越大，固定资产的营利性越高。当然，这还要结合企业各自的经营活动特点进行分析。

（八）在建工程

1. 在建工程的含义

在建工程(Construction Work in Progress)，正在建设尚未竣工投入使用的建设项目。在建工程，指企业固定资产的新建、改建、扩建，或技术改造、设备更新和大修理工程等尚未完工的工程支出。在建工程通常有“自营”和“出包”两种方式。自营在建工程指企业自行购买工程用料、自行施工并进行管理的工程；出包在建工程是指企业通过签订合同，由其他工程队或单位承包建造的工程。

在建工程的目的是使其最终成为固定资产，增加企业的生产经营能力，为此保质保量的早日完工对企业具有重大意义，可以帮助企业提高效益，降低建造成本。

2. 在建工程的分析

对于在建工程的分析要注意结合报表附注，关注在建工程的用途、工期、预计投入资金、资金筹集及使用情况等。如果工期有延误，则分析企业是否存在资金周转及盈利恶化等问题。

在建工程的一个特殊会计问题是借款费用资本化。依据会计准则规定，在一定条件下，与固定资产建造过程有关的费用可以资本化，计入在建工程。企业应当严格确定资本化区间，把握借款费用开始资本化的时点，暂停资本化的时间和条件，以及停止资本化的时点。分析中要关注在建工程期间的借款费用是否处理恰当。

（九）无形资产

1. 无形资产的含义

无形资产(Intangible Assets)是指企业拥有或者控制的没有实物形态的可辨认非货币性资产。无形资产具有广义和狭义之分，广义的无形资产包括货币资金、应收账款、金融资产、长期股权投资、专利权、商标权等，因为它们没有物质实体，而是表现为某种法定权利或技术。但是，会计上通常将无形资产作狭义的理解，即将专利权、商标权等称为无形资产。

2. 无形资产的分析

(1)无形资产的账面价值分析

无形资产因为没有实物形态，以及其确认和计量的特殊性，使得其账面价值可能高于也可能低于实际价值。

①无形资产账面价值大于实际价值的情况

会计准则允许企业的开发性支出在上述条件下可以资本化。因此，分析人员应当关注企业是否严格遵循了上述要求，是否有扩大资本化的倾向。另外，应当检查企业无形资产的摊销政策，对于应当采用加速摊销的是否使用了直线法摊销，是否多计了无形资产的残值等。

②无形资产账面价值小于实际价值的情况

鉴于相关支出作为无形资产入账的严格要求，企业实际形成无形资产的一些支出(尤其是自创的无形资产)只能费用化，从而形成账外无形资产。比如，自创商标的支出，其中发生的大量广告费用就不能仅仅将其计入当期损益。

此外，在实际分析时，应当注意无形资产与有形资产的结合程度，观察企业是否具有一定的物质条件落实无形资产的价值，产生较好的经济效益。

(2)无形资产的营利性分析

无形资产越多，企业的可持续成长能力越强。但现行会计准则是以当初取得无形资产的成本作为它的价值入账，容易导致无形资产的实际价值与账面价值不符。另外，不同项目的无形资产的属性相差较大，其营利性也各不相同。一般地说，专利权、商标权、著作权、土地使用权、特许经营权等无形资产由于有明确的法律保护时间，因此其营利性相对较为容易判断,而像专有技术等不受法律保护的项目,其营利性就不太好确定,同时也容易产生资产泡沫。

(3)无形资产的变现性分析

无形资产是一种技术含量高或垄断性高的资源,它的变现价值具有较大的不确定性,分析其变现性应注意它是否为特定主体所控制,是否可以单独进行转让,是否存在较活跃的市场进行公平交易等。通常来说,无形资产的市场转让活跃程度会在很大程度上决定无形资产变现性的大小,而对于那些为特定企业所有、不可转让的无形资产来说就基本不具有变现性。

(十)商誉

1.商誉的含义

商誉(Goodwill)是能使企业中的人、财、物等因素在经济活动中相互作用,形成一种"最佳状态"的客观存在。

商誉能为企业创造间接的经济效益。它之所以作为一项资产具有价值,正是因为它的这种效益性特征。商誉是一种不可确指的无形项目,它不具可辨认性故不属于无形资产。它不能独立存在,它具有附着性特征,与企业的有形资产和企业的环境紧密相连。它既不能单独转让、出售,也不能以独立的一项资产作为投资,不存在单独的转让价值。它只能依附于企业整体,商誉的价值是通过企业整体收益水平来体现的。

2.商誉的分析

商誉只有在企业合并时才有可能产生并确认,它代表了被收购企业的一种超额获利能力,它的质量在很大程度上取决于企业整体的盈利水平,或者说是企业在行业中相对的获利能力。对商誉的质量分析应对企业的盈利趋势进行关注,只有对企业的盈利分析把握准确,才能较好地对商誉的质量进行科学分析。

对商誉的分析,主要从两个方面着手:

一是,考察企业自身在市场竞争中能否长期稳定地获取收益以至于获得超额收益,实际上就是自创商誉的本质问题;

二是,考察企业并购过程中进行并购的交易价格大于或小于该企业净资产的公允价值,实际上就是研究外购商誉的本质问题。

尽管理论界对商誉争论不休,但实务界对商誉的处理还是比较一致的,即自创商誉一律不予确认;外购商誉被界定为被购企业的价格与其可辨认性资产的公允价值的差额,并且账务处理原则也在走向一致,只是外购商誉的摊销年限各国有所不同(国际会计准则理事会和美国财务会计准则委员会已取消摊销处理,改为减值测试)。

二、负债的质量分析

(一)短期借款

1.短期借款的含义

短期借款(Short Term Loan 或 Short Term Loans),是指企业向银行或其他金融机构借入的偿还期限在一年以下的各种借款。短期借款用于解决企业流动资金匮乏的问题，一般不用于长期资产的资金需求。对于短期借款的偿还主要是保障企业的流动资产。财务分析人员应检查企业短期借款的到期期限，如果是即将到期的短期借款，应当以企业变现速度最快的货币资金和交易性金融资产为保障，查验短期借款与可用于偿还的资产数额之间的匹配关系，预测企业可用于偿债的现金流状况，初步评价短期借款偿还能力。

2. 短期借款的类型

工商企业的短期借款主要有经营周转借款、临时借款、结算借款、票据贴现借款等。

(1)经营周转借款：亦称生产周转借款或商品周转借款。企业因流动资金不能满足正常生产经营需要，而向银行或其他金融机构取得的借款。办理该项借款时，企业应按有关规定向银行提出年度、季度借款计划，经银行核定后，在借款计划指人根据借款借据办理借款。

(2)临时借款：企业因季节性和临时性客观原因，正常周转的资金不能满足需要，超过生产周转或商品周转款额划入的短期借款。临时借款实行“逐笔核贷”的办法，借款期限一般为 3 至 6 个月，按规定用途使用，并按核算期限归还。

(3)结算借款：在采用托收承付结算方式办理销售货款结算的情况下，企业为解决商品发出后至收到托收货款前所需要的在途资金而借入的款项。企业在发货后的规定期间(一般为 3 天，特殊情况最长不超过 7 天)内向银行托收的，可申请托收承付结算借款。借款金额通常按托收金额和商定的折扣率进行计算，大致相当于发出商品销售成本加代垫运杂费。企业的货款收回后，银行将自行扣回其借款。

(4)票据贴现借款：持有银行承兑汇票或商业承兑汇票的，发生经营周转困难时，申请票据贴现的借款，期限一般不超过 3 个月。如现借款额一般是票据的票面金额扣除贴现息后的金额，贴现借款的利息即为票据贴现息，由银行办理贴现时先行扣除。

3. 短期借款的分析

短期借款风险高，但利率较低。如果企业的短期借款较多，则面临的财务风险高；如果短期借款长期较多，则说明企业可能存在短期资金周转的问题。

(三) 应付票据

1. 应付票据的含义

应付票据(Bills Payable)，是指企业购买材料、商品和接受劳务供应等而开出、承兑的商业汇票，包括商业承兑汇票和银行承兑汇票。在我国应收票据、应付票据仅指“商业汇票”，包括“银行承兑汇票”和“商业承兑汇票”两种，属于远期票据，付款期一般在 1 个月以上，6 个月以内。其他的银行票据(支票、本票、汇票)等，都是作为货币资金来核算的，而不作为应收应付票据。

2. 应付票据的分析

财务分析人员应该关注应付票据是否带息，企业是否发生过延期支付到期票据的情况，以及企业开具的商业汇票是银行承兑汇票还是商业承兑汇票，如果是后者居多，应当进一步分析企业是否存在信用状况下降和资金缺乏的问题。如果是关联方发生的应付票据，应当了解关联方交易的事项、价格、目的等因素，是否存在使用票据方式进行融资的行为。

（四）应付账款

应付账款（Accounts Payable），是指企业因购买材料、物资和接受劳务供应等而付给供货单位的账款。应付账款是企业应付的购货款项，它是处理从发票审核、批准、支付直到检查和对账的业务，它关系到什么时候付款，是否付全额，或是否现金折扣。

应付账款是对方无偿被本企业占用的资金，付款压力较小，但长期拖延会影响企业的信誉和有利的进货条件、现金折扣等。应付账款规模与采购规模应当比较稳定，比较适应，分析人员还应注意应收账款有无突然增加及拖延的情况，如果出现可能是企业支付能力恶化的表现。因此，一般情况下，需要对应付账款进行账龄分析。

表 3-4　应付账款账龄分析表

账龄	A公司			B公司			C公司			合计	
	金额	比重%	备注	金额	比重%	备注	金额	比重%	备注	金额	比重%
折扣期内											
过折扣期											
但未到期											
过期 1—30											
过期 31—60 天											
过期 61—90 天											
过期 91—180 天											
过期 181 天											
以上合计											

（五）预收账款

预收账款（Advance Received from Customers 或 Accounts Received in Advance），指买卖双方协议商定，由购货方预先支付一部分货款给供应方而发生的一项负债。预收账款一般包括预收的货款、预收购货定金。施工企业的预收账款主要包括预收工程款、预收备料款等。

作为流动负债，预收账款不是用货币抵偿的，而是要求企业在短期内以某种商品、提供劳务或服务来抵偿。相当于是企业无偿占用的对方资金。

（六）应付职工薪酬

应付职工薪酬（Payroll Payable），是指企业为获得职工提供的服务而给予各种形式的报酬及其他相关支出。职工薪酬包括：职工工资、奖金、津贴和补贴，职工福利费，医疗保险费、养老保险费、失业保险费、工伤保险费和生育保险费等社会保险费，住房公积金，工会经费和职工教育经费，非货币性福利，因解除与职工的劳动关系而给予的补偿，其他与获得职工提供的服务相关的支出。在应付职工薪酬的分析中，注意应付非货币性福利、辞退福利、股份支付产生的应付职工薪酬这些隐性福利是否全部计入了应付职工薪酬，相应的会计处理是否恰当。

（七）应交税费

应交税费（Taxes and Dues Payable），是企业在生产经营过程中产生的应向国家缴纳的各种税费，包括增值税、消费税、营业税等。因为税收种类较多，分析人员在分析时应当注意它的具体内容，分析其形成原因，观察该项目是否及时处理，是否存在已经构成纳税行为，但企业未入账的税费，如一些企业已经完成销售行为，但是拖延开具增值税发票，致使销项税额在当期减少。对此，分析人员应关注。

（八）预计负债

预计负债（Estimated Liabilities），是因或有事项可能产生的负债。根据或有事项准则的规定，与或有事项相关的义务同时符合以下三个条件的，企业应将其确认为预计负债：

一是该义务是企业承担的现时义务；二是该义务的履行很可能导致经济利益流出企业，这里的“很可能”指发生的可能性为“大于 50%，但小于或等于 95%”；三是该义务的金额能够可靠地计量。

由于企业一般不愿意披露预计负债，分析人员分析时应仔细查找是否存在未披露的预计负债，并注意企业对预计负债的计量是否正确，最佳估计数的估计是否合理等。

（九）长期借款

1. 长期借款的含义

长期借款（Long-term Loans），是指企业向银行或其他金融机构借入的期限在一年以上（不含一年）或超过一年的一个营业周期以上的各项借款。我国股份制企业的长期借款主要是向金融机构借入的各项长期性借款，如从各专业银行、商业银行取得的贷款；除此之外，还包括向财务公司、投资公司等金融企业借入的款项。

长期借款的持有目的：一是企业借入长期借款可以弥补企业流动资金的不足，在某种程度上，还起着施工企业正常施工生产经营所需垫底资金的作用；二是企业为了扩大施工生产经营、搞多种经营，需要添置各种机械设备，建造厂房，这些都需要企业投入大量的长期占用的资金，而企业所拥有的经营资金往往是无法满足这种需要的，如等待用企业内部形成的积累资金再去购建，则可能丧失企业发展的有利时机；三是举借长期借款，可以为投资人带来获利的机会。从投资人角度来看，举借长期借款往往比吸收投资更为有利。一方面，有利于投资人保持原有控制企业的权力，不会因为企业筹集长期资金而影响投资者本身的利益；另一方面，还可以为投资人带来获利的机会。因为长期借款利息，可以计入财务费用在税前利润列支，在企业盈利的情况下，就可少交一部分所得税，为投资人增加利润。

2. 长期借款的分析

分析人员应该观察企业长期借款的用途，是否长期借款的增加与企业长期资产的增加相匹配，是否存在将长期借款用于流动资产支出，企业的长期借款的数额是否有较大的波动，波动的原因是什么，还应观察企业的盈利能力。因为与短期借款不同，长期借款的本金和利息的支付来自企业盈利，故盈利能力应与长期借款规模相配比。

（十）应付债券

1.应付债券的含义

应付债券（Bond Payable），是指企业为筹集资金而对外发行的期限在一年以上的长期借款性质的书面证明，约定在一定期限内还本付息的一种书面承诺。它属于长期负债。其特点是期限长、数额大、到期无条件支付本息。

应付债券的特征可以通过与长期借款及股票的比较来体现：

（1）应付债券与长期借款的区别主要体现在筹资范围、债权人对举债企业的了解程度、流动性等方面：① 筹资范围不同。长期借款的债权人一般限于银行或其他金融机构；而应付债券的债权人可以是单位或个人，筹资范围更为广泛。② 债权人对债务人的了解程度不同。长期借款的债权人一般限于银行或其他金融机构，他们对于企业的偿债能力一般更为了解；而企业发行债券时，购买单位或个人一般对于企业的偿债能力了解程度较低。③ 流动性不同。债券作为一种有价证券，具有较强的流动性；而长期借款只有证明债权债务关系的契约，一般不能自由流通。

（2）应付债券与股票的区别主要体现在性质、资金提供者（主体）的法律地位、所获报酬及所承担的风险责任等方面：① 性质不同。应付债券是企业的负债，其发行企业为债务人，其持有者为债权人；而股票为发行企业的所有者权益，其持有者为股东。② 资金提供主体的法律地位不同。应付债券的持有者作为债权人，享有按期收回本金和利息的权利，而一般无权参与企业的经营；而股票的持有者即股东则享有公司法和公司章程规定的各项权利，包括参与企业的经营管理的权利。③ 资金提供者所获得的报酬不同。公司债券的持有者（债权人）不论企业经营的好坏，一般都可按照利率获得固定的报酬（利息）；而股东所能获得的报酬则在很大程度上与企业经营状况的好坏、盈余的多少及企业的股利政策相联系。④ 资金提供者所承担的风险不同。应付债券表现为企业的负债，应付债券都有明确的偿还期限，因而企业债券的持有者一般不承担企业的经营风险，企业解散清算时，企业债券的持有者较股东享有优先的受偿权；而股东则是企业的终极所有者，其投入资金一般可以被认为是没有偿还期限的，企业解散清算时，股东只能参加剩余财产的分配，因而承担了更大的风险。

2.应付债券的分析

对于企业发行的债券，分析人员应当关注债券的有关条款，看债券的付息方式是到期一次还本付息、分期付息到期还本，还是分期还本付息。如果存在溢折价，还要查看对于溢折价的摊销和实际利息费的确认是否准确。另外，还应关注债券是否存在可赎回条款，企业是否具有可用于赎回的资金准备。此外，还应关注债券是否具有可转换条款。

（十一）长期应付款

长期应付款（Long-term Payables），是在较长时间内应付的款项，而会计业务中的长期应付款是指除了长期借款和应付债券以外的其他多种长期应付款。主要有应付补偿贸易引进设备款和应付融资租入固定资产租赁费等。

企业除了通过借款和发行中长期债券取得货币资金购建长期资产外，还可以采用补偿贸易方式引进国外设备或融资租入固定资产。补偿贸易方式引进国外设备和融资租入固定资产，一般情况下，是固定资产使用在前，款项支付在后。如补偿贸易方式引进设备时，企业可先取得设备，设备投产后，用其生产的产品归还设备价款。而融资租赁实质上是一种分期付款购入固定资产的形式。这种不需要支付或分期支付货币资金就可以先取得企业生产经营所需设备的方式，就好比“借鸡生蛋”，也是一条颇不错的生财之道。当然，补偿贸易引进国外设备和融资租入固定资产，在尚未偿还价款或尚未支付完租赁费用前，也就必然形成企业的一项长期负债。

无论哪种长期应付款，因为都是先使用资产再形成负债，而且是形成长期负债，相当于减轻了还款压力，是合理的理财行为。分析人员主要注意企业对于融资租入固定资产的会计处理是否恰当。

（十二）预计负债

预计负债（Provisions），该项目反映企业确认的对外提供担保、未决诉讼、产品质量保证、重组义务、亏损性合同等很可能产生的负债。如果与或有事项有关的义务同时符合以下条件，企业应将其确认为负债，并在资产负债表中以预计负债单独反映：第一，该义务是企业承担的现时义务；第二，该义务的履行很可能导致经济利益流出企业；第三，该义务的金额能够可靠地计量。其中，“很可能”指发生的可能性为“大于50%但小于或等于95%”。

三、所有者权益质量分析

（一）实收资本

1.实收资本的含义

实收资本（Paid-in Capital），是指投资者按照企业章程，或合同、协议的约定，实际投入企业的资本。

实收资本是指投资者作为资本投入企业的各种财产，是企业注册登记的法定资本总额的来源，它表明所有者对企业的基本产权关系。实收资本的构成比例是企业据以向投资者进行利润或股利分配的主要依据。中国企业法人登记管理条例规定，除国家另有规定外，企业的实收资本应当与注册资本一致。企业实收资本比原注册资本数额增减超过20%时，应持资金使用证明或验资证明，向原登记主管机关申请变更登记。对于投资者以无形资产方式出资时，以无形资产方式投资的总额占企业注册资本总额的比例最高不得超过70%。

企业可以采用不同的方式筹集资本，既可以一次筹集，也可以分次筹集。分次筹集时，所有者最后一次投入企业的资本必须在营业执照签发之日起6个月内缴足。因此，在某一特定时期内，企业实收资本可能小于其注册资本的数额。

2.实收资本的分析

分析人员主要注意，实收资本是否已经实际到位，是否存在虚假出资、抽逃资本等现象；接受非货币性投资时是否存在高估资产等行为。另外需要关注各类投资者的投资比例是否恰当，是否存在“一股独大”或股权过于分散的现象。

（二）资本公积

资本公积（Capital Reserves），是指企业在经营过程中由于接受捐赠、股本溢价以及法定财产重估增值等原因所形成的公积金。资本公积是与企业收益无关而与资本相关的贷项。资本公积是指投资者或者他人投入到企业、所有权归属于投资者、并且投入金额上超过法定资本部分的资本。

资本公积从本质上讲属于投入资本的范畴。由于我国采用注册资本制度等原因导致了资本公积的产生。《公司法》等法律规定,资本公积的用途主要是转增资本,即增加实收资本(或股本)。虽然资本公积转增资本并不能导致所有者权益总额的增加,但资本公积转增资本,一方面,可以改变企业投资投入资本结构,体现企业稳健、持续发展的潜力;另一方面,对股份有限公司而言,它会增加投资者持有的股份,从而增加公司股票的流通量,进而激活股价,提高股票的交易量和资本的流动性。此外,对于债权人来说,实收资本是所有者权益最本质的体现,是其考虑投资风险的重要影响因素。所以,将资本公积转增资本不仅可以更好地反映投资者的权益,也会影响到债权人的信贷决策。

鉴于资本公积的复杂性 ,分析人员应当仔细分析其构成,是否有企业把其他项目混入资本公积中,造成资产负债率下降的现象。

(三) 留存收益

留存收益(Retained Earnings),是公司在经营过程中所创造的,但由于公司经营发展的需要或法定的原因等,没有分配给所有者而留存在公司的盈利。留存收益是指企业从历年实现的利润中提取或留存于企业的内部积累,它来源于企业的生产经营活动所实现的净利润,包括企业的盈余公积金和未分配利润两个部分,其中盈余公积金是有特定用途的累积盈余,未分配利润是没有指定用途的累积盈余。对于留存收益的分析,应结合企业历年的利润及其分配情况。

第四节 资产负债表项目的结构分析

资产负债表项目的结构分析就是通过对资产负债表各项目间的依存关系及各项目在总体中所占的比例进行对比分析,从而进一步了解企业在某一时点的财务状况,发现其中存在的问题,或从结构变动方面预测其未来走向的一种财务分析方法。

一、共同比资产负债表的编制

对资产负债表进行结构分析一般要采取编制共同比资产负债表的方法。此处,我们假设根据一家C公司的资料编制成一张共同比资产负债表。

表 3-5 C公司共同比资产负债表

单位:元

项目	年份		结构百分比		
	2014 年末	2013 年末	2014 年末	2013 年末	差异
流动资产:					
货币资金	386518	149514	6.82%	2.55%	4.27%
交易性金融资产					
应收票据	15574	8900	0.27%	0.15%	0.12%
应收账款	65914	205250	1.16%	3.51%	−2.35%
预付账款	33574	27584	0.59%	0.47%	0.12%
应收利息					
应收股利					
其他应收款	525920	556794	9.27%	9.51%	−0.24%
存货	293254	304224	5.17%	5.2%	−0.03%
一年内到期的非流动资产					
其他流动资产	8360	13150	0.15%	0.22%	−0.07%
流动资产合计	1329114	1265416	23.44%	21.62%	1.82%
非流动资产:					
可供出售的金融资产					
持有至到期投资					
长期应收款					
长期股权投资	6510	5110	0.11%	0.09%	0.02%
投资性房地产					
固定资产	3938000	4117984	69.45%	70.35%	−0.9%
在建工程	18878	81850	0.33%	1.4%	−1.07%
工程物资					
固定资产清理					
无形资产	36180	43394	0.64%	0.74%	−0.1%
开发支出					
商誉					
长期待摊费用	341624	339444	6.02%	5.8%	0.22%
其他非流动资产					

续 表

项目	年份		结构百分比		
	2014年末	2013年末	2014年末	2013年末	差异
非流动资产合计	4341192	4587782	76.56%	78.38%	−1.82%
资产总计	5670306	5853198	100%	100%	0
流动负债：					
短期借款	662796	549500	11.69%	9.39%	2.3%
交易性金融负债					
应付票据		37400	0	0.64%	−0.64%
应付账款	34270	65534	0.6%	1.12%	−0.52%
预收账款	5418	7134	0.1%	0.12%	−0.02%
应付职工薪酬	9370	6602	0.17%	0.11%	0.06%
应交税费	28054	108876	0.49%	1.86%	−1.37%
应付利息					
应付股利	530584		9.36%	0	9.36%
其他应付款	12562	51690	0.22%	0.88%	−0.66%
一年内到期的非流动负债	107034	241500	1.89%	4.13%	−2.24%
其他流动负债	52042	97698	0.92%	1.67%	−0.75%
流动负债合计	1442130	1165934	25.43%	19.92%	5.51%
非流动负债：					
长期借款	1048712	1182812	18.49%	20.21%	−1.72%
应付债券					
长期应付款					
专项应付款	11894		0.21%	0	0.21%
预计负债					
递延所得税负债					
其他非流动负债					
非流动负债合计	1060606	1182812	18.7%	20.21%	−1.51%
负债合计	2502736	2348746	44.14%	40.13%	4.01%
所有者权益					
实收资本	1326450	1326450	23.39%	22.66%	0.73%
资本公积	1706210	171298	30.09%	29.25%	0.84%

续 表

项目	年份		结构百分比		
	2014 年末	2013 年末	2014 年末	2013 年末	差异
盈余公积	120118	90166	2.12%	1.54%	0.58%
未分配利润	14792	375638	0.26%	6.42%	-6.16%
所有者权益合计	3167570	3504452	55.86%	59.87%	-4.01%
负债和所有者权益合计	5670306	5853198	100%	100%	0

在这张共同比资产负债表中,列示了资产负债表各项目 2013 年和 2014 年的金额,各自占所有资产或负债及所有者权益总额的比例,以及这些比例的升降幅度。通过这张共同比资产负债表,可以比较这两年资产负债表各项目的变化情况和资产负债表的结构情况。故编制共同比会计报表是进行结构分析中最常用的方法。

二、共同比资产负债表的分析

(一)资产总体构成分析

从表 3-5 中的数据来看,C 公司流动资产占资产总额的比例在两年中都是 25%以下,偏低,可以估计这是一家从事制造业的企业;这两年来流动资产比例略有上升,资产构成总体较稳定,表明企业生产经营这两年都没有太大的调整。

(二)固定资产构成分析

该公司固定资产比例较高,表明固定资产是其主要资产。而且公司还在建设在建工程,2014 年在建工程比例有所下降是由于 2013 年部分在建工程转为固定资产,这些在建工程将为企业的持续发展奠定基础,企业的生产能力可进一步扩大。

(三)流动资产构成分析

该公司的流动资产项目中其他应收款、存货、应收账款和货币资金占资产比例较高,存货比例较稳定,说明存货管理良好,应收账款比例有所下降,说明账款清收工作有效。总体来说,流动资产构成的流动性尚可。

(四)无形资产构成分析

无形资产比例太低,在企业未来发展中的作用非常小,不利于企业的后续发展。

(五)长期股权投资分析

长期股权投资比例非常小,且基本无变化,说明该公司立足于主要经营活动,但该项比例太小,企业多元化、集团化进程将减慢。

(六)权益总体构成分析

该公司的负债占负债及所有者权益总额比例在 45%以下,说明公司的筹资是以所有者权益为主,资金来源较稳定,但资金使用成本较高。

（七）所有者权益构成分析

所有者权益中实收资本和资本公积占到所有者权益的主要部分，企业的留存收益较少，表明企业主要依靠外部投资者投资作为资金来源，自己积累资金较少。再次说明企业资金来源较稳定，但资金使用成本较高。

（八）负债构成分析

该公司负债构成在这两年发生较大变化，从流动负债和非流动负债基本相当到转变为以流动负债为主的负债结构。流动负债上升将加大企业财务风险，但企业的流动资产也同时上升，表明企业为偿还流动负债也储存了更多的流动资产，这样流动负债的上升可以降低负债成本。

（九）流动负债构成分析

该公司流动负债中短期借款所占比例较高，说明公司流动负债以短期借款为主；一年内到期的非流动负债所占比例也偏高，说明公司不断有到期的非流动负债需要归还。

（十）非流动负债分析

该公司非流动负债以长期借款为主。这也是我国大部分企业的融资特点，表明企业对银行的借贷还有相当大的依赖程度。

（十一）长期资金构成分析

C公司长期使用的资金主要是所有者权益和非流动负债。这种资金筹集方式风险较小，但资金使用成本高。

第五节　资产结构分析

一、资产结构的概念及特征

（一）资产结构的概念

资产结构是指企业资本总额在不同资产形态上的分布状况及分配比例。无论企业处于何种行业、规模大小、管理机制和经营水平有何不同，客观上都应具有各自的资产结构。这种结构从一个特定时点上看，是静态结构；从特定时期看，则是动态结构。

（二）资产结构的特征

1.整体性

企业各种类型的资产是企业资产总额中的有机组成部分，它们的存在是以企业经营活动正常进行为前提的，是服务于企业经营和理财的基本目标。各类资产作为资产总额的构成要素，既具有独自的特定功能，又相互依存、相互制约。

2.封闭性

资产结构是一种封闭结构，表明在资产总额确定的前提下，各类资产所占比重之和恒等于1。这一特征不会因资产总额的增加或减少而变化。

3.动态性

资产结构是一种动态结构，即不同资产的结构比例不是固定的，而是不断变化的。同一类资产在不同时点、不同时期占总资产的比例总是变化的。

4.层次性

资产结构的层次性表现在资产总额可划分为若干大类，每一大类下又可分为若干小类或项目。比如，资产总额划分为流动资产和非流动资产两大类，而流动资产又可划分为货币性流动资产与非货币性流动资产等。

二、影响企业资产结构的因素

（一）内部因素

1.经营管理水平

经营管理水平主要指管理者本身的素质及其对风险的态度。管理作为一种能力，在各个企业之间的分配并不均匀，企业管理能力的高低制约着企业的资源配置。管理水平高的企业抵抗风险的能力强，一般会采用具有高风险、高收益的扩张型资产结构。在一定的销售量上，包括现金在内的收益能力较低的流动资产的比例会较小，企业流动资产维持在较低的水平，以提高资金周转率，减少机会成本。固定资产或长期资产占用资金会不断上升，以使企业达到规模经济或范围经济。相反，经营管理水平低的企业承受风险能力差，一般采用低风险、低收益的保守型资产结构。在一定销售量上，企业拥有大量货币资金、存货等流动资产，以保证及时偿还到期的债务。固定资产或长期资产占企业总资产的比例不断下降，企业生产规模萎缩。

企业经营者的风险态度对企业资产结构的选择也很关键。对于一个企业来说，负债经营已经是一种惯常现象，绝对没有负债的企业几乎不存在。作为一个理性的经营者，按时履行债务契约是其思考的重要范畴。在负债规模相同的情况下，为保证债务契约的履行，风险规避型的管理者倾向保留更多的流动资产用于满足债务需求，使资产结构保持流动性。而风险偏好型的管理者则可能保留较少的流动资金来满足偿债要求，使资产结构保持营利性。如果管理者是风险中庸型，即呈现中庸型资产结构模式。

2.资本结构

资本结构有广义和狭义之分，广义资本结构是指企业全部资本的构成，既包括长期资本也包括短期资本（主要指短期债务资本）。狭义资本结构，主要指企业长期资本的构成，而不包括短期资本。本文所谈到的资本结构是广义上的资本结构。资本结构可以在一定程度上反映出企业整体融资环境的状况。融资环境对企业资产结构的安排有重要影响，是企业资源配置的重要约束变量。股权融资无论来自资本市场投资者还是来自银行等金融机构，这些资金在企业存续期间内一般无需偿还，从而股权融资对企业资产结构的安排不会产生实质性影响，债权融资则会对企业形成固定约束，这种约束又因融资对象的不同而具有不同的伸缩性。

如果企业从资本市场上的众多投资者中获取资金，则对企业的资产结构形成一种强约束。这是因为融资涉及众多人的利益，国家一般会对这种融资方式进行适当干预以保障广大投资者的利益。在资本市场监管部门监督下，债权契约一般不允许修改。如果企业债权融资以资本市场为主导，则其资本结构往往会有一定程度的保守性，流动性强，营利性不足。

对于采用银行借款为主的债务融资，则对企业资产结构的约束力较弱。因为无论企业向多少银行等金融机构融资，债权人的数量也会大大小于资本市场上的投资者，从而在企业到期无法偿还债务的情况下，与人数较少的债权人谈判和协商的成本较低，企业遭受危机的可能性较小，因而如果企业采用银行借款为主的债务融资模式，企业资产结构在某种程度上具有冒险精神，流动性相对低，而营利性较高。

企业的资产结构不仅会受到企业已存在资本结构的影响，而且会受到预计要实现的资本结构的影响。在企业资本一定的情况下，如果短期举债增多，企业会面对在短时间内偿还本金及利息的压力，财务风险较大，企业会留存大量的偿债能力较强的流动资产，以保证短期债务的偿还。因此企业的流动资产所占比例增大，资产多表现为现金、商品存货、应收票据、应收账款等。反之，如果企业增加长期举债或权益资本融资，企业会因为资金的使用期限长、财务风险小，而把资金用于占用资金多、收益时间长的投资项目，此时企业的固定资产或长期资产所占比例增大。

3.盈利状况

当企业盈利能力强、销售顺畅时，商品存货资产能迅速转变为货币资金，货币资产的比重会相对提高，存货资产的比重相对下降。企业流动资金周转速度快，流动资产数量会相对减少，比重会相对下降。同时企业销售规模会不断上升，并带动生产规模的上升，从而使企业固定资产规模不断扩大，比重相对上升。

相反，如果企业经营不景气，销路不畅，大量商品卖不出去从而造成存货大量积压，存货资产的比重会相对提高，货币资产的比重相对下降。企业资金周转速度会变慢，流动资产的数量会相对增加，比重会相对上升。同时企业销售规模会不断下降，并使生产规模也相应萎缩，从而使企业固定资产规模不断缩小，比重相对下降。

4.企业规模

企业规模的大小也会影响企业的资产结构，一般通过总资产的自然对数值来衡量。国外采用总资产的自然对数来衡量企业规模的如 Simunic(1980)，Talor 和 Baker(1981)，Brinnetal.(1994)，Firth(1997)，也有学者用上市公司审计年度的销售额来衡量企业的规模大小，如 Haskins 和 Williams(1988)，Chanetal.(1993)。一般情况下，规模较大、自有资本实力雄厚、与银行保持着良好的长期信贷关系并且销售渠道和资金周转比较顺畅的企业，流动资产的比重小一些，企业通过固定资产投资，获取企业收益的增长。反之，对于企业规模小，债务负担重，对外筹资能力不足和经营困难的企业，为防范和减少企业风险(特别是财务风险)，企业会增加流动资产比重，尤其是变现能力强的流动资产。

我国企业资产规模越大，就越有可能利用资产的规模效应，扩大生产能力，从而使公司的长期资产投资增多，相比之下如果企业能够相应地提高流动资产周转率，则流动资产的投资不需要按比例增加，从而流动资产与长期资产的比率变小。

5.企业的战略规划

企业战略规划发展的不同阶段需要相应的资产结构对其战略目标的实现提供支撑。而企业的资产结构有一个历史惯性问题，某一时点的投资决策决定后续资源使用的自由程度。尽管企业可以利用资产重组盘活闲置资产，但资产本身往往伴随大量的成本和不应有的损失。所以企业应根据企业所处的不同战略发展阶段，选择不同的资产结构，以便为企业战略目标的实现提供良好的支撑。

如果企业处于快速扩张期，市场份额不断扩大、产品销量不断上升，为了满足产品销售的需求，企业需要大量投资机械设备等固定资产以提高产量，此时固定资产资产比率会变大，而流动比率相应会变小。如果企业处于平稳发展期，此时企业的资产结构将会表现出较为稳定的态势。

（二）外部因素

1.行业特征

行业特征是影响企业资产结构的关键外部因素，是企业所在产业对企业经济行为或资源配置的综合要求。企业所在行业不同，资产有机构成往往存在重大差异，可以从行业性质与季节性两个方面对企业资产结构进行分析。

不同企业因所处的行业不同，资源分配会有不同侧重点。处于制造行业的企业，主要通过降低产品成本获取利润，企业一般通过扩大生产规模，获得规模经济和范围经济，以成本优势来获取盈利。由于在企业中，固定资产占据着重要位置，所以生产规模的扩大使企业固定资产的规模也相应扩大。处于流通行业的企业，主要通过商品的进销差价获取利润，所以在企业中，货币资产、商品存货等流动资产会占据重要位置，企业固定资产比例一般较小。处于服务行业或高科技行业的企业，主要通过产品差异获取利润，所以企业一般通过投资无形资产或其他科技含量高的、其他企业无法模仿的资产来获取超额利润。在这些企业中，无形资产和其他科技含量较高的资产比例较高，固定资产在企业中的比重相对较小。

如果企业处于季节性较强的行业，企业的资产结构一般会根据市场需求和市价的变化作相应调整。为了保障生产经营的顺利进行，在企业资产结构中，临时波动性较高的资产比重相应比较大、永久固定的资产比重相应较小。而行业需求季节性变化不明显的行业，企业资产结构和规模相对比较稳定，临时波动资产比重较小、永久固定资产比重较大。同时处于季节性行业的企业，其资产结构还会因季节的变化而变动。一般在销售淡季，企业货币资产比重较少，而存货资产比重较大。在销售旺季，企业货币资产比重较大，而存货资产比重较小。

2.投资收益率

企业资产中包括短期投资和长期投资，企业到底更多地选择哪种投资，主要取决于市场上的投资收益率。如果市场上投资收益率的曲线是随投资时间的延长而呈上升趋势，企业就会较多地选择长期投资，这时长期资产的比重将会上升；如果市场上投资收益率的曲线是随投资时间的延长而呈下降趋势，企业就会较多地进行短期投资，短期资产的比重将会上升。

3.经济的波动

长期来看，经济发展态势都会有波动，而处于经济大环境下的企业，其资产结构必然会受到影响。经济的周期性波动对财务管理有非常重要的影响。在经济萧条阶段，由于整个宏观经济不景气，企业很可能处于紧缩状态中，产量和销售量下降，投资锐减；在经济繁荣阶段，市场需求旺盛，销售大幅度上升，企业为扩大生产需求加大设备投资（郭复初，2002）。

经济出现衰退的情况下，企业销售下降，进而生产和采购减少，整个循环中的资产减少了，企业有过剩的货币资产。如果企业预知不景气的时间很长，还会推迟固定资产的重置，折旧积存的现金会增加，所以在经济收缩期，企业货币资产大大增加，在企业资产中的比重增大，而固定资产比重相对减少。

当经济繁荣时，受繁荣时期乐观情绪的鼓舞，企业生产规模不断扩大，企业不断对存货资产和固定资产投资，现金需求量大大增加，从而存货资产和固定资产规模迅速扩大，在企业资产中的比重增加，而货币资产比重下降。

三、资产结构的类型

（一）资产的占用形态结构

所谓资产的占用形态结构，是指企业全部资产中，有形资产与无形资产两者的比例关系以及有形资产中实物资产和金融资产各自占有的比重。资产的占用形态结构不仅揭示了不同资产的实物存在性质，而且也反映了企业的生产经营能力、收益能力和风险大小。

一般来说，企业总资产中有形资产所占比重大，表明企业生产经营能力、收益能力、偿债能力（或借款物资保证程度）越大，反之则越小。有形资产中保有一定的金融资产是保持企业良好的资产弹性和流动性的基础，尽管实物资产的市场实现相对较为困难，但它直接决定了企业生产经营能力，有着较高的收益力。无形资产要发挥作用必须以有形资产为基础，支出的无形资产（如开办费等）的价值必须依靠有形资产的周转收益才能得到补偿。收益性无形资产（像专利权、专有技术等）与有形资产的有机结合往往会使企业获得高于同业平均水平的资产报酬率，但在增加无形资产收益力的同时可能会约束资产的流动性和弹性，并伴随着较高的资产经营风险。

（二）资产的风险程度结构

企业在进行资产结构决策时，往往关注资产的流动性问题，特别是流动资产占总资产的比重。根据这个比重的大小，可以将企业的资产结构按其风险程度不同分为三种类型。

1. 保守型资产结构

保守型资产结构是指流动资产占总资产的比重偏大。在这种资产结构下，企业资产流动性较好，从而降低了企业的风险，但因为收益水平较高的非流动资产比重较小，企业的盈利水平同时也降低。因此，企业的风险和收益水平都较低。

2. 风险型资产结构

风险型资产结构是指流动资产占总资产的比重偏小。在这种资产结构下，企业资产流动性和变现能力较弱，从而提高了企业的风险，但因为收益水平较高的非流动资产比重较大，企业的盈利水平同时也提高。因此，企业的风险和收益水平都较高。

3. 中庸型资产结构

中庸型资产结构是指介于保守型和风险型之间的资产结构。

四、资产结构的分析内容

(一)资产结构的合理性

资产结构的合理性,是指企业资产的不同组成部分(如流动资产与非流动资产,经营性资产与投资性资产,经营性资产内部的货币资金、债权、存货、固定资产和无形资产等)经过有机整合后从整体上发挥效用的状况,以判断企业的资产配置是否合理。企业在日常管理中应该尽量用较少的资产占用实现较多的收益,任何资产项目如果不能与其他资产共同作用,为最终实现利润发挥作用,那么它的存在即是不够合理的。这就需要各资产之间保持一个合理的比例,形成良好的结构。资产结构分析中最主要的内容就是在探讨各资产之间是否形成了一个良好的结构,某项资产相对于整个资产来说是否是合理的。

(二)资产结构与融资结构的对应性

对于那些主要包含比如流动资产和固定资产等传统资源项目的资产结构来说,对其质量的分析还应考虑资产结构与融资结构的对应性因素。这里与融资结构的对应性主要体现在:首先,企业资产报酬率应该能够补偿企业资本成本;其次,资产结构的长短期构成与资金来源的期限构成相匹配。即企业的流动资产作为企业最有活力的资产,应该能够为企业偿还短期债务提供可靠保障;同时,短期资产由于其收益率较低,所以应主要由资本成本相对较低的短期资金来源提供支持;企业的长期负债由于其资金占有成本较高,因而应与企业的长期资产项目相匹配。只有这样的资产结构,才能保证企业有可能在允许的范围内将资本成本和财务风险降至最低水平,尽量避免"短贷长投"现象的发生,从而达到最佳的生产经营状态。

资产结构与融资结构的对应性,要求企业在可承受的财务风险状态下运行。然而在某些情况下,企业也会出现另类的资产结构与融资结构的对应关系。比如,在竞争优势极其明显的情况下,企业通过采用预收账款的方式销售产品、加速存货周转、赊购存货等方式运营,就会出现流动资产小于流动负债的态势。在这种情况下,流动资产的规模低于流动负债,并不反映企业的短期偿债能力存在问题,而恰恰是企业竞争优势和商业信誉良好的表现。但这种运营方式的运营管理也存在较大的财务风险,一旦企业的资金链出现较大问题,就可能导致企业陷入财务危机。

(三)资产结构与企业战略的吻合性

企业的战略,是依靠资产的有机整合和配置来实现的。资产结构与企业战略的吻合性,是指资产结构反映企业战略意图的程度。企业之所以要确立其战略,并将其与竞争者区分开来,完全是出于竞争的需要。尽管一个行业的经济特征在一定程度上限制了企业在制定与同行业的其他竞争者进行竞争的战略弹性,但是许多企业仍然通过制定符合其特定要求的、难以被模仿的战略以创造可持续的竞争优势。

影响企业战略的主要因素包括地区和产业多元化、产品和服务特征等。进行企业资产结构的合理性分析,必须建立在对企业战略的理解基础上,去判断资产结构与企业战略之间的吻合程度,即企业的资产结构是否对制约发展的因素做出了积极反应,是否维护和体现了企业已经制定的发展战略。

从企业发展的角度来看,企业的资产结构必须回答这样的问题:企业是从事什么经营活动的?企业的发展战略是什么?企业的资产结构是否能够体现其发展战略的要求?是否与企业的发展战略相吻合?通过考察企业资产中经营性资产与投资性资产的结构关系,可以透视该企业所采用的盈利模式,而盈利模式在很大程度上反映了企业的资产结构安排对企业战略遵守与实施状况。

不论战略的具体内容是什么,在资产结构上的表现一定是不同项目资产的组合。我国上市公司的资产结构与企业战略所表现出来的吻合性,往往可以从两个层面来加以分析。第一,资产结构与全体股东的战略基本吻合,即要求企业最大限度地降低不良资产占用,提高资产周转率和企业的盈利能力。第二,资产结构与控股股东战略相吻合。在控股股东战略不同于全体股东战略的条件下,控股股东战略的实施就会表现为上市公司自身的不良资产占用。对于那些存在其他应收款巨额增加、存货超额增加、固定资产闲置等情况的上市公司,在形成其财务状况的过程中,往往能够看到实施控股股东战略——利用企业融资能力为控股股东服务的各种迹象。

(四)资产结构的弹性分析

1. 资产结构弹性的含义

资产结构的弹性即资产内部结构调整或改变的可能性。进行资产结构的弹性分析是为了确定具有弹性的金融资产的比例是增加还是减少,以此确定企业资产规模是收缩还是扩张以及企业经营的稳定性状况。

由于资产总量和结构调整是建立在资产中具有可调节或可收缩资产的基础上,当这类资产的比例增加时,资产结构的弹性增加;反之,资产结构的弹性下降。资产结构的弹性反映企业现金及现金等价物这种具有弹性的金融资产占全部资产的比例关系,在资产负债表中,属于金融资产项目的有货币资金、交易性金融资产、应收票据、可供出售的金融资产等。

2. 资产结构弹性的公式

资产结构弹性=(货币资金+交易性金融资产+应收票据+可供出售的金融资产)/总资产

要调整企业资产规模或改变资产的内部结构,就必须在企业资产中保有一定量的金融资产,因为只有金融资产可以随时用于清欠、退还融资,也只有金融资产可以随时用于购买其他各种实物资产,从而可以改变各类实物资产的比例。

资产弹性的变动范围在 0 至 1 之间。如果资产弹性为 0,则企业的资产规模和结构难以随时调整,缺乏总量弹性,在既定的资产规模下,资产的内部结构不易被调整,即缺乏结构弹性,同时企业还难以满足临时支付的需要,以致带来不能及时清偿债务的风险;若资产的弹性为 1,企业资产不能投入生产经营,从而丧失周转利益,给企业带来过高的机会成本;而且企业经营中的不稳定性增强,资产获利性受影响。

3. 举例说明

假设某企业资产结构弹性分析表如表 3-6 所示。

表 3-6　某公司资产结构弹性分析表

项目	2015 年		2016 年		差异	
	金额	比例	金额	比例	金额	比例
有弹性的资产	8000	25%	10000	27.78%	2000	2.78%
其他资产	24000	75%	26000	72.22%	2000	-2.78%
总资产	32000	100%	36000	100%	4000	0

从表中可以看出，该企业资产结构弹性在 0—1 之间，基本合理；从 2015 年到 2016 年，该企业的资产结构弹性增加，企业资产的流动性增强，资产的规模和结构被改变的可能性增强；但经营中的不稳定性也增强，资产的潜在获利性可能受到影响。

第六节　资本结构分析

一、资本结构的含义

(一)资本的含义

资本，在经济学意义上，指的是用于生产的基本生产要素，即资金、厂房、设备、材料等物质资源。在金融学和会计领域，资本通常用来代表金融财富，特别是用于经商、兴办企业的金融资产。广义上，资本也可作为人类创造物质和精神财富的各种社会经济资源的总称。

资本代表资金来源，包括负债和所有者权益；资产则代表资金占用；两者性质不同，不是一个概念；但数量关系上来看，两者应当相等。

(二)资本结构的概念

资本结构指长期负债与权益(普通股、特别股、保留盈余)的分配情况。最佳资本结构便是使股东财富最大或股价最大的资本结构，亦即使公司资金成本最小的资本结构。资本结构是指企业各种资本的价值构成及其比例。企业融资结构，或称资本结构，反映的是企业债务与股权的比例关系，它在很大程度上决定着企业的偿债和再融资能力，决定着企业未来的盈利能力，是企业财务状况的一项重要指标。合理的融资结构可以降低融资成本，发挥财务杠杆的调节作用，使企业获得更大的自有资金收益率。

二、资本结构的理论发展

资本结构理论是西方国家财务理论的重要组成部分之一。资本结构理论经历了旧资本结构理论和新资本结构理论两个阶段。旧资本结构理论是基于一系列严格假设进行研究的，包括传统理论、MM 理论和权衡理论等。主要的研究成果包括：

(1)在理想条件下，MM 理论得出资本结构与公司价值无关的结论。

(2)存在公司所得税条件下，MM 理论得出公司价值随负债的增加而增加的结论。

(3)存在破产成本的条件下，权衡理论得出实现公司价值最大化要权衡避税利益和破产成本的结论。

(4)新资本结构理论是基于非对称信息进行研究的,包括代理理论、控制权理论、信号理论和啄序理论等。主要的研究成果就是分析了在非对称信息条件下资本结构的治理效应及对公司价值的影响。

三、资本结构的类型

(一)保守型资本结构

在这种资本结构下,企业的财务风险相对较小,资本成本较高。在选择融资方式时,会更多使用权益融资,即使在负债融资中,也以中长期债务为主。

(二)风险型资本结构

在该种资本结构下,权益资金较少,企业负债率较高;同时,企业还使用流动负债支持长期资金需求。这些,企业可以承担较少的资本成本,如果其投资收益足够高,是可以使用这种资本结构以最大化股东利润的。

(三)适中型资本结构

在该种资本结构下,企业一般使用流动负债解决流动资金需求,使用权益资金或长期债务支持长期资金需求。

四、影响资本结构的因素

影响资本结构的因素很多,包括企业面临的筹资环境、资本成本与融资风险、行业因素、企业生命周期、获利能力和投资机会等各个层面。

(一)企业面临的筹资环境

企业筹资环境决定了企业可选择的筹资方式。比如,我国在20世纪90年代以前,没有股票市场,企业很难通过直接融资手段取得股权资金,企业资金来源只能是国家投入、自身积累和银行贷款。随着证券市场的发展,企业融资手段逐渐增加,一些企业已经可以直接发行股票取得资金。但所有企业面临的筹资环境并不相同,上市发行股票融资需要企业自身已经具备较强的实力,同时还要经过审批。许多企业因为筹资条件和时间的问题不能通过股票市场取得资金。即使是从银行借贷,企业所面对的机会也不相同,一些民营中小企业因为自身实力和所有制的原因,很难从银行等外部机构借到所需要的资金。随着我国资本市场的逐渐完善,创业板市场和债券市场的发展,我国企业所能利用的筹资渠道将不断增加。

(二)资本成本与融资风险

在企业能够获得多种筹资方式时,资本成本就成为选择具体筹资方式的一个重要因素。一般而言,负债的资本成本相对较低,同时债务利息还可以抵税。因此,从资本成本考虑,负债融资就成为企业的首选;但负债融资导致企业财务风险上升,如果未来企业盈利能力下降,不能按时还本付息,企业将陷入财务危机。企业内部融资和外部股权融资的资本成本较高,但因为不需要归还本金,同时现金股利也不是法定义务,所以这些融资方式的风险较小。

企业适合使用这些融资来源的资金积累进行长期投资，增加自身的规模和产能，增强综合实力。因此，企业在选择资本结构时需要综合考虑各种筹资方式的风险和成本，并进行权衡考虑。

（三）行业因素

行业因素对企业资本结构有重要的影响。每个行业的盈利模式不同，现金流状况差异较大，同时行业因素也会影响企业的资本结构。因此，企业依据自身的现金流量状况以及自身的资本结构，会做出不同的资本结构决策。

（四）企业生命周期

在企业生命周期的四个阶段，企业的资本结构会发生对应的变化。在企业成长期，企业的迅速扩张需要大量的外部资金，企业会更多地依赖于银行等金融中介，因而债务融资比率较高。随着公司财富的不断积累，必然用成本较低的内部资金来替代外部资金，从而降低债务融资比率。另一方面，成熟企业一般更偏好于风险较低的投资项目，这使企业的经营风险降低，使债权人的资产更有保障，降低了债务融资的代理成本，因而处于成熟期的企业会有较高的债务融资比率。

（五）获利能力和投资机会

企业的获利能力是决定资本结构的重要因素之一，如果企业的收益率持续高于借款利率，那么企业将考虑资本成本较低的借款融资方式。但如果企业收益率低于借款利率，则借款将增加企业财务负担和财务风险。另外，企业的投资机会也会影响资本结构，如果企业长期投资机会较多，则应与之相配使用长期融资方式，若企业目前没有长期投资，而是为了维持现有生产规模，则可以使用短期融资，以降低资金使用成本。

五、资本结构决策

综合上述影响因素，企业将做出资本结构决策。在有多种筹资渠道可供选择时，企业的资本结构决策将重点考虑以下问题：

（一）资金需要量

这是资本结构决策的第一步，企业一般按照自身的资金需求来设定需要融资的数量。资金需要量分析的主要方法是销售百分比结合长期投资分析。具体步骤为：第一，依据销售的增长状况，确定未来的销售收入金额；第二，根据未来销售状况确定发生的销售成本和相关期间费用，并在此基础上编制预计利润表；第三，依据未来的利润分配政策，确定留存在企业内部的利润数量；第四，在前一年资产负债表的基础上，依据销售增长数额与流动负债和流动资产之间的历史比率关系，在敏感性分析的基础上估计流动资产数额；第五，根据长期投资的结果确定需要增加的长期投资资金需要量；第六，编制年度资产负债表，确定资产总额与负债和所有者权益总额之间的差异，即资金需要量。

（二）资本成本

不同的融资方式具有的资本成本称为个别资本成本。如果企业准备用一种融资方式解决资金需求，则需要比较不同融资方式中个别资本成本，选择较低的一个，如果企业准备选择几种融资方式，则应当在股东价值最大化的目标下关注综合资本成本。

（三）企业的风险态度

在确定了资金需求量和资本成本后，企业管理层的风险态度将决定企业选择何种资本结构。负债的资本成本低，但对应的风险水平高，股权资金反之。

六、资本结构的弹性分析

（一）资本结构弹性的含义

资本结构弹性是指企业资本结构（即资金来源结构）随着经营和理财业务的变化，能够随时调整和改变的可能性。资本结构弹性是以各种融资本身具有弹性为基础的。各种融资的弹性是指所筹集的资金随经营和理财业务的变化，能够随时清欠、退还和转换的可能性。这种可能性越大，说明企业资本结构调整的可能性越大。资本结构弹性与融资总量无关。

1.资本结构的时间弹性

各种筹集的资金按其期限是否固定，可以分为期间固定的资本和期间灵活的资本。期间固定的资本在规定的期限内是不可能转移为其他种类融资的，所以相对于该融资期限来说不具有弹性，可称为其时间刚性。

期间灵活的资本有规定的融资期限，但在该期限内，融资的企业可以随时清欠、退还，从而使企业可以随时采用其他融资方式进行再融资。比如，借款期为一年的融资，企业最长使用期为一年，但在这一年内，企业可随时还款。从还款角度看，该融资为期间灵活的融资，其所占比例越大，融资结构的弹性越大。

企业采用期间灵活的融资通常需要付出较大的融资成本；但还是需要维持一定比例的期间灵活的融资以维持企业的融资弹性。

2.资本结构的转让弹性

各种融资按其是否能在市场上转让，可以分为可转让资本和不可转让资本。可转让资本是指企业可通过金融市场，将现有融资形式转让，并能转换成其他融资形式的融资。比如，企业在金融市场上收回企业发行的债券（可转换债券）就可以将发行债券的融资形式转换成其他的融资形式。不可转让资本是指不可能通过金融市场将现有融资形式予以转让，以致不能转换成其他融资形式。

（二）资本结构弹性的分析

资本结构的弹性分析主要是要识别哪些资本具有弹性。弹性资本即可以随时清欠、退还和转换的融资，主要指流动负债、长期借款、企业未分配利润。刚性融资即不能随时清欠、退还和转换的融资，主要包括长期应付款及股本、资本公积等。

在弹性资本中，流动负债的弹性最大，因为流动负债不仅能随时清欠、转让，而且作为其物质基础的流动资产流动性最强、变现最快，为流动负债随时清欠、转让提供了现实前提，即为清欠和购回交易性金融资产提供了资金来源。长期负债即使能随时清欠、转让，但由于其被清欠和转让时有制约条件，对资本结构弹性的影响有限，只能算较强弹性的项目。未分配利润是企业可临时动用的资金，一旦利润被分配和使用，企业就不再控制这种资金来源，此时企业需要筹集其他种类的资金。所以未分配利润只在调整减少时，才会对融资结构产生影响，它的弹性相对较小。

●思考题

1. 如何看待资产负债表的作用？

2. 企业经营者应该如何分析货币资金、应收账款和存货？

3. 影响资产结构的因素有哪些？

4. 是否存在最理想化的资本结构，能使财务风险和筹资成本均为零？

5. 企业资本结构是否与企业发展阶段相关？

●练习题

1. 某企业某年度的流动资产是由货币资金、交易性金融资产、应收账款和存货构成的，该企业的流动比率为2，速动比率为1，现金比率为0.5，流动负债为200万元。

要求：计算该企业存货和应收账款的数额。

2. ×公司2014年年底资产负债表如下：

资产负债表

编制单位：×公司　　　　2014年12月31日　　　　单位：元

项目	金额		项目	金额	
	年初数	期末数		年初数	期末数
流动资产：			流动负债：		
货币资金	5200	6000	短期借款	16000	10000
应收账款	24000	38000	应付账款	6000	4000
存货	88600	96150	应付职工薪酬	20000	28000
流动资产合计	117800	140150	应交税费	12000	14000
非流动资产：			其他应付款	2800	3000
固定资产	490000	810000	流动负债合计	56800	59000
在建工程	6000	7000	非流动负债：		
无形资产	12400	12000	长期借款	40000	380000
商誉	1680	6240	非流动负债合计	40000	380000
非流动资产合计	510080	835240	所有者权益：		
			实收资本	500000	500000

续表

项目	金额		项目	金额	
	年初数	期末数		年初数	期末数
			资本公积		
			盈余公积	14000	26000
			未分配利润	17080	11740
			所有者权益合计	531080	537740
资产总计	627880	976740	负债和所有者权益总计	627880	976740

要求：

(1)计算该公司 2014 年年底的流动比率、速动比率、现金比率。

(2)计算该公司的资产负债表率、有形资产负债率、产权比率。

(3)对该公司的短期偿债能力和长期偿债能力做出评价。

3. 某企业资产结构分析表如下所示：

项目	2015 年		2016 年	
	金额(万元)	占总资产比率	金额(万元)	占总资产比率
流动资产	17200	43.25%	22400	47.62%
长期性股权投资	350	0.88%	500	1.06%
固定资产	21300	53.56%	21500	45.71%
无形资产	920	2.31%	2640	5.61%

要求：对该公司 2015—2016 年的资产结构情况予以分析说明。

第四章　利润表分析

●学习目的与要求

通过本章的学习，了解利润表的内容及作用等基本理论，熟悉利润表的基本思路与基本理论；掌握利润表的主要分析方法，能够熟练运用利润表的特点进行分析，达到利润表的分析目的。

●关键知识点

共同比利润表的分析；收入与收益的分析；成本费用的分析；利润质量的分析

●重要概念

利润表；营业收入；利润质量

利润表是反映企业一定时期经营成果的会计报表。对利润表的分析不仅能够了解企业的盈利能力和发展趋势，而且与资产负债表结合分析还能评价企业的营运能力、成长能力以及长期偿债能力，同时利润表有关项目与现金流量表的净流量比较，还可以了解企业盈利与收现的真实性，判断企业当期实现利润的含金量。因此，利润表是会计报表分析者最为关心的三大会计报表之一。会计人员要利用利润表所说明的信息，积极为企业经营决策提供分析依据。

利润表究竟能提供哪些信息？如何处理和利用这些信息？这是本章所述主要内容与目的所在。

第一节　利润表概述

利润表是用于反映企业在某一会计期间的经营成果的会计报表。通过利润表，可以了解企业在一定期间内的收入和成本费用状况，判断企业的盈利能力和利润来源。在会计报表分析中，利润表的分析是非常重要的，因为无论哪一类会计报表分析者，都需要了解和关注企业的盈利状况和盈利能力。

一、利润表的含义

利润表也称损益表，是反映企业在一定期间（月度、季度、年度等）内经营成果的会计报表。利润表是根据“收入－费用＝利润”的会计平衡公式，表明企业一定期间内利润形成或亏损发生过程的动态报表。

利润表将一定期间的收入与因取得收入而发生的费用相配比，计算出企业一定时期的净利润（或净亏损）。通过利润表提供的一定时期的收入、费用等信息，反映企业生产经营的收益和成本耗费等情况，表明企业的生产经营成果；通过利润表提供的不同时期的比较数字

(本月数、本年累计数、上年数),可以分析企业今后利润的发展趋势及获利能力。

二、利润表的作用

利润表上所反映的会计信息,可以用来评价一个企业的经营效率和经营成果,评估投资的价值和报酬,进而衡量一个企业在经营管理上的成绩与问题。具体来说,利润表有以下几个方面的作用:

(一)利润表可作为经营成果的分配依据

利润表反映企业在一定期间的营业收入、营业成本、营业费用以及营业税金各项期间费用和营业外收支等项目,最终计算出利润综合指标。利润表上的数据直接影响到许多利益相关人的利益,如国家的税收收入、管理人员的奖金、职工的工资与其他报酬、股东的股利等。正是由于这方面的作用,利润表在会计报表中一直占据重要地位。

(二)利润表可反映企业的经营业绩

利润表中的数额增减变化可以综合地反映企业在生产、经营、投资、筹资等各项活动的管理效率和效益。通过将收入、成本费用、利润与企业的生产经营计划对比,还可以考核企业生产经营计划的完成情况,进而评价企业管理当局的经营业绩和效率。

(三)利润表可分析企业的盈利能力

利润表揭示了经营利润、投资净收益和营业外的收支净额的详细资料,可据以分析企业的盈利水平,评估企业的获利能力。同时,报表使用者所关注的各种预期的现金来源、金额、时间和不确定性,如股利或利息、出售证券的所得及借款的清偿,都与企业的获利能力密切相关。

三、利润表的内容

利润表的编制基础为“收入－费用＝利润”,一个期间内的收入和费用是不断发生的。将某个期间内的收入与费用配比相减之后的差额就是该期间的经营成果——利润。

利润表的项目,按利润构成和分配可分为两个部分。其利润构成部分先列示销售收入,然后减去销售成本得出销售利润,再减去各种费用后得出营业利润(或亏损),再加减营业外收入和支出后,即为利润(或亏损)总额。

利润分配部分先将利润总额减去应交所得税,得出税后利润,其下即为按分配方案提取的公积金和应付利润,如有余额,即为未分配利润。利润表中的利润分配部分如单独划出列示,则为“利润分配表”。

四、利润表的结构

为了把利润表的信息恰当地反映出来,便于报表使用者理解和使用,需要把列入利润表的各个项目按照一定的顺序进行排列,以形成相当稳定的结构。由于不同国家或地区对利润表所提供的信息要求不完全相同,利润表的结构也不完全相同。目前常见的利润表结构主要有单步式和多步式两种。

(一)多步式利润表

我国企业的利润表采用多步式格式。多步式利润表是将利润表中的内容做多项分类，通过多个步骤完成利润的计算过程，以提供有关形成最终净利润的中间性信息。

表 4-1　利 润 表 (多步式)

编制单位:Z 公司　　　　年度　　　　单位:元

项　目	本期金额	上期金额
一、营业收入		
减:营业成本		
营业税金及附加		
销售费用		
管理费用		
财务费用		
资产减值损失		
加:公允价值变动收益(损失以"－"号填列)		
投资收益(损失以"－"号填列)		
其中:对联营企业和合营企业的投资收益		
二、营业利润(亏损以"－"号填列)		
加:营业外收入		
减:营业外支出		
其中:非流动资产处置损失		
三、利润总额(亏损总额以"－"号填列)		
减:所得税费用		
四、净利润(净亏损以"－"号填列)		

(二)单步式利润表

单步式利润表是将所有的收入和收益相加后减去所有的费用和损失，一步就可计算出本期净利润。单步式利润表一般分为收入和收益、费用和损失、净利润三部分。用收入和收益合计减去费用和损失合计数，即可计算出净利润。

表 4-2　利 润 表 (单步式)

编制单位:Z 公司　　　　年度　　　　单位:元

项目	行次	本月数	本年累计数
一、收入			
主营业务收入			

续 表

项目	行次	本月数	本年累计数
其他业务收入			
投资收益			
营业外收入			
收入合计			
二、费用			
主营业务成本			
主营业务税金及附加			
营业费用			
其他业务支出			
管理费用			
财务费用			
投资损失			
营业外支出			
所得税			
费用合计			
三、净利润			

五、利润表与资产负债表的联系

尽管利润表与资产负债表分别为动态报表和静态报表，反映的内容存在很大差异，但两者有联系。

（一）两者反映的对象相同

利润表与资产负债表都是反映资金运动的。资产负债表反映的是资金的静态表现，反映某一时点上的资金状况，利润表反映的是资金运动的动态表现，反映某一时期的经营状况。

（二）两者的作用相互补充，相辅相成

利润表反映损益的形成过程及损益数；资产负债表说明企业发生损益后的结果，即资产、负债、所有者权益的数额。资产负债表的“未分配利润”与利润表附表中利润分配表中的“未分配利润”相等。

（三）两者的关系是会计等式内在联系的反映

资产负债表与利润表是“资产＝负债＋所有者权益”和“收入－费用＝利润”两个会计等式的内在联系的反映。

本期损益发生后，资产负债表的等量关系应表现为“资产＝负债＋所有者权益＋（收入－费用）”，即“资产＝负债＋所有者权益＋利润”；而当时间静止到某一时点上时，利润最终归所有者所有，该等式可写为“资产＝负债＋所有者权益”，这成为资产负债表编制的理论依据。

第二节　利润表分析的目的、内容与方法

一、利润表分析的目的

利润表分析是分析企业如何组织收入、控制成本费用支出实现盈利的能力，评价企业的经营成果。同时还可以通过收支结构和业务结构，分析与评价各专业业绩成长对公司总体效益的贡献，以及不同分公司经营成果对公司总体盈利水平的贡献。通过利润表分析，人们可以评价企业的可持续成长能力，它反映的盈利水平是企业的投资者更为关注的东西，它是资本市场的“晴雨表”。

（一）利润表分析可正确评价企业各方面的经营业绩

由于利润表受各环节和各因素的影响，因此通过不同环节的利润分析，可准确说明各环节的业绩，通过利润的因素分析，不仅可说明利润受哪些因素影响以及影响程度，而且还可说明是主观影响还是客观影响，是有利影响还是不利影响等，这对于准确评价各部门和各环节的业绩是十分必要的。

（二）利润表分析可及时、准确地发现企业经营管理中存在的问题

利润表分析不仅能明确成绩，而且还可发现企业在各环节存在的问题或不足，为进一步改进企业经营管理工作指明方向。如通过利润表的结构分析发现企业的营业成本占营业收入的比例过高，进一步追查原因发现，这是由于企业原材料采购价格过高而导致的，那么可以通过进一步寻找降低采购成本的途径来降低营业成本占营业收入的比例。

（三）利润表分析可为投资者、债权人等提供决策有用信息

这是利润分析十分重要的作用。由于企业产权关系及管理体制的变动，越来越多的人关心企业的利润。企业经营者是这样，投资者、债权人也是如此，他们通过对企业利润的分析揭示企业的经营潜力及发展前景，从而做出正确的投资与信贷决策。

二、利润表分析的内容

（一）利润表主表分析

对利润表主表的分析，主要是对各项利润的增减变动、结构增减变动及影响利润的收入与成本进行分析。

1. 利润额增减变动分析

通过对利润表的水平分析，从利润的形成角度，反映利润额的变动情况，揭示企业在利润形成过程中的管理业绩及存在的问题。

2.利润结构变动情况分析

利润结构变动分析，主要是在对利润表进行垂直分析的基础上，揭示各项利润及成本费用与收入的关系，以反映企业各环节的利润构成、利润及成本费用水平。

3.企业收入分析

企业收入分析的内容包括：收入的确认与计量分析；影响收入的价格因素与销售量因素分析；企业收入的构成分析等。

4.成本费用分析

成本费用分析包括产品销售成本分析和期间费用分析两部分。产品销售成本分析包括销售总成本分析和单位销售成本分析；期间费用分析包括销售费用分析和管理费用分析。

（二）利润表附表分析

利润表附表分析主要是对利润分配表及分部报表进行分析。

1.利润分配表分析

通过利润分配表分析，反映企业利润分配的数量与结构变动，揭示企业在利润分配政策、会计政策以及国家有关法规变动方面对利润分配的影响。

2.分部报表分析

通过对分部报表的分析，反映企业在不同行业、不同地区的经营状况和经营成果，为企业优化产业结构、进行战略调整指明方向。

3.利润表附注分析

利润表附注分析主要是根据利润表附注及财务情况说明书等相关详细信息，分析说明企业利润表及附表中的重要项目的变动情况，深入揭示利润形成及分配变动的主观原因与客观原因。

三、利润表分析的方法

1.总体分析，即分析企业的盈利状况和变化趋势。

2.结构分析，通过利润构成的结构分析，即分析企业持续产生盈利的能力，利润形成的合理性。

3.财务比率分析，即利用财务比率指标分析。

4.项目分析，即对企业经营成果产生较大影响的项目和变化幅度较大的项目进行具体分析。主要的项目有：营业收入、营业成本、销售费用、管理费用、财务费用、投资收益、所得税费用等项目。

第三节　利润表项目的结构分析

一、利润结构与盈利模式分析

从利润表的结构和内容来看，构成企业利润主体的主要是核心利润和投资收益。但是，从业绩形成的实际情况来看，企业的盈利模式可以概括为以下四种：

（一）经营活动主导型

以经营活动为内容，以消耗经营性资产为基础，以产生核心利润和引起现金净流量为主要业绩表现。这里的经营活动，是指与企业利润表中形成核心利润有关的活动，主要包括企业商品销售活动和生产活动，等等。经营活动应该产生核心利润和相应的现金净流量。在企业以产品经营为主体的情况下，企业的核心利润将成为其利润总额的主体。

（二）投资主导型

以投资活动为内容，以消耗投资性资产为基础，以产生广义投资收益和投资活动引起的现金流入量为主要业绩表现。这里的投资活动，是指与企业利润表中形成投资收益有关的活动，主要包括企业取得或处置交易性金融资产、持有至到期投资以及长期股权投资等各项对外投资活动等。

投资活动应该产生投资收益和相应的现金流量净额。在企业以对外投资为主体的情况下，企业的投资收益将成为其利润总额的主体。

企业投资收益的产生方式或者表现主要有：公允价值变动损益、股权收益（成本法或权益法确认）和债权收益、投资转让价差、收取现金股利和利息（也可以理解为已经包含在股权收益和债权收益中）等。

（三）资产重组型

以对企业的经营性资产或者投资性资产进行重组为内容，以优化企业的经营性资产或者投资性资产为基础，以产生利润和相应的现金流量为业绩表现。

在已有的经营活动和投资活动产生的业绩难以满足投资者经营目标的情况下，企业的控股股东完全可以凭借其自身拥有的资源对企业的资产进行重组：通过资产置换或者发送其结构的方式优化企业的经营性资产、投资性资产，使其恢复或者达到股东对企业盈利能力和盈利规模的预期。

显然，这种重组的基础和条件是控股股东有可以驾驭的资源。重组成功后企业的盈利模式又重新归于经营活动主导型或者对外投资主导型。

（四）会计失真型

会计失真型即以用会计方法对财务信息进行账面调节为主要手段，在报表中直接产生利润。

在已有的经营活动和投资活动产生的业绩难以满足投资者的经营目标、企业的控股股东又没有可以利用的重组资源的情况下，企业的控股股东完全可能通过财务会计手法对企业的利润进行报表调节或失真，使其恢复或达到股东对企业盈利能力和盈利规模的预期。显然，这种会计调节缺乏现实依据，而且难以调节出相应的现金流入量。

二、共同比利润表的编制

利润表项目的结构分析通常需要编制共同比利润表，通过计算各因素或各种财务成果在主营业务收入中所占的比例，分析说明财务成果的结构及其增减变动的合理性。

对利润表进行结构分析一般要采取编制共同比利润表的方法。此处，我们假设根据一家C公司的资料编制成一张共同比利润表。

表 4-3 C公司共同比利润表

单位:元

项目	2014 年	2013 年	结构百分比		
			2014 年	2013 年	差异
一、营业收入	2783238	2502130	100%	100%	0
减:营业成本	2307070	2104066	82.89%	84.09%	−1.2%
营业税金及附加	30900	14666	1.11%	0.59%	0.52%
销售费用	6284	4296	0.23%	0.17%	0.06%
管理费用	271734	235248	9.76%	9.40%	0.36%
财务费用	−50970	229464	−1.83%	9.17%	−11%
资产减值损失					
加:公允价值变动收益(损失以"—"号填列)					
投资收益(损失以"—"号填列)					
其中:对联营企业和合营企业的投资收益					
二、营业利润(亏损以"—"号填列)	218220	−85610	7.84%	−3.42%	11.26%
加:营业外收入	53790	150016	1.93%	6%	−4.07%
减:营业外支出	9106	4368	0.33%	0.17%	0.16%
其中:非流动资产处置损失					
三、利润总额(亏损总额以"—"号填列)	262904	60038	9.45%	2.4%	7.05%
减:所得税费用	50954	9218	1.83%	0.37%	1.46%
四、净利润(净亏损以"—"号填列)	211950	50820	7.62%	2.03%	5.59%

这张共同比利润表,列示了利润表各项目2013年和2014年的金额,两者各自占营业收入的比例,以及这些比例的升降幅度。通过这张共同比利润表,可以比较这两年利润表各项目的变化情况和利润表的结构情况。故编制共同比会计报表是企业进行结构分析最常用的方法。

三、共同比利润表项目的结构分析

在表 4-3 中，C 公司发生最大变动的是营业利润项目，上升 11.26%，这说明公司利用自身生产经营业务获得利润的能力有了明显的提高。其中财务费用占营业收入的比例下降明显，对营业利润的提升起了很大作用。利润总额占营业收入的比例上升幅度不如营业利润上升明显，表明投资收益、营业外收支等非经营性因素对利润总额起了抵减的作用。净利润所占比例上升了 5%左右，说明企业最终获取的可供投资者分配的利润有所提高，投资者获取收益的能力有所增强。营业外收入所占比例较小，且有所下降，表明企业并不依赖营业外收入作为收入来源。

四、利润构成变动分析

利润构成变动分析是对形成利润总额的各项利润来源的构成比例进行分析，以判断利润的稳定性与持续性。此处可举例说明。

表 4-4　久其软件(002279)利润构成分析表

单位:万元

项目	年份		结构百分比	
	2014 年	2015 年	2014 年	2015 年
投资收益	1880.38	1382.45	24.8%	9.14%
营业利润	6554.8	13705.2	86.45%	90.58%
营业外收支净额	1027.00	1425. 56	13.55%	9.42%
利润总额	7581.79	15130.70	100%	100%

从表 4-4 中可看出，久其软件(002279)公司的利润构成自 2014 年到 2015 年没有很大变化。这两年的利润总额主要都来自于营业利润，盈利模式比较稳定。两年中投资收益有一定的金额，表明企业从事了对外投资并能从中获利，公司的盈利渠道较广。2015 年公司的营业利润所占比例提高，营业外收支净额所占比例下降，盈利的稳定性进一步增强。

第四节　利润表项目的质量分析

一、收入与收益的分析

(一) 营业收入的分析

营业收入(operating revenue)是指企业在从事销售商品、提供劳务和让渡资产使用权等日常经营业务过程中所形成的经济利益的总流入。分为主营业务收入和其他业务收入。

1. 营业收入的可靠性分析

(1)营业收入的现金含量分析。会计报表上的收入是依据权责发生制原则来核算或确认的。所谓权责发生制，是指收入或费用在其发生时确认，而不是在款项收付时确认。在市场经济条件下，按照这个原则确认收入，就有可能出现这样一种情况；收入已经确认并体现在报表上了，但货款未收到甚至出现坏账。一旦出现坏账，则这种收入就不能为企业带来实际的经济利益，就不再符合收入的定义，就是无效的收入。因此，必须结合现金流量来分析收入的可靠性。

(2)营业收入的真实性与确认时间合理性分析。权责发生制为企业收入造假提供了有利机会。有些企业通过虚假合同伪造收入，有些企业则通过收入的提前确认和延期确认来达到调节本期收入的目的。对于前者，可以将营业收入与应收账款、营业税金及附加结合分析，或许能发现问题。对于收入确认时间的合理性可以根据原始发票等来判断。

(3)关联交易分析。营业收入分析要特别注意关联交易收入占营业收入的比例，如果来自关联企业的收入比例过高，其真实性应该受到质疑，收入的可持续性也存在问题。此外，还要关注关联交易的价格，因为交易价格直接影响营业收入。

2.营业收入规模分析

营业收入包括主营业务收入和其他业务收入，其中主营业务收入是主体，主营业务收入是判断企业规模和经营能力的重要标志。销售收入的多少是企业实力的象征，直接体现企业的市场占有情况，一个企业的产品销售收入越多，其市场占有份额就越高，则经营和竞争能力就越强。而产品或劳务的市场占有状况又直接影响甚至决定着该企业的生存和成长能力，从这个意义上说，企业必须把稳定、持续地扩展市场作为维持其生存的重要保障。企业市场的丧失比暂时性亏损更危险，因此要特别关注主营业务收入的变化。把营业收入通过与同类企业的对比，可以大致了解企业在行业中的竞争地位。

3.营业收入结构分析

(1)稳定性结构分析。营业收入包括主营业务收入和其他业务收入，分别计算主营业务收入和其他业务收入占营业收入的比重，可以了解企业主营业务收入是否突出。主营业务收入越突出，一般认为，企业的竞争能力相对较强，企业营业收入的可持续性和稳定性更强。

(2)品种结构分析。品种结构是指每种产品或每类业务所获得的收入占营业收入总额的比例。对企业品种结构的分析有助于了解企业的经营结构是否合理，对评估企业的未来发展前景，具有重要意义。此外，对品种结构的分析可以了解企业多元化经营战略的实施情况及与之相关经营风险情况。一般，如果企业某一种或某一类产品或业务的收入所占比重较大，说明该企业的经营较为集中或单一；反之，说明企业经营多元化的水平较高。一般认为，多元化经营有利于分散经营风险。但如果企业缺乏相应的管理控制能力，多元化发展也可能增加风险。

(3)收入的地区结构。主要是根据分部报告来计算企业总的营业收入中，各地区营业收入的比重。地区收入比重不同，企业所面临的经营风险也就不同。比如主要市场在国外，那么应当关注汇率的变动对收入的影响程度；如果主要市场在国内，则应关注营业收入的获得是由于产品的竞争实力还是因为行政垄断，对于企业未占领的区域，企业是否具有相应的推进计划。

4.营业收入的变动分析

通过两年营业收入的对比，可以了解企业市场份额的变化。连续观察多期营业收入的增长变化情况，可以了解企业所处的发展阶段。根据生命周期理论，企业的发展可以分为初创、成长、成熟、衰退四个阶段。在初创阶段，产品开发成功刚投入正常生产，销售规模较小，且增长还不快；第二阶段为成长期，产品市场空间被打开，大规模地放量生产和销售，该阶段的产品销售可较快扩展和增长；第三阶段为成熟期，销售较为稳定，增长不太快；第四阶段为衰退期，产品销售开始萎缩。通过计算多个期间的营业收入环比增长率，可以大致判断企业所处的发展阶段。

（二）公允价值变动收益的分析

公允价值变动收益(Changes in Fair Value Gains)，公允价值变动收益是指资产或负债因公允价值变动所形成的收益。公允价值是指在公平交易中，熟悉情况的交易双方自愿进行资产交换或者债务清偿的金额。"公允价值变动收益" 这个科目，是"以公允价值计量且其变动计入当期损益的交易性金融资产"的一个科目。在资产负债表中，"交易性金融资产"的公允价值高于其账面价值的差额，应借记"交易性金融资产－公允价值变动"，贷记"公允价值变动损益"，公允价值低于其账面价值的差额，则做相反的分录。

分析该项目时应注意公允价值计量是否规范，有无故意利用公允价值调节利润和资产的可能。

（三）投资收益的分析

投资收益(Income from Investment)，是对外投资所取得的利润、股利和债券利息等收入减去投资损失后的净收益。严格地讲，所谓投资收益是指以项目为边界的货币收入等，它既包括项目的销售收入又包括资产回收(即项目寿命期末回收的固定资产和流动资金)的价值。投资可分为实业投资和金融投资两大类，人们平常所说的金融投资主要是指证券投资。证券投资的分析方法主要有如下三种：基本分析、技术分析、演化分析，其中基本分析主要应用于投资标的物的选择上，技术分析和演化分析则主要应用于具体投资操作的时间和空间判断上，作为提高投资分析有效性和可靠性的重要补充。

对投资收益的分析应注意投资收益对企业利润的影响程度、投资收益的明细内容及对投资所采用的会计核算方法等。

（四）营业外收入的分析

营业外收入(Nonbusiness Income)是指企业确认与企业生产经营活动没有直接关系的各种收入。营业外收入并不是由企业经营资金耗费所产生的，不需要企业付出代价，实际上是一种纯收入，不需要与有关费用进行配比。因此，在会计核算上，应当严格区分营业外收入与营业收入的界限。通俗一点讲就是，除企业营业执照中规定的主营业务以及附属的其他业务之外的所有收入是为营业外收入。

二、成本费用的分析

(一)营业成本分析

营业成本(Operating Costs)，也称运营成本。是指企业所销售商品或者提供劳务的成本。营业成本应当与所销售商品或者所提供劳务而取得的收入进行配比。

营业成本是与营业收入直接相关的，是已经确定了归属期和归属对象的各种直接费用。营业成本主要包括主营业务成本、其他业务成本。

营业成本的变动往往伴随着营业收入的变化而发生，因此，应将营业成本的变动紧密联系营业收入的变动进行分析。营业收入减去营业成本的余额为毛利额，毛利额与营业收入之比为毛利率，因此关注营业成本的分析主要应关注毛利率的分析。

（二）营业税金及附加分析

营业税金及附加(Sales Tax and Extra Charges)，反映企业经营主要业务应负担的营业税、消费税、城市维护建设税、资源税、土地增值税和教育费附加等。三资企业此项指标只含消费税和资源税。填报此项指标时应注意，实行新税制后，会计上规定应交增值税不再计入"主营业务税金及附加"项，无论是一般纳税企业还是小规模纳税企业均应在"应交增值税明细表"中单独反映。根据企业会计"利润表"中对应指标的本年累计数填列。

该支出不受企业决策影响，一般无须做过多分析。分析时可计算营业税金及附加占营业收入的比重，若该比重过低，应进一步分析企业有无收入造假行为。

（三）期间费用的分析

1. 销售费用

销售费用(Selling Expenses)，是指企业在销售产品、自制半成品和提供劳务等过程中发生的各项费用。包括由企业负担的包装费、运输费、广告费、装卸费、保险费、委托代销手续费、展览费、租赁费(不含融资租赁费)和销售服务费、销售部门人员工资、职工福利费、差旅费、折旧费、修理费、物料消耗、低值易耗品摊销以及其他经费等。与销售有关的差旅费应计入销售费用。销售费用的增长应当带来营业收入的大幅增长。

2. 管理费用

管理费用(Administrative Expenses)，是指企业行政管理部门为组织和管理生产经营活动而发生的各项费用。管理费用属于期间费用，在发生的当期就计入当期的损益。若管理费用大幅度上升，应进一步分析原因，寻找管理费用控制的有效途径。

3. 财务费用

财务费用(Financing Expenses)，企业发生的财务费用，虽为取得营业收入而发生，但与营业收入的实现没有财务费用资金流动有明显的因果关系，不宜将它计入生产经营成本，只能作为期间费用。在会计中属于损益类科目。按实际发生额确认，计入当期损益。企业发生的财务费用，一般在"财务费用"科目进行核算，并按费用种类设置明细账。财务费用发生时，记入该科目的借方，期末将余额结转"本年利润"账户，结转后，该账户无余额。财务费用的多少与企业的负债规模有重要关系。

（四）营业外支出的分析

营业外支出(Nonbusiness Expenses)，是指企业发生的与企业日常生产经营活动无直接关系的各项支出。包括非流动资产处置损失、非货币性资产交换损失、债务重组损失、公益性捐赠支出、非常损失、盘亏损失等。其意义相当于企业的意外损失，应当严格控制。

三、利润质量分析

（一）利润的质量特征

利润质量是指利润的合规性和公允性，收益核算规范，能如实反映企业实际业绩，则认为收益的质量好，反之则认为收益的质量不好。高质量的利润至少应具有以下特征：

1. 合规性程度高

合规性程度高是指利润核算过程规范，这是认定高质量利润的首要条件。利润的核算应严格按照企业会计准则等的要求进行，不得造假，人为压低或拔高企业的利润水平。

2. 具有较高的现金含量

利润是根据权责发生制计算的，有利润并不代表一定有现金的净流入，只有能带来现金流入的利润才是真正实现的利润。如果企业的利润没有相应的现金支持，必然导致资产虚增，盈利能力指标泡沫化，可能会出现企业账面有利润，却无钱支付到期债务，甚至破产。所以，利润的现金含量是利润质量的重要特征之一。高质量的利润应该有相应的现金支撑，如果有大额的利润，却没有相应的现金流入，则认为利润质量不高。

3. 具有较强的稳定性

利润具有稳定性和可持续性，则认为利润质量较高。一般来说，来自日常活动的利润所占比例越高，说明利润的稳定性越强；反之，若利润主要来源于营业外活动则认为利润的稳定性很差。

（二）利润质量的影响因素

1. 会计政策的制定与运用

企业管理当局对会计政策有一个可选择的范围。企业制定会计政策时，可依据企业管理层和企业会计人员的职业判断操作，采取稳健的会计政策，也可以采取激进的会计政策。稳健的会计政策使得企业少计资产和利润，由此核算出的利润质量相对较高；反之，企业利润质量则会相对较低。

制定会计政策后，对如何运用该会计政策，企业管理当局有一定的自由决定权。如坏账准备的计提方法与计提比例，长期股权投资的核算方法，固定资产的折旧计算方法及折旧年限确定，等等。这些都会直接影响企业的收益。为了掩饰业绩下滑，企业管理当局可能采取不恰当的会计政策和会计估计，或通过会计政策和会计估计变更来调节企业利润。因此，对会计利润质量进行分析时应关注企业的会计政策和会计估计是否恰当，是否变更。

2. 信用政策的制定

宽松的信用政策会产生较多的应收账款，潜在的坏账风险增加，造成账面资产和利润虚增。同时，由于销售收入有较大部分没有形成现金流入，从而进一步加大了账面利润与净现金流量的差距，降低了利润的现金含量。因此，关注利润的同时，还应关注企业的现金流量。

3. 非日常交易和关联交易

非日常交易产生的损益记入营业外收支，这种损益是不稳定的。因此，营业外收支占企业利润的比重过大，会影响利润的稳定性。关联交易是指发生在企业与其关联方之间的交易。一般认为，企业利润对关联交易的依赖性越大，说明企业的利润质量越低。

（三）利润质量的分析与评价

1.合规性分析与评价

利润的合规性可通过会计资料的检查来进行分析和评价。对已经经过注册会计师审计的会计报表，可以参照注册会计师的审计进行分析和评价。注册会计师的审计意见可分四种：无保留意见、保留意见、否定意见和拒绝表示意见。一般认为，无保留意见下的报表质量最高，保留意见次之。

2.利润的现金含量分析与评价

利润的现金含量可通过经营利润现金保障指数进行分析与评价，其计算公式如下：

经营利润现金保障指数＝经营现金净流量/（经营利润＋非付现费用）

经营利润＝营业利润－投资收益－公允价值变动收益＋资产减值损失＋财务费用

一般来说，经营利润现金保障指数大于等于1，说明日常经营活动的利润有足够的现金做保障，利润质量较好；反之，如果经营利润现金保障指数大大低于1，说明现有的利润没有相应的现金支撑，利润质量较低。其常见的原因是信用政策过于宽松，导致大量应收账款产生。

3.利润的稳定性分析

一般经营利润具有较强的稳定性与可持续性，因此利润的稳定性可通过经营利润占利润总额的比重来进行分析与评价，其计算公式如下：

经济利润占利润总额的比重＝经营利润/利润总额

一般来说，该比率应在100%以上，低于1的很多意味着非经营收益的比重过大，利润的稳定性和可持续性较差，利润的质量较低。

（四）利润质量恶化的主要表现

利润质量恶化，必然会反映到企业的各个方面。对于信息使用者而言，可以从以下几个方面来判断企业的利润质量是否有可能正在恶化：

1.企业扩张过快

企业发展到一定程度后，必然在业务规模、业务种类等方面寻求扩张。在企业的创业发展过程中，企业有自己熟悉的业务领域。正是由于对自己业务领域的熟悉，企业才有了发展的基础。但是，在走向多样化经营的过程中，必然出现的一个问题就是，企业对开拓的其他领域不论从技术、管理还是市场等多方面的规律有个逐步适应、探索的过程。如果企业在一定时期内扩张过快，涉及的领域过多、过宽，那么企业在这个时期所获得的利润质量可能会出现恶化的迹象。

2.企业反常压缩酌量性支出

酌量性支出是指企业管理层可以通过自身决策来改变其发生规模的支出，如研究和开发支出、广告费支出等。此类支出一般情况下对企业的未来发展非常有利。如果这类支出规模相对于营业收入的规模来说发生大幅度降低的情况，就应被认定是反常压缩。这有可能是企业为了避免当期利润规模大幅度下降，故意降低酌量性支出规模或推迟其发生的时间。这种迹象往往表明企业的利润质量有可能出现进一步的恶化。

3.企业变更会计政策和会计估计

一般来说，由于企业赖以进行估计的基础发生了变化，或者由于取得新的信息、积累更多的经验以及后来的发展变化等原因，企业可能对会计估计进行修订或变更。

然而，企业也可能在不符合会计准则要求的条件下变更会计政策和会计估计，此时的目的就有可能是为了改善企业的财务业绩。因此，在企业面临不良经营状况时，如果企业所做的会计政策和会计估计的变更恰恰有利于企业账面利润的改善，那么这种变更就可以看成企业利润质量恶化的一种信号，尤其是在企业管理层过去曾经有过利用会计手段粉饰财务业绩的“前科”时更是如此。

4.应收账款的不正常表现

应收账款是企业赊销引起的债权。在企业赊销政策稳定的条件下，企业的应收账款规模应该与企业的营业收入保持一定的对应关系，企业的应收账款平均收账期应该保持稳定。但是，必须注意，企业应收账款规模还与企业在赊销过程中采用的信用政策有关，放宽信用政策将会刺激销售，增加应收账款的规模、延长应收账款的平均收账期。

因此，企业应收账款的不正常增加、应收账款平均收账期的不正常变长，有可能是企业为了增加其营业收入而放宽信用政策的结果。过宽的信用政策可以刺激企业营业收入的立即增长。但是，企业也面临着未来大量发生坏账的风险。

5.企业存货周转过于缓慢

企业存货周转过于缓慢，表明企业在产品质量、价格、存货控制或营销策略等方面存在一些问题。在营业收入一定的条件下，存货周转越慢，企业占用在存货上的资金也就越多。过多的存货占用，除了占有资金、引起企业过去和未来的利息支出增加以外，还会使企业发生过多的存货损失以及存货保管成本。

6.应付账款的不正常表现

应付账款是企业赊购商品而引起的债务。在企业供货商赊销政策稳定的条件下，企业的应付账款规模应该与企业的采购规模保持一定的对应关系。在企业产销较为平稳的条件下，企业的应付账款规模还应该与企业的营业收入保持一定的对应关系。企业的应付账款平均付账期应该保持稳定。但是，如果企业的购货和销售状况没有发生很大变化，企业的供货商也没有主动放宽赊销的信用政策，则企业应付账款规模的不正常增加、应付账款平均付账期的不正常延长，就是企业支付能力恶化、资产质量恶化、利润质量恶化的表现。

7.企业无形资产或开发支出的不正常增加

从对无形资产会计处理的一般惯例来看，企业自创无形资产所发生的研究和开发支出，一般应计入发生当期的利润表，冲减利润。在资产负债表上作为无形资产列示的无形资产主要是企业从外部取得的无形资产。如果企业出现无形资产或开发支出的不正常增加，则有可能是因为企业收入不足以弥补应当归于当期的花费或开支，为了减少研究和开发支出对利润表的冲击而利用这些虚拟资产将费用资本化。

8.企业的业绩过度依赖非营业项目

一般来说，核心利润、投资收益以及利得项目形成企业利润总额的支点。在正常情况下，上述三类应当在利润总额中占有一定的比例，而这种比例的形成也应当反映企业各类活动的实际。但是，在企业主要利润增长点潜力缺乏的情况下，企业为了维持一定的利润水平，就有可能通过非营业项目实现的利润来弥补核心利润、投资收益的不足。比如，通过对企业固定资产的出售利得来增加利润。显然，这类活动在短期内使企业维持表面繁荣的同时，还会使企业的长期发展战略受冲击。

9. 企业计提的各种资产准备过低

从目前的会计实践来看，企业应当在其对外披露的资产减值准备明细表上为应收账款、存货、投资性资产、固定资产、无形资产、在建工程等计提减值准备，此外，企业还要在资产负债表中披露对固定资产计提的折旧。但是，企业计提的各项资产减值准备和累计折旧，取决于企业对资产贬值的主观认识以及企业会计政策和会计估计的选择，在企业期望利润高估的会计期间，企业往往选择计提较低的准备和折旧，这就等于把应当由现在或以前负担的费用或损失人为地推移到企业未来的会计期间，从而导致企业的后劲不足。因此，以计提过低的资产减值准备和累计折旧来使企业利润增加的业绩，不应该得到好评。

10. 销售费用、管理费用等出现不正常的降低

企业利润表中的销售费用、管理费用等基本上可以分为固定支出和变动支出。其中，固定支出包括折旧费用、人工费用等不随企业业务变化而变化的费用；变动支出则是指那些随企业业务变化而变化的费用。这样，企业各个会计期间的总费用将随着企业业务变化而变化，不太可能发生随着企业业务的增长而降低费用的情况。但是，在实务中，经常会发现在一些企业的利润表中收入项目增加、费用项目降低的情况。在这种情况下，信息使用者完全有理由怀疑那是企业在“调节利润”。

11. 企业过度负债

企业负债过度，除了发展、扩张性原因外，还有可能是企业通过正常经营活动、投资活动难以获得正常的现金流量的支持。在回款不利、难以支付经营活动所需要的现金流量的情况下，企业只能依靠扩大贷款规模来解决。

12. 注册会计师变更、审计报告出现异常

在所有权与经营权相分离的情况下，企业的经营者应当定期向企业的股东报送财务报告。企业的股东也将聘请注册会计师对企业的财务报告进行审计，并出具审计报告。应该指出的是，对企业的财务报告进行审计的注册会计师的任务主要是向企业的股东就企业报表编制情况出具意见。

对于注册会计师而言，企业是注册会计师的客户。注册会计师一般不会轻易失去客户。只有在审计过程中，注册会计师的意见与企业管理者就报表编制出现重大意见分歧、难以继续合作的条件下，注册会计师才有可能主动放弃客户。因此，对于变更注册会计师的企业，会计信息使用者应当考虑企业的管理层在报表编制上的行为是否符合企业会计准则的要求。在注册会计师出具的审计报告方面，注册会计师将根据自己的审计情况出具无保留意见的审计报告、保留意见的审计报告、否定意见的审计报告或拒绝表示意见的审计报告之中的一种。应该说，注册会计师出具无保留意见的审计报告，表明企业会计信息的质量较高、会计信息的可信度较高。如果出现其他三种报告中的任何一种，或者审计报告篇幅异常的

长，含有异常的措辞，提及重要的不确定性，公布日期比正常的要晚，或者指出审计人员发生变化，都表明企业与注册会计师在报表编制上出现重大分歧，或者注册会计师难以找到相关的审计证据。在这种情况下，会计信息的使用者很难对企业利润的质量做出较高的评价。

13.企业有足够的可供分配利润，但不进行现金股利分配

企业的股东投资建立企业，或者出资购买企业的股权，主要目的有以下几种：获取现金股利；控制被持股企业以实现企业的战略目标；耐心持有以实现投资的增值；等等。企业的经营者满足上述股东目标的主要手段就是支付现金股利。但是，企业要想向股东支付现金股利，必须具备两个条件：一是企业应该有足够的可供分配利润；二是企业要有足够的货币支付能力。显然，企业如果出现有足够的可供分配的利润但不进行现金股利分配的情况，不论企业如何解释，我们首先应当考虑企业没有现金支付能力，或者表明企业的管理层对未来的前景信心不足。

●思考题

1.收入的构成分析应当从哪些方面进行？

2.费用的水平分析和垂直分析的侧重点分别是什么？

3.哪种利润结构被认为是不太稳定的？

4.主营业务收入的变化对企业有什么影响？

5.如何判断营业费用的上涨是否合理？

●练习题

1.某企业销售费用明细资料如下：

销售费用分析表

单位：千元

项目	2013年	2014年
工资	120	100
运输费	225	220
包装费	50	56
销货佣金	33	12
广告费	142	110
展览费	30	20
人员出差费	158	94
其他	93	114

续 表

项目	2013 年	2014 年
销售费用合计	851	726
营业额合计	12468	11315

要求：

(1)应用水平分析法和垂直分析法计算销售费用各项目构成比率。

(2)结合营业额分析 2014 年营业费用上涨是否合理，并说明以后营业费用控制的重点。

2.上海广电信息产业股份有限公司 2008 年至 2009 年的利润表资料如下：

利润表

单位：元

项目	2009 年	2008 年
一、营业收入	429187002.65	413199155.20
减：营业成本	390592357.66	368589841.61
营业税金及附加	5926315.32	5022608.23
销售费用	79711526.14	8620594.03
管理费用	48679883.37	122634673.12
财务费用	84603849.29	112858931.28
资产减值损失	-27401199.32	206117504.97
加：公允价值变动收益		
投资收益	315738025.34	-545074048.41
二、营业利润	162812295.53	-955719046.45
加：营业外收入	10193244.46	2376475.85
减：营业外支出	2571590.99	2150021.01
三、利润总额	170433949.00	-955492591.61
减：所得税		
四、净利润	170433949.00	-955492591.61

要求：

(1)计算该公司 2008 年至 2009 年的利润增减变动趋势。

(2)分析这两年的利润结构，说明哪一年的利润组成较为合理。

(3)分析这两年的利润质量，说明该公司是否具有投资价值。

第五章　现金流量表分析

●**学习目的与要求**

通过本章的学习，了解现金流量表的内容及作用等基本理论，熟悉现金流量表分析的基本思路与基本理论；掌握现金流量表的主要分析方法，能够熟练运用现金流量表的特点进行分析，达到现金流量表的分析目的。

●**关键知识点**

现金流量表的内容；现金流量表的特点；现金流量表的项目分析；现金流量表的结构分析；现金流量表比率分析

●**重要概念**

现金流量表；经营活动现金流量；投资活动现金流量；筹资活动现金流量

现金流量表是反映企业一定时期现金和现金等价物流入、流出信息的会计报表，是企业会计报表三大主表之一。通过列示企业获取现金和现金等价物的能力，可以评价企业经营活动及其成果的质量；通过现金及现金等价物流入流出结构的变化，可以评价和预测企业的财务状况。在市场经济中，现金与现金流量和一个企业的生存、发展、壮大息息相关，“现金至上”“现金为王”的观念深深影响着人们的理财观念。但是，要真正发挥现金流量表的作用，还需要对现金流量有深入的认识并掌握一定的分析技巧。

现金流量表究竟能提供哪些信息？如何处理和利用这些信息？这是本章所述主要内容与目的所在。

第一节　现金流量表概述

一、现金流量表的含义

现金流量表(statement of cash flows)是以收付实现制为编制基础，反映在一定时期内现金收入和现金结算支出情况的报表。现金流量表反映一定时期现金及现金等价物流入和流出信息的财务有关方面变动表。现金流量表将企业的现金按照经营、投资及融资三个活动分类，可用于分析一家机构在短期内有没有足够的现金去应付开销。

二、现金流量表中的基本概念

(一)现金及现金等价物的含义

现金流量表中的现金是广义上的现金，不仅包括库存现金，还包括可以随时用于支付的银行存款和其他货币资金及现金等价物。现金等价物是指企业持有的期限短、流动性强、易于转换为已知金额、价值变动风险很小的投资。其中,“期限短”通常是指从购入日至到期日在3个月或3个月以内能转换为已知现金金额的短期债券投资。

(二)现金流量的含义

现金流量表的内容是围绕着现金流量、现金净流量展开的,反映的是企业在经营、投资、筹资三种活动中的现金实际收支情况。

1.现金流入量和现金流出量

现金流入量是指企业在一定时期内从各种经济业务中收进现金的数量;现金流出量是指企业在一定时期内为各种经济业务付出现金的数量。

在现金流量表中,现金流入量可分为经营活动现金流入量、投资活动现金流入量、筹资活动现金流入量;现金流出量可分为经营活动现金流出量、投资活动现金流出量、筹资活动现金流出量。

经营活动是指直接进行产品生产、商品销售或劳务时进行的活动,它们是企业取得净收益的主要交易和事项。投资活动,是指长期资产的购建和不包括在现金等价物范围内的投资及其处置活动。筹资活动,是指导致企业资本及债务规模和构成发生变化的活动。

2.现金净流量

现金净流量是指现金流入与现金流出的差额。现金净流量可能是正数,也可能是负数。如果是正数,则为净流入;如果是负数,则为净流出。

现金净流量反映了企业各类活动形成的现金流量的最终结果,即:企业在一定时期内,现金流入大于现金流出,还是现金流出大于现金流入。现金净流量是现金流量表要反映的一个重要指标。

三、现金流量表的格式

现金流量表的格式有两种。一种按全部现金流入量和流出量归类,最后用总流入量减总流出量,得出企业现金净流量:另一种是按经营活动现金流量、投资活动现金流量、筹资活动现金流量和特殊项目的现金流量分别归集其流入量、流出量和净流量,最后得出企业现金净流量。我国具体会计准则规定现金流量表采用后一种格式。

表 5-1 现金流量表

编制单位: 年度 单位:元

项目	行次	本期金额	上期金额
一、经营活动产生的现金流量	1		
销售商品、提供劳务收到的现金	2		
收到的税费返还	3		
收到其他与经营活动有关的现金	4		
经营活动现金流入小计	5		
购买商品、接受劳务支付的现金	6		

续　表

项目	行次	本期金额	上期金额
支付给职工以及为职工支付的现金	7		
支付的各项税费	8		
支付其他与经营活动有关的现金	9		
经营活动现金流出小计	10		
经营活动产生的现金流量净额	11		
二、投资活动产生的现金流量	12		
收回投资收到的现金	13		
取得投资收益收到的现金	14		
处置固定资产、无形资产和其他长期资产收回的现金净额	15		
处置子公司及其营业单位收到的现金净额	16		
收到其他与投资活动有关的现金	17		
投资活动现金流入小计	18		
购建固定资产、无形资产和其他长期资产支付的现金	19		
投资支付的现金	20		
取得子公司及其他营业单位支付的现金净额	21		
支付其他与投资活动有关的现金	22		
投资活动现金流出小计	23		
投资活动产生的现金流量净额	24		
三、筹资活动产生的现金流量	25		
吸收投资收到的现金	26		
取得借款收到的现金	27		
收到其他与筹资活动有关的现金	28		
筹资活动现金流入小计	29		
偿还债务支付的现金	30		
分配股利、利润或偿付利息支付的现金	31		
支付其他与筹资活动有关的现金	32		
筹资活动现金流出小计	33		
筹资活动产生的现金流量净额	34		
四、汇率变动对现金及现金等价物的影响	35		

续　表

项目	行次	本期金额	上期金额
五、现金及现金等价物净增加额	36		
期初现金及现金等价物余额	37		
期末现金及现金等价物余额	38		

四、现金流量表的意义

(一)弥补了资产负债信息量的不足

资产负债表是利用资产、负债、所有者权益三个会计要素的期末余额编制的;利润表是利用收入、费用、利润三个会计要素的本期累计发生额编制的(收入、费用无期末余额,利润结转下期)。唯独资产、负债、所有者权益三个会计要素的发生额原先没有得到充分的利用,没有填入会计报表。会计资料一般是发生额与本期净增加额(期末、期初余额之差或期内发生额之差)说明变动的原因,期末余额说明变动的结果。本期的发生额与本期净增加额得不到合理的运用,不能不说是一个缺憾。

资产负债表的平衡公式可写成:现金＝负债＋所有者权益—非现金资产,这个公式表明,现金的增减变动受公式右边因素的影响,负债、所有者权益的增加(减少)导致现金的增加(减少),非现金资产的减少(增加),导致现金的增加(减少),现金流量表中的内容尤其是采用间接法时即利用资产、负债、所有者权益的增减发生额或本期净增加额填报的。这样账簿的资料得到充分的利用,现金变动原因的信息得到充分的揭示。

(二)便于从现金流量的角度对企业进行考核

对一个经营者来说,如果没有现金,或缺乏购买与支付能力,那是相当致命的。企业的经营者由于管理的要求亟须了解现金流量信息。另外,在当前商业信誉存有诸多问题的情况下,与企业有密切关系的部门与个人投资者、银行、财税、工商等不仅需要了解企业的资产、负债、所有者权益的结构情况与经营结果,更需要了解企业的偿还支付能力,了解企业现金流入、流出及净流量信息。

利润表的利润是根据权责发生制原则核算出来的,权责发生制贯彻递延、应计、摊销和分配原则,核算的利润与现金流量是不同步的。利润表上有利润银行户上没有钱的现象经常发生。近几年来,随着大家对现金流量的重视,人们深深感到权责发生制编制的利润表不能反映现金流量是个很大的缺陷。但是企业也不能因此废权责发生制而改为收付实现制。因为收付实现制也有很多不合理的地方,历史证明企业不能采用。这种情况下,在坚持权责发生制原则进行核算的同时,编制收付实现制的现金流量表,不失为“熊掌”与“鱼”兼得、两全其美的方法。现金流量表划分经营活动、投资活动、筹资活动,按类说明企业一个时期流入多少现金,流出多少现金及现金流量净额。从而使报表使用者了解现金从哪里来到哪里去了,利润表上的利润为什么没有变动,帮助报表使用者从现金流量的角度对企业做出更加全面合理的评价。

（三）了解企业筹措现金、生成现金的能力

如果把现金比作企业的血液，企业想取得新鲜血液的办法有二：

一是为企业输血，即通过筹资活动吸收投资者投资或借入现金。吸收投资者投资，企业的受托责任增加；借入现金负债增加，今后要还本付息。在市场经济的条件下，没有"免费使用"的现金，企业输血后下一步要付出一定的代价。

二是企业自己生成血液，经营过程中取得利润，企业要想生存发展，就必须获利，利润是企业现金来源的主要渠道。通过现金流量表可以了解经过一段时间经营，企业内外筹措了多少现金，自己生成了多少现金。筹措的现金是否按计划用到企业扩大生产规模、购置固定资产、补充流动资金上，是否被经营方侵蚀掉了。企业筹措现金，生产现金的能力，是企业加强经营管理、合理使用调度资金的重要信息，是其他两张报表所不能提供的。

第二节　现金流量表分析的含义、作用及内容

一、现金流量表分析的含义

现金流量表分析就是对企业在一定时期的经营活动、投资活动、筹资活动中现金流转的正常与否进行分析，以此了解企业的现金来源和支付状况，判断企业的偿债能力、经营成果和发展前景是否合理和有效。

二、现金流量表分析的作用

（一）评价企业利润质量

评价企业利润质量的一个关键就是观察利润受到现金流量的支撑程度，因为利润的确认、计量基础是权责发生制，其实现的时间与收取现金的时间往往存在一定差距。对企业来说更重要的是取得现金的流入，而不是仅仅得到账面利润，通过对现金流量表补充资料中采用间接法将净利润调节为经营活动现金流量的计算过程，可以充分了解利润与现金流量之间差异的大小和原因，真实评价企业利润质量。

（二）分析企业的财务风险

企业资金的主要来源之一是负债，负债水平过低会导致企业不能获得财务杠杆收益，但负债水平过高，又会引起较大的财务风险。这种财务风险的承担能力与企业现金流量状况直接相关，如果企业债务到期而没有足够的现金偿还负债，这种风险就会转化为真实的危机，甚至导致企业破产；反之，如果企业现金充实，现金流量状况稳定，则可以承担较高的负债水平，同时利用高负债获得高杠杆收益。因此，对现金流量表的分析正可以满足会计信息使用者对企业未来偿债现金流预测和判断的需要。

（三）预测企业未来现金流量

企业未来现金流量必然也来自经营活动、投资活动、筹资活动，这些方面的历史现金流量信息都反映在现金流量表中，这就构成了未来企业现金流量预测的基础。对现金流量表

的分析就是将历史现金流量与未来现金流量联系起来，满足会计信息使用者的需求。

三、现金流量表分析的内容

现金流量表可以从多个角度进行分析：

（一）现金流量表项目的质量分析

现金流量表总体分析就是直接运用现金流量表中的各项数据，分析各项目变动对企业经营活动、投资活动和筹资活动形成的现金流量产生的影响，以及企业在生产经营活动中运用现金的能力，借以了解企业的总体财务状况。同时，通过对不同时期的各类经济活动产生的现金流量进行数值上的比较分析，可以反映出企业的现金流量水平及其变动特点，进而揭示出企业的整体情况。

（二）现金流量表项目的结构分析

现金流量表项目的结构分析是通过计算企业的经营活动、投资活动和筹资活动产生的现金流入量、现金流出量和净流量，分别占现金流入总量、现金流出总量和净流量总额的比例，揭示某项活动产生现金流量的大小和所占比例，从中发现问题，加以解决。

（三）现金流量表项目的比率分析

针对现金流量表中的数据，不仅要进行总体性和结构性的分析，还要将相关数据进行对比，对其进行获利能力、偿债能力及支付能力等的分析。通过这种分析，让会计报表使用者从不同角度了解企业的盈利能力、举债经营能力和短期支付能力。

第三节　现金流量表项目的质量分析

一、现金流量项目分析的含义

现金流量项目分析是按现金流量的项目或类别，分析识别各类业务活动的现金流入与流出状况是否正常，有无异常现象，并在此基础上进一步分析其产生原因的一种方法。具体而言，就是对经济活动、投资活动和筹资活动产生的现金流量进行分析。

二、现金流量项目分析的内容

（一）经营活动现金流量分析

经营活动现金流量是企业经营活动中发生的现金流入和流出，其净流量是企业现金的首要来源，与净利润相比，经营活动现金流量能够更确切地反映企业的经营业绩。由于净利润是按权责发生制原则计算出来的，如果应收款项金额过多，且长期难以回收，净利润也就只是账面盈利而已，没有任何实际价值。

而经营活动现金流量则不同，当流量大于零时，意味着企业通过正常的商品购、产、销所带来的现金流入量不但能够支付因经营活动而引起的货币流出、补偿全部当期的非现金消耗性成本，而且有能力支付现金股利，或为企业的投资等活动提供现金流量的支持。金额越多，说明资金越充足，企业就有更多的资金用于扩大经营规模或偿还负债；反之，如果企业的经营活动现金流量长期小于零，必然难以支付日常开支，财务危机也随之而来。可见，充足稳定的经营活动现金是企业生存发展的基本保证。

（二）投资活动现金流量分析

投资活动现金流量是反映企业资本性支出中的现金数额，分析的重点是购置或处置固定资产发生的现金流入和流出数额。根据固定资产投资规模和性质，可以了解企业未来的经营方向和获利潜力，揭示企业未来经营方式和经营战略的发展变化。同时还应分析投资方向与企业的战略目标是否一致，了解所投资金是来自内部积累还是外部融资。如果处置固定资产的收入大于购置固定资产的支出，则表明企业可能正在缩小生产经营规模，或正在退出该行业，应进一步分析是企业自身的原因如某系列产品萎缩，还是行业的原因如该行业出现衰落趋势，以便对企业的未来进行预测。

投资活动产生的现金流量小于零，意味着企业在购建固定资产、无形资产和其他资产、权益性投资以及债权性投资等方面所支付的现金之和大于企业在收回投资，分得股利或利润，取得债券利息收入，处置固定资产、无形资产和其他长期资产方面收到的现金净额之和。这种现象表明了企业经营活动发展和企业扩张的内在需要，也反映了企业在扩张方面的努力与尝试，但前提是这些投资活动要基本符合企业的长期规划和短期计划。如果投资活动产生的现金流量大于或等于零，可能是由于企业在本会计期间的投资回收活动的规模大于投资支出的规模或是由于企业在经营活动与筹资活动方面急需资金而不得不处理手中的长期资产以求变现等原因引起的。

（三）筹资活动现金流量分析

根据筹资活动现金流量，可以了解企业的融资能力和融资政策，分析融资组合和融资方式是否合理。融资方式和融资组合直接关系到资金成本的高低和风险大小。例如债务融资，在通货膨胀时企业以贬值的货币会使企业获得额外利益。但债务融资的风险较大，在经济衰退期尤其如此。如果企业经营活动现金流量不稳定或正在下降，问题就更严重。

筹资活动产生的现金流量大于零，意味着企业在吸收权益性投资、发行债券及借款等方面收到的现金之和大于企业在偿还债务、支付筹资费用、分配股利或利润、偿付利息、融资租赁等所支付的现金以及减少注册资本等方面所支付的现金之和。企业在发展的起步阶段，需要大量资金，企业经营活动的现金流量小于零，企业对现金流量的需求主要通过筹资活动来解决。这时筹资活动的现金流量大于零比较正常。如果该项目的现金流量小于零，则可能是由于企业在本会计期间与集中偿还债务、支付与筹资有关的各种费用产生的，也可能意味着企业在投资和企业扩张方面没有更多作为。

投资活动与筹资活动属于企业的理财活动。在任何期间，企业都有可能因为这些方面的活动而引起现金流量的变化。但是，处于开业初期的企业，其理财活动引起的现金流量变化较大，占企业现金流量变化的比重也较大。而经营活动带来的现金流量较为有限。需要注意的是，理财活动也代表着相应的财务风险，理财活动越多，企业面临的投资风险和筹资成本也越多，财务风险也越大。而经营活动带来的现金流量又相对较为稳定。

（四）非现金活动流量分析

非现金活动流量是指不涉及现金收支的活动，包括用实物资产对外投资，用实物资产和投资偿还债务，债务转为资本，优先股转为普通股，一年内到期的可转换公司债券，融资租入固定资产，以及资产的非现金交换等。通过分析，可以了解资产负债表中有关项目变动的原因，分析企业的经营策略，判断企业未来的发展趋势。

除以上四个方面的分析外，将企业现金净流量与现金股利和净利润结合起来进行分析，还可以了解企业的股利政策。因为支付股利不仅需要有利润，还要有充足的现金，选择将现金留在企业还是分给股东，与企业的经营状况和发展战略有关。通常，处于快速成长期的企业不愿支付现金股利，而更愿意把现金留在企业内部，用于扩大再生产，加速企业的发展。将企业现金净流量与投资规模结合起来，还可以了解企业的投资策略。因为投资不仅需要有利润，更要有足够的现金，否则企业只能望利兴叹。

三、影响现金流量项目变化的主要原因分析

（一）影响经营活动现金流量变化的主要原因分析

1.行业特点

不同的行业，由于商业惯例不同，其现金流量的模式也不相同。有的行业采用预收账款的方式销售，有的采用赊销方式销售，有的则采用现销的方式销售。显然，不同的销售模式会导致不同的经营活动现金流量模式。

2.发展阶段

处于不同发展阶段的企业，其经营活动现金流量的态势也不相同：在企业发展的初期阶段，为了迅速占领市场，扩大企业的影响力，企业往往会加大现金投入。反之，在成熟的发展阶段，市场竞争优势明显的企业，其现金流量态势可能呈现另外的状况。

3.营销策略

即使在同一个行业内部，由于企业间的竞争优势各不相同，其在市场中的营销策略也会有所差异：竞争优势明显、产品供不应求的企业，往往采用预收账款的方式；而销售困难、在市场中处于暂时的竞争劣势的企业往往会加大赊销的力度。

4.收付异常

在多数情况下，影响企业经营活动产生的现金净流量的主要因素是其常规的收付过程的控制情况。在企业由于种种原因收款或付款异常的时候，其经营活动产生的现金净流量也会发生显著变化。

5.关联交易

关联交易既可能对交易的盈亏产生失真，也可能对现金流量的流向产生失真。以关联交易为主的企业，其经营活动现金流量正常与否更多地取决于关联企业之间的现金流量控制。

6.异常运作

在企业的经营资金被关联方占用的情况下，即使常规的经营活动的现金流量再努力，也

难以抵挡关联方的巨额占用对经营活动现金流量的冲击。

7. 错编

错编是指在企业编制现金流量表的过程中，出于误导信息使用者的目的而故意将一些项目混淆，致使一些项目发生异常变化。比如，有的企业把关联方占用资金的流出归于“购买商品”活动，而不是“其他”活动。

（二）影响投资活动现金流量变化的主要原因分析

1. 扩张加剧

在企业扩张加剧的情况下，其投资活动产生的现金流出量会比较大。在这种情况下，企业投资活动产生的现金流量净额往往会远远小于零。

2. 战线收缩和处置不良固定资产

在企业战线收缩和处置不良固定资产等的情况下，如果还有相应的现金流入，则这种流入将表现为投资活动产生的现金流入量。在这种情况下，企业投资活动产生的现金流量净额会因此增加。

3. 投资收益获取

在企业获得投资收益（收取现金股利和利息）的情况下，这种流入将表现为投资活动产生的现金流入量。同样，企业投资活动产生的现金流量净额会因此增加。

（三）影响筹资活动现金流量变化的主要原因分析

1. 融资环境

影响筹资活动现金流量变化的首要因素是融资环境。在企业为上市公司的情况下，在证券市场融资会成为其重要的融资活动。

2. 不当融资与理财能力

企业的筹资活动现金流量，除了受融资环境影响外，还与企业的融资行为和理财能力密切相关。理财能力较强的企业，往往会使自身的现金流量余额保持在较低的水平，不会出现长期超过需求数量举债的不当融资行为。

3. 银行承兑商业汇票结算

在企业采用银行承兑汇票结算的情况下，如果企业向银行支付承兑保证金，则企业有可能因此而增加对贷款的需求。

第四节 现金流量表项目的结构分析

一、现金流量结构分析的含义

现金流量结构分析是根据现金流量表中的数据，计算某项活动的现金流入量占该类现金流入总量的比例，或者是计算某项活动的现金流出量占该类现金流出总量的比例，以此来反映企业某项活动产生的现金流量的大小、特征及合理性等，具体包括现金流入结构分析、现金流出结构分析、现金净流量结构分析和现金流量结构变化趋势分析等。

二、现金流量结构分析的内容

（一）现金流入结构分析

现金流入结构是指企业经营活动、投资活动和筹资活动产生的现金流入量占企业全部现金流入总量的比例，以及这三类活动中，不同现金流入渠道流入现金占该类别现金流入量和现金流入总量的比例。

通常情况下，经营活动是企业的主要经济活动。因此，在企业现金流入量中，来自于经营活动的现金流入量应当占有相当大的比例，尤其是主要经营活动产生的现金流入量会明显高于其他经营活动产生的现金流入量。当然，对于经营性质、经营范围不同的企业，现金流入量的比例也会存在很大的差别。对于经营业务比较单一的企业，其主要经营业务创造的现金流入量可能要占到整个企业经营活动现金流入总量的绝对比例。比如，一个保守型企业，通常着眼于自身既定经营范围内的业务发展，就算有一定的闲置资金，也不愿意投资于经营范围以外的领域，尽可能避免负债经营。在这种情况下，经营活动产生的现金流入所占的比例较高，相应的由投资活动和筹资活动产生的现金流入偏少。

在市场经济快速发展的今天，特别是随着集团化、规模化企业的建立，许多企业呈现出积极活跃、多元化发展的势头。随着经营范围和所涉及的领域不断扩大，其筹资活动和投资活动自然显得频繁。在一定时期内，筹资活动和投资活动产生的现金流入和流出量可能会高于经营活动产生的现金流入和流出量。

表 5-2　青岛海尔(600690)2014—2015 年度现金流入结构分析表

编制单位：青岛海尔　　　　单位：万元

项目	现金流入额		所占比例	
	2014 年	2015 年	2014 年	2015 年
一、经营活动产生的现金流入量				
销售商品、提供劳务收到的现金	9121680	11086900	94.91%	91.54%
收到的税费返还	30581.10	61211.80	0.32%	0.51%
收到其他与经营活动有关的现金	66209	98500.80	0.69%	0.81%
经营活动现金流入小计	9218470	11246600	95.92%	92.86%
二、投资活动产生的现金流入量				
收回投资收到的现金	464.64	105301	0.0048%	0.87%
取得投资收益收到的现金	7023.63	10813.50	0.073%	0.089%
处置固定资产、无形资产和其他长期资产收回的现金净额	9668.79	1120.85	0.10%	0.0093%
处置子公司及其营业单位收到的现金净额	90465	49810.00	0.94%	0.41%

续　表

项目	现金流入额		所占比例	
	2014 年	2015 年	2014 年	2015 年
收到其他与投资活动有关的现金	4308.42	1097.25	0.045%	0.0091%
投资活动现金流入小计	61930.50	168142	0.64%	1.39%
三、筹资活动产生的现金流入量				
吸收投资收到的现金	507557	34247.9	5.28%	0.28%
取得借款收到的现金	126866	660349	1.32%	5.45%
发行债券收到的现金	105502	0	1.10%	0
收到其他与筹资活动有关的现金	739925	1706.32	7.70%	0.0014%
筹资活动现金流入小计	330000	696303	3.43%	5.75%
合计	9610400.5	12111045	100%	100%

从表 5-2 中可以看出，青岛海尔公司 2015 年经营活动产生的现金流入量占现金流入总量的 91.54%，与 2014 年相比降低了 3.37%，该公司经营活动产生的现金流量主要来源于销售商品、提供劳务收到的现金；投资活动产生的现金流入量所占比例较小，2015 年比 2014 有所上升；2015 年来自筹资活动产生的现金流入量占现金流入总量的 5.75%，对比 2014 年有所上升。综合来看，该公司采用的是比较稳健、传统的商品经营方式，主要依靠销售商品获得现金来源；从事的对内投资和对外投资都比较少，且变化不大；筹资活动中积极利用各种方式筹集现金，但带来的现金来源也比较有限，筹资比较谨慎。

（二）现金流出结构分析

现金流出结构是指企业经营活动、投资活动和筹资活动产生的现金流出总量占企业现金流出总量的比例。

一般情况下，发生在经营活动中的比如购买商品、接受劳务和支付税费等项支出产生的现金流出量占现金流出总量的比例较大，而投资活动和筹资活动现金流出量占现金流出总量比例的大小与企业的风险导向、企业融资能力和资金的使用方向有关。这就使得不同企业之间在进行横向比较时，相同项目的现金流出数额会有很大不同。即使是同一企业，在不同时期，也会因企业经营政策变化而存在较大差异。有些企业的投资和筹资活动现金流出较少，在总的现金流出中所占比例很小；而有些企业则可能很大，甚至超过经营活动的现金流出。总的来讲，在企业正常的经营活动中，其经营活动的现金流出应当具有一定的稳定性，各项变化幅度一般不会相差很大，但投资活动与筹资活动现金流出的稳定性相对较差，甚至具有偶发性和随意性。这主要是由于投资活动和筹资活动风险较大。因此，在分析企业的现金流出结构时，应结合企业的具体情况进行分析。

表 5-3　青岛海尔(600690)2014—2015 年度现金流出结构分析表

编制单位:青岛海尔　　　　单位:万元

项目	现金流出额		所占比例	
	2014 年	2015 年	2014 年	2015 年
一、经营活动产生的现金流出量				
购买商品、接受劳务支付的现金	6424620	8116200	69.77%	63.56%
支付给职工以及为职工支付的现金	693522	786450	7.53%	6.16%
支付的各项税费	552399	727244	6.00%	5.69%
支付其他与经营活动有关的现金	847226	1058780	9.20%	8.29%
经营活动现金流出小计	8517810	10688700	92.50%	83.70%
二、投资活动产生的现金流出量				
购建固定资产、无形资产和其他长期资产支付的现金	200543	249174	2.18%	1.95%
投资支付的现金	186495	370922	2.03%	2.90%
取得子公司及其他营业单位支付的现金净额		567227		4.44%
支付其他与投资活动有关的现金		8160.17		0.064%
投资活动现金流出小计	387038	1195480	4.20%	9.36%
三、筹资活动产生的现金流出量				
偿还债务支付的现金	148304	693999	1.61%	5.43%
分配股利、利润或偿付利息支付的现金	146829	176421	1.59%	1.38%
支付其他与筹资活动有关的现金	8859.81	15444.30	0.10%	0.12%
筹资活动现金流出小计	303993	885864	3.30%	6.94%
合计	9208841	12770044	100%	100%

在表 5-3 中,青岛海尔公司经营活动产生的现金流出量占据了最大比例,表明企业的现金流出主要用于经营活动,是正常的;2015 年的经营活动现金流出量比例比 2014 年降低了 8.8%,这是投资活动、筹资活动产生的现金流出量比例有所增加导致的;2015 年与 2014 年相比,投资活动产生的现金流出量金额与比例都有所增加,主要是由于企业在 2015 年增加了对外投资活动支出导致的;筹资活动的现金流出量金额及比例基本都在增加,主要是由于该公司在 2015 年正好处于还款期,偿还债务支付的现金明显增加导致的。

综合表 5-2 和表 5-3 从总体上看,该公司发生的现金流出量与其形成的现金流入量较匹配,当某种活动的现金流入量比例增加时,该种活动的现金流出量比例也增加;当某种活动的现金流入量比例减少时,该种活动的现金流出量比例也减少。另外,每种活动现金流入量比例和流出量比例没有太大的变化，基本比较稳定。与2014年相比，2015年的经营活动现金流入量比例下降，投资、筹资活动形成的现金流入量比例上升，表明企业现金来源对经营活动的依赖程度略有降低。与2014年相比，2015年的经营活动现金流出量比例也随之下降，投资、筹资活动形成的现金流出量比例上升，表明企业的现金支付也逐渐转向于应付投资和筹资活动的需要。

（三）现金净流量结构分析

所谓企业净现金流量结构，就是指企业经营活动、投资活动和筹资活动取得的现金净流量分别占现金净流量总额的比例，即3类活动各自对现金净流量的贡献程度。

通过现金净流量结构分析，可以明确体现本期的现金净流量主要由哪类活动产生，哪类活动导致现金净流量较少，并据此判断现金净流量的形成是否科学、合理，是否存在较大的经营风险与财务风险等。

表5-4　青岛海尔(600690)2014—2015年度现金净流量结构分析表

编制单位:青岛海尔　　单位:万元

项目	现金净流量		所占比例	
	2014年	2015年	2014年	2015年
经营活动产生的现金流量净额	700658	557960	86.34%	—
投资活动产生的现金流量净额	−325108	−1027340	−40.06%	—
筹资活动产生的现金流量净额	435933	−189561	53.72%	—
合计	811483	−658941	100%	—

表5-4中，青岛海尔公司2014年中三种活动的现金净流量合计为正数，这主要是由于经营活动现金净流量贡献了较大现金，其次是筹资活动的现金净流量也带来了部分现金，而投资活动产生的现金净流量为负数；2015年三种活动的现金净流量合计为负数，只有经营活动产生的现金净流量为正数，表明2015年该公司只有经营活动能带来实际的现金结存，但仍不能支付其他两种活动的现金支付，投资活动需要投入大量现金，2015年又刚好处于还款期，企业的现金周转比较紧张。

（四）现金流量结构变化趋势分析

如果将不同时期的现金流量放在一起进行比较（一般至少是连续的三个期间的现金流量结构比例），可以了解企业现金流量结构的变化及未来的发展趋势。

表5-5　青岛海尔(600690)公司现金流入结构趋势变化表

项目	2013年	2014年	2015年
经营活动现金流入结构比例	96.38%	95.92%	92.86%
投资活动现金流入结构比例	1.50%	0.64%	1.39%
筹资活动现金流入结构比例	2.12%	3.43%	5.75%
现金流入合计	100%	100%	100%

从表 5-5 中可以看出，海尔公司的现金流入中，经营活动取得的现金一直是所有活动现金注入比例最大的，但该比例在逐年下降；相对而言，投资活动的现金流入比例虽然有升有降，但比例变动不大；筹资活动的现金流入比例虽然不大，但在三年中均呈现上升趋势。这些情况说明，该企业的现金来源仍然是主要依赖于传统的商品经营活动，但依赖性有所降低；该企业的投资活动规模不大，提供的现金流入量有限；筹资活动的现金流入比例不断提高，说明企业还是在积极筹资以满足本企业的需求。

表 5-6 青岛海尔(600690)2014—2015 年度经营活动现金流入流出趋势分析表

编制单位：青岛海尔　　　　单位：万元

项目	现金流入额		所占比例	
	2014 年	2015 年	2014 年	2015 年
一、经营活动产生的现金流入量				
销售商品、提供劳务收到的现金	9121680	11086900	94.91%	91.54%
收到的税费返还	30581.1	61211.8	0.32%	0.51%
收到其他与经营活动有关的现金	66209	98500.80	0.69%	0.81%
经营活动现金流入小计	9218470	11246600	95.92%	92.86%
二、经营活动产生的现金流出量				
购买商品、接受劳务支付的现金	6424620	8116200	69.77	63.56%
支付给职工以及为职工支付的现金	693522	786450	7.53%	6.16%
支付的各项税费	552399	727244	6.00%	5.69%
支付其他与经营活动有关的现金	847226	1058780	9.20%	8.29%
经营活动现金流出小计	8517810	10688700	92.50%	83.70%

从表 5-6 中可以看出，海尔公司 2015 年经营活动各项现金流入量比 2014 年都有所增加，而所占比例却下降，说明企业的经营活动带来的现金流入量虽有所增加但其增长幅度小于 2015 年投资和筹资活动的现金流入量增长幅度。相同的是，海尔公司 2015 年经营活动各项现金流出量比 2014 年都有所增加，而所占比例却下降，说明企业的经营活动产生的现金流出量虽有所增加但其增长幅度小于 2015 年投资和筹资活动的现金流出量增长幅度。这说明该公司虽然产生的现金流入量和现金流出量依然主要从经营活动中产生，但经营活动对其现金流量产生的影响力已经逐渐下降。另外，该公司 90%以上的现金来源于经营活动，但只有 60%左右的现金用于经营活动方面的支出，说明企业在销售商品中的经营效率还比较高，盈利空间比较大。

第五节　现金流量表项目的比率分析

一、利润质量分析

（一）销售净现率

销售净现率＝年度实现经营活动现金净流量/年度营业收入

该指标可以用来反映企业在一个会计期间内，每实现一元的营业收入所能产生的经营活动现金净流量，它体现了企业因销售商品、提供劳务等取得的变现收益水平。销售净现率以大于同期的营业利润率指标数值为好。

（二）总资产净现率

总资产净现率＝年度实现经营活动现金净流量/年度平均资产总额

企业的生产经营离不开资产的投入与运作。资产的使用可以为企业带来未来的经济利益。总资产净现率表明企业拥有或控制的资产在经营活动中获得现金流量的能力，反映了企业资产的实际创现能力。如果把若干时期的该指标数值进行比较，可以看出该企业对于经营性资产的利用效果和未来的变化趋势。

（三）收益现金比率

收益现金比率＝经营活动现金净流量/净收益＝每股经营活动现金净流量/每股净收益

该指标实际上可以看作是由两个财务指标组成的。它反映了每股净收益中拥有的经营活动净现金流量的比例。该指标反映每股收益中变现收益的高低。通常来说，该指标大于1，则表明企业在获取1元的每股净收益时，也为企业带来了超过1元的净现金；相反，该指标小于1，则表明企业取得的净收益中，有一部分没有形成现金。

（四）现金获利指数

现金获利指数＝年度净利润额/年度实现经营活动现金净流量

该指标反映企业每实现1元的经营活动现金净流量所实现的收现性利润额，用以衡量经营活动现金流量的获利能力。

（五）每股净现金流量

每股净现金流量＝现金及现金等价物净增加额/总股本

每股净现金流量＝经营活动现金净流量/总股本

每股净现金流量＝（经营活动现金净流量－优先股股利）/流通中的普通股股数

以上指标反映企业全体股东投入的总股本中，单位股本所能创造的现金净流量的能力，它也反映了企业股本的现金获利水平。对于以获取现金股利为主要投资目标的投资者来说，该指标显得非常重要。

二、现金流量的偿债能力分析

（一）现金流量的长期偿债能力比率分析

1.到期债务本息偿付比率

到期债务本息偿付比率＝经营活动现金流量净额/本期到期债务本息

经营活动是企业主要的经济活动，其产生的现金流量净额是企业偿还债务的最稳定、最可靠的来源。如果该指标值大于1，说明企业偿还本期债务本息的能力强；如果该指标的值小于1，则说明企业经营活动产生的现金不足以偿付到期债务本息支出，必须通过其他渠道筹资，才能清偿债务。这一指标越大，表明企业长期偿债能力越强。

2.强制性现金支付比率

在企业的日常经营活动中，不可避免地会发生一些支出，如支付的职工工资、机物料消耗、水电费等，这些支出带有一定的强制性。为了保证企业的正常运转，企业的现金流入必须满足这方面的要求，以保证企业良好的信誉。常用的反映企业是否有足够现金偿还债务、支付经营费用的指标是强制性现金支付比率。

强制性现金支付比率＝现金流入总量/（经营活动现金流出量＋偿还到期本息付现）

该指标反映了企业现金流入总量对企业当期必需的现金支付的保证程度。该指标至少应等于1，此时即表明现金流入量能够满足强制性项目的支付需要。这一指标越大，表明企业的偿债能力越强；超过1的部分，可以用来满足企业其他方面的现金需求。若该指标值小于1，则说明企业可用现金短缺，企业要想维持运转，必须增强“造血”功能。

（二）现金流量的短期偿债能力比率分析

1.现金流量比率分析

现金流量比率＝经营活动现金流量净额/平均流动负债

现金流量比率是用来反映经营活动产生现金流量净额是本期流动负债的多少倍，体现了支付能力的保障程度。

若该指标大于1，表明企业生产经营活动中产生的现金流量足以用来偿还其到期债务；若该指标小于1，则表明企业经营活动产生的现金流量不足以偿还到期债务，需要通过其他渠道筹资才能偿还债务。

2.近期支付能力系数分析

近期支付能力系数＝近期内能够用来支付的资金/近期内需要支付的各种款项

该指标是反映企业有无足够的支付能力来偿还到期债务的指标。公式中，“近期内能够用来支付的资金”包括企业现有的货币资金、近期可以取得的收入和收回的应收款项等。“近期内需要支付的各种款项”包括近期内到期或逾期的应交款项和未付款项，如应付职工薪酬、银行借款、各项税金、应付的股利等。根据现金流量表准则，“近期”的时间以3个月为标准较合适，也较谨慎。

当该系数大于1时，表示近期支付能力较强；如果小于1，则表明企业近期的支付能力不足，需要采取其他筹资方式加以解决。

3.速动资产够用天数分析

速动资产够用天数=速动资产/预计每天营业所需要的现金支出

该指标是用营业开支水平来说明企业的支付能力，可以作为企业速动比率的补充。当企业的速动资产较多，每天营业所需的现金开支较少，速动资产够用天数就多，企业支付能力较强；反之，速动资产够用天数就少，企业支付能力较弱。

思考题

1.现金流量表由哪几部分组成，内部构成在什么情况下是比较理想的？

2.现金流量表的现金应该如何理解？

3.现金流入结构和流出结构分析的思路是什么？

4.现金流量是否也可以进行趋势分析，有何意义？

5.现金流量的比率分析可以分析企业的哪些能力，各自分析的侧重点在哪里？

练习题

1.某公司2015年至2016年的现金流量表如下所示：

现金流量表

单位：元

项目	行次	2015年	2016年
一、经营活动产生的现金流量	1		
销售商品、提供劳务收到的现金	2	213360320	145957568
收到的税费返还	3	0	0
收到其他与经营活动有关的现金	4	24856992	68019696
经营活动现金流入小计	5	238217312	213977264
购买商品、接受劳务支付的现金	6	130967832	95896536
支付给职工以及为职工支付的现金	7	36432988	37657128
支付的各项税费	8	14348115	14016867
支付其他与经营活动有关的现金	9	79331352	149874336
经营活动现金流出小计	10	261080287	297444867
经营活动产生的现金流量净额	11	—22862975	—83467603
二、投资活动产生的现金流量	12		
收回投资收到的现金	13	55209708	127019720
取得投资收益收到的现金	14	47547280	34833432

续 表

项目	行次	2015 年	2016 年
处置固定资产、无形资产和其他长期资产收回的现金净额	15	89730	2252150
处置子公司及其营业单位收到的现金净额	16	0	0
收到其他与投资活动有关的现金	17	0	18552268
投资活动现金流入小计	18	102846718	182657570
购建固定资产、无形资产和其他长期资产支付的现金	19	28760338	55548688
投资支付的现金	20	0	0
取得子公司及其他营业单位支付的现金净额	21	0	0
支付其他与投资活动有关的现金	22	0	0
投资活动现金流出小计	23	28760338	55548688
投资活动产生的现金流量净额	24	74086380	127108882
三、筹资活动产生的现金流量	25		
吸收投资收到的现金	26	0	0
取得借款收到的现金	27	0	0
收到其他与筹资活动有关的现金	28	0	0
筹资活动现金流入小计	29	0	0
偿还债务支付的现金	30	0	71658904
分配股利、利润或偿付利息支付的现金	31	0	0
支付其他与筹资活动有关的现金	32	0	0
筹资活动现金流出小计	33	0	71658904
筹资活动产生的现金流量净额	34		—71658904
四、汇率变动对现金及现金等价物的影响	35	0	0
五、现金及现金等价物净增加额	36	51223405	—28017625

要求：

(1)分析该公司现金流量结构是否合理，简要说明理由。

(2)判断该公司处于一个什么样的发展时期。

(3)预测该公司未来现金流量发展趋势。

(4)分析该公司现金质量如何，以及有无发放现金股利的可能。

2. 以下为山下湖公司(002173)(2007 年 9 月上市)的现金流量表简要情况，请根据计算现金流量表项目的结构分析方法对其现金流转情况进行分析。

项目	2007 年末	2006 年末
经营活动现金流入	34338.38	25856.09
投资活动现金流入	500	1000
筹资活动现金流入	55440.31	36669.06
经营活动现金流出	44110.89	25505.59
投资活动现金流出	1375.77	1414.20
筹资活动现金流出	39617.92	32094.79
经营活动现金净流量	－9771.93	350.50
投资活动现金净流量	－875.77	－414.20
筹资活动现金净流量	15822.39	4574.27

第六章　所有者权益变动表分析

●学习目的与要求

通过本章的学习，了解所有者权益变动表的含义和内容等基本理论；熟悉所有者权益变动表分析的基本思路与基本理论；掌握所有者权益变动表分析的方法，能够熟练运用所有者权益变动表的特点进行分析，达到所有者权益变动表分析的目的。

● 关键知识点

所有者权益变动表的内容；所有者权益变动表的结构；所有者权益变动表的水平分析；所有者权益变动表的垂直分析；所有者权益变动表的项目分析

●重要概念

所有者权益变动表；项目分析；指标分析

所有者权益变动表是反映企业某一特定日期股东权益增减变动情况的报表，是与三大报表并列的第四张报表。所有者权益是指企业资产扣除负债后由所有者享有的剩余权益，是股东投入资本和企业经营积累的总和，是股东投资和公司发展实力的资本体现。所有者权益变动表分析是通过所有者权益的来源及其变动情况，了解会计期间内影响所有者权益增减变动的具体原因，判断构成所有者权益各个项目变动的合法性与合理性，为报表使用者提供较为真实的所有者权益总额及其变动信息。要真正发挥所有者权益变动表的作用，还需要对所有者权益的结构及变动原因有深入的认识并掌握一定的分析技巧。

所有者权益变动表究竟能提供哪些信息？如何处理和利用这些信息？这是本章所述主要内容与目的所在。

第一节　所有者权益变动表概述

一、所有者权益变动表的含义

所有者权益变动表（又称：股东权益变动表）是指反映构成所有者权益的各组成部分当期的增减变动情况的报表。所有者权益变动表应当全面反映一定时期所有者权益变动的情况。所有者权益变动表解释在某一特定时期内，股东权益如何因企业经营的盈亏及现金股利的发放而发生变化。它是说明管理阶层是否公平对待股东的最重要的信息。

二、所有者权益变动表的内容

所有者权益变动表是指反映构成所有者权益各组成部分当期增减变动情况的报表。所有者权益变动表应当全面反映一定时期所有者权益变动的情况，不仅包括所有者权益总量的增减变动，还包括所有者权益增减变动的重要结构性信息，特别是要反映直接计入所有者权益的利得和损失，让报表使用者准确理解所有者权益增减变动的根源。在所有者权益变动表中，所有者权益变动表至少应当单独列示反映下列信息的项目：(一)净利润；(二)直接计入所有者权益的利得和损失项目及其总额；(三)会计政策变更和差错更正的累积影响金额；(四)所有者投入资本和向所有者分配利润等；(五)按照规定提取的盈余公积；(六)实收资本(或股本)、资本公积、盈余公积、未分配利润的期初和期末余额及其调节情况。

三、所有者权益变动表的结构

为了清楚地表明构成所有者权益的各组成部分当期的增减变动情况，所有者权益变动表应当以矩阵的形式列示：一方面，列示导致所有者权益变动的交易或事项，改变了以往仅仅按照所有者权益的各组成部分反映所有者权益变动情况的局面，从所有者权益变动的来源对一定时期所有者权益变动情况进行全面反映；另一方面，按照所有者权益各组成部分(包括实收资本、资本公积、盈余公积、未分配利润和库存股)及其总额列示交易或事项对所有者权益的影响。此外，企业还需要提供所有者权益变动表，所有者权益变动表还就各项目再分“本年金额”和“上年金额”两栏分别填列。其基本结构如下：

表 6-1　M 公司所有者权益变动表

单位：万元

项目	本期金额				
	实收资本(股本)	资本公积	盈余公积	未分配利润	所有者权益合计
一、上年末年末余额	7705.95	14646.99	1961.76	10347.21	34661.92
加：会计政策变更					
前期差错更正					
其他					
二、本年年初余额	7705.95	14646.99	1961.76	10347.21	34661.92
本期增减变动金额(减少以“—”号填列)		0.39	650.32	3926.39	4577.1
(一)净利润				6503.2	6503.2
(二)其他综合收益		0.39			0.39
上述(一)和(二)小计		0.39		6503.2	6503.59
(三)所有者投入和减少资本					
1.所有者投入资本					
2.股份支付计入所有者权益的金额					
3.其他					

续表

项目	本期金额				
	实收资本(股本)	资本公积	盈余公积	未分配利润	所有者权益合计
(四)利润分配			650.32	−2576.81	−1926.49
1.提取盈余公积			650.32	−650.32	
2.提取一般风险准备					
3.对所有者(股东)的分配				−1926.49	−1926.49
4.其他					
(五)所有者权益内部结转					
1.资本公积转增资本(股本)					
2.盈余公积转增资本(股本)					
3.盈余公积弥补亏损					
4.其他					
(六)专项储备					
1.本期提取					
2.本期使用					
(七)其他					
三、本期期末余额	7705.95	14647.38	2612.08	14273.61	39239.02

第二节　所有者权益变动表分析的作用、目的与内容

一、所有者权益变动表分析的作用

所有者权益变动表分析，是通过所有者权益的来源及其变动情况，了解会计期间内影响所有者权益增减变动的具体原因，判断构成所有者权益各个项目变动的合法性与合理性，为报表使用者提供较为真实的所有者权益总额及其变动信息。

在所有者权益变动表中，由于当期损益、直接计入所有者权益的利得和损失，以及与所有者的资本交易导致的所有者权益变动的信息被分门别类地列出来，故所有者权益变动表分析有以下作用：

1.通过分析所有者权益变动表，可以了解企业各项交易和事项导致的所有者权益增减变动情况及原因。

2.通过分析所有者权益变动表，可以掌握企业所有者权益各组成部分增减变动的结构性信息。

3.通过分析所有者权益变动表，可以清楚企业综合收益的特点。所有者权益变动表在

一定程度上体现了企业综合收益的特点。所有者权益变动表除列示直接计入所有者权益的利得和损失外，同时包含最终属于所有者权益变动的净利润，从而构成企业的综合收益。

二、所有者权益变动表分析的目的

1.通过对所有者权益变动表的分析，可以清晰体现会计期间构成所有者权益各个项目的变动规模与结构，了解其变动趋势，反映公司净资产的实力，提供保值增值的重要信息。

2.通过对所有者权益变动表的分析，可以进一步从全面收益角度报告更全面、更有用的财务业绩信息，以满足报表使用者投资、信贷及其经济决策的需要。

3.通过对所有者权益变动表的分析，可以反映会计政策变更的合理性，反映会计差错更正的幅度，具体报告由于会计政策变更和会计差错更正对所有者权益的影响数额。

4.通过对所有者权益变动表的分析，可以反映由于股权分置、股东分配政策、再筹资方案等财务政策对所有者权益的影响。

三、所有者权益变动表分析的内容

所有者权益变动表分析的内容一般来讲主要包括以下几个方面：一是所有者权益变动表的水平分析；二是所有者权益变动表的垂直分析；三是所有者权益变动表的项目分析；四是所有者权益变动表的指标分析。所有者权益变动表阅读和分析的最重要内容就是本年增减变动金额，这是该表的核心部分，所有者权益从年初到年末的增减变化全过程及原因主要都在这里反映出来。

第三节　所有者权益变动表的具体分析

一、所有者权益变动表分析的注意事项

（一）注意区分“输血性”变化和“营利性”变化

这里的“输血性”变化是指企业依靠股东入资而增加所有者权益，“营利性”变化则是指企业依靠自身的营利而增加所有者权益。显然，这两个方面都会引起所有者权益的变化，但是，其发展的前景显著不同；在企业“输血性”变化导致企业资产增加但增加的投资方向前景难以预料的情况下，其营利前景存在变数；而在“营利性”变化的条件下，如果营利质量较高，则可能意味着企业可持续发展的前景较好。

（二）注意所有者权益内部项目互相结转的财务效应

所有者权益内部项目互相结转，虽然不改变所有者权益的总规模，但是，这种变化会对企业的财务形象产生直接影响：或增加企业的股本数量，或弥补了企业的累计亏损。这种变化，虽然对资产结构和质量没有直接影响，但对企业未来的股权价值变化以及利润分配的前景产生直接影响。

（三）注意关注企业股权结构的变化与方向性含义

股权结构变化，既可能由原股东之间股权结构的调整而引起，也有可能由增加了新的投

资者、增加了新的股份而引起。这种变化，对企业的长期发展具有重要意义；可能由于企业股权结构变化，企业的发展战略以及人力资源结构与政策都会发生显著变化。这样按照原来的惯性思维去对企业进行前景预测将有可能失去意义。

（四）注意会计核算因素的影响

会计核算因素的影响，是指会计政策变更和会计差错更正对企业所有者权益的影响。这种影响，除了数字上的变化外，对企业的财务状况质量没有实质影响。需要注意的是，年度间频繁出现前期差错更正事项的情况，很有可能是企业蓄意调整利润的结果。

（五）注意分析企业股利分配方式所包含的财务状况质量信息

在分析所有者权益变动表中"对所有者（或股东）的分配"金额的基础上，结合现金流量表中"分配股利、利润或偿付利息支付的现金"、资产负债表中"应付股利"项目的期初和期末余额以及资产负债表日后事项中有关股利分配的信息，便可了解企业的股利分配方式。一般认为，企业的股利分配方式可以包含以下财务状况质量信息：

1.现金股利包含的财务状况质量信息

企业发放现金股利是股东获取投资收益的一个来源，会导致现金流出企业，企业的资产和所有者权益总额同时减少，这在一定程度上会降低企业内源融资总量，因此这种股利发放形式既引起所有者权益内部结构发生变动，也引起企业的总资本结构发生变动。

企业现金股利分配政策，既可以在一定程度上反映企业利润的质量，也在一定程度上反映企业的管理层对企业未来的信心程度：利润质量不好、对利润支付能力较差，以及对未来盈利能力信心不足的企业，是难以考虑支付大规模现金股利的。但近年来我国上市公司整体上出现了大规模分配现金股利的现象，这主要是为了迎合证监会有关上市公司再融资的要求，因此，支付大规模现金股利的企业，其利润质量并不一定高。

现金股利的发放可以消除股东对未来收入不确定性的疑虑，增强他们对公司的信心，更加支持公司发展与壮大。而如果企业不采用稳定的股利政策，通常会被市场认为是竞争优势减弱、财务实力下降、发展前景莫测的信号。因此，企业通常都会承受每股现金股利不下降的市场压力。

较多地分配现金股利，会使得企业减少内部融资来源，进而不得不进入资本市场寻求外部融资，这样更利于企业接受资本市场的有效监督，达到减少代理成本的目的。一般情况下，经常通过金融市场筹集资金的企业更可能按照投资者利益进行决策，从而显示出更好的财务状况质量。

2.股票股利包含的财务状况质量信息

从投资者的角度来看，股票股利一般被认为是成长中企业的行为，因此投资者往往认为发放股票股利预示着企业将有更大发展，利润将大幅增长，这些足以抵消增发股票带来的消极影响。这种心理通常能够提高投资者对企业的信心、稳住股价甚至反致其略有上升。而从企业的角度来说，发放股票股利既可以使股东分享企业的盈余，而企业又可以不支付大量的现金，便于企业扩大规模进行再投资，有利于企业的长期稳定发展。

然而企业发放股票股利并不会直接引起股东的股票市值总额发生变化，也不会引起任何资源实际流出企业，更不会导致企业负债的增加。也就是说，股票股利并不会引起企业资产、负债和所有者权益中任何一项的总额发生变动，只是引起所有者权益内部有关项目金额和所有者权益的内部结构发生变化，即未分配利润金额减少，股本和资本公积的金额相应增加。因而，在这种股利发放形式下，股东实际上是将收益留存在企业里作为对企业的再投资。当然，只要企业预期具有较好的发展前景，股票股利通常还是被市场认为是一种对股东有利的股利分配方式，也会有利于企业财务实力的保持，为日后发展形成更多的储备，因而会在一定程度上有利于企业财务状况的改善。

但值得注意的是，企业高比例地发放股票股利，并不意味着企业一定具有较高的盈利能力和良好的财务状况质量，反而会引起企业股本规模的过快增长，如果企业的盈利水平不能以相应的速度增长，就会引起企业每股收益的大幅度下降，进而影响其市场形象和市场表现。

二、所有者权益变动表的水平分析

所有者权益变动表的水平分析，是将所有者权益各个项目的本期数与基准进行对比（如上期数等），揭示公司当期所有者权益各个项目的水平及其变动情况，解释公司净资产的变动原因，借以进行相关决策的过程。

［例题 6-1］ 对 M 公司 2014 年及 2015 年所有者权益变动情况进行水平分析：

表 6-2 M 公司所有者权益水平分析表

单位：万元

项目	2015 年	2014 年	变动额	变动额构成(%)
一、上年末年末余额	34661.92	27191.41	7470.51	27.47%
加：会计政策变更				
前期差错更正				
其他				
二、本年年初余额	34661.92	27191.41	7470.51	27.47%
本期增减变动金额（减少以“—”号填列）	4577.1	7470.5	−2893.4	−38.73%
（一）净利润	6503.2	7504.37	−1001.17	−13.34%
（二）其他综合收益	0.39	−0.15	0.54	−360%
上述（一）和（二）小计	6503.59	7504.37	−1001.17	−13.34%
（三）所有者投入和减少资本		1507.48	−1507.48	−100%
1.所有者投入资本		1507.48	−1507.48	−100%
2.股份支付计入所有者权益的金额				
3.其他				
（四）利润分配	−1926.49	−1541.19	−385.3	25%

续 表

项目	2015 年	2014 年	变动额	变动额构成(%)
1.提取盈余公积				
2.提取一般风险准备				
3.对所有者(股东)的分配	−1926.49	−1541.19	−385.3	25%
4.其他				
(五)所有者权益内部结转				
1.资本公积转增资本(股本)				
2.盈余公积转增资本(股本)				
3.盈余公积弥补亏损				
4.其他				
(六)专项储备				
1.本期提取				
2.本期使用				
(七)其他				
三、本期期末余额	39239.02	34661.92	4577.1	13.2%

从表 6-2 中可以看出,2014 年 M 公司所有者权益增加的主要原因是净利润的增加和所有者投入资本的增加,而 2015 年所有者权益的增加主要是净利润的增加。2015 年的净利润比 2014 年少,也没有所有者投入的增加,同时还伴随利润分配的增加;说明企业在 2015 年的业绩有所下滑,导致利润减少,同时由于增加了对股东利润的分配,因此不如 2014 年的所有者权益增长得快。总体看来,股东财富增长速度变慢,企业应注意盈利能力的提升。另外,2015 年股东权益提升的原因还在于 2014 年年末余额较高。

三、所有者权益变动表的垂直分析

所有者权益变动表的垂直分析,是将所有者权益各个子项目占所有者权益变动的比重予以计算,并进行分析评价,揭示公司当期所有者权益各个项目的比重及其变动情况,解释公司净资产构成的变动原因,借以进行相关决策的过程。

四、所有者权益变动表的项目分析

(一)实收资本(股本)的变动情况分析

股本的增加包括资本公积转入、盈余公积转入、利润分配转入和发行新股等多种渠道,前三种都会稀释股票的价格,而发行新股既能增加注册资本和股东权益,又可增加公司的现金资产,这是对公司发展最有力的增股方式。股本的增加能为企业的发展提供更多的资金。

(二)资本公积的变动情况分析

资本公积增加是由于资本本身升值或其他原因,比如资本溢价、接受捐赠资产、外币汇兑等原因产生投资者的共同权益。资本公积的增加为将来企业发放股票股利(转股)创造了条件。

(三)盈余公积的变动情况分析

盈余公积的增减变动情况可以直接反映企业利润积累程度。盈余公积的增长来自企业创造的利润,企业可用于盈余公积转增股本、弥补以前年度的亏损以及分配现金股利。盈余公积的增加充分体现了企业利润积累的实力。

(四)利润分配的分析

企业的税后利润应按规定程序进行分配,包括提取盈余公积、计算应付现金股利或利润等,剩余的部分为未分配利润。利润分配实际上体现的是企业资金积累与消费的比例关系,提取的盈余公积多少及未分配利润情况能看出企业的分红能力如何。

第四节 所有者权益变动表的指标分析

所有者权益变动表指标分析主要是通过报表中期末余额与期初余额的比较,或本报表项目与利润表的项目等比较分析,来确定企业对股东权益保值增值的保障情况,同时了解企业的盈利水平。

一、资本保值和增值绩效的指标分析

(一)资本保值增值率

资本保值增值率=期末所有者权益余额/期初所有者权益余额

该比率是反映企业在一定的会计期间内资本保值增值水平的评价指标,也是考核、评价企业经营效绩的重要依据。对于一个正常经营的企业,该比率应大于1。也就是说,企业的所有者权益每年应该都有适量的增长,企业才能不断发展。

(二)所有者财富增长率

所有者财富增长率=(期末每元实收资本净资产—期初每元实收资本净资产)/期末每元实收资本净资产

每元实收资本净资产=当期企业净资产/股本总额

所有者财富增长率是企业投资者或潜在投资者最关心的指标,与每股收益一样,该指标集中体现了所有者的投资效益,也可作为对经营者的考核指标。

二、企业股利分配指标分析

(一)股利分配率

股利分配率=普通股每股股利/普通股每股净收益

要评价一个企业的利润水平和利润分配政策，就要看企业实现的净利润，有多大比例用于分配给股东。若将大部分利润分配给股东，会增加股东的投资信心，有利于企业吸收投资；若将大部分利润留存在企业作为未分配利润，则是作为企业的后续发展资金，有利于企业扩大再生产。

(二)留存收益比率

留存收益比率＝留存收益/净利润

该指标反映了企业盈利积累的水平和由此产生的发展后劲。留存收益比率＋股利分配率＝1，因为企业的净利润只有两种去向，要么以股利形式分配给股东，要么留存在企业内部作为发展之用。

一般对于成长初期的企业而言，为满足扩大生产规模的需要，考虑到外部融资的成本和风险，企业可能会多留存收益、少分股利，其留存收益比率会较高；对于稳定发展的企业而言，该比率维持在50%左右；而对于处于衰退期的企业而言，由于没有好的项目可以投资，留存收益率可能会比较低，企业可能会倾向于把大部分的净利润直接分配给股东。

●思考题

1. 简述所有者权益变动表与其他会计报表的关系。
2. 如何进行所有者权益变动表的水平分析？
3. 简述所有者权益变动的原因。
4. 股利决策对所有者权益变动有何影响？
5. 所有者权益变动表的分析内容包括哪些？

●练习题

1. 股东入资和盈利增加导致的所有者权益增加对企业来说有什么不同，请举例说明。
2. 留存收益比率越高，是否表明企业越需要发展资金？

第三篇　企业能力分析

引导性案例:大宇集团举债经营引发的思考

1997 年亚洲金融危机爆发后,韩国大宇集团已经显现出经营上的困难,其销售额和利润均不能达到预期目的,而与此同时,债权金融机构又开始收口短期贷款,政府也无力再给它更多支持。1998 年初韩国政府提出"五大企业集团进行自律结构调整"方针后,其他集团把结构调整的重点放在改善财务结构方面,努力减轻债务负担。但大宇是"章鱼足式"扩张模式的积极推行者,认为企业规模越大就越有盈利能力,有盈利能力就能立于不败之地。因此,它依然继续大量发行债券筹集资金,提高开工率,增加销售额和出口,进行"借贷式经营"。但举债经营不仅没有改善它的经营状况,反而加快了这个负债累累的集团的解散速度。1998 年 7 月 26 日,韩国政府下令债权银行接手对大宇集团进行结构调整。7 月 27 日,大宇因"延迟重组",被韩国 4 家债权银行接管;8 月 11 日,大宇在压力下屈服,割价出售两家财务出现问题的公司;8 月 16 日,大宇与债权人达成协议,在 1999 年底前,将出售盈利最佳的大宇证券公司,以及大宇电器、大宇造船、大宇建筑公司等,大宇的汽车项目资产免遭处理。"8 月 16 日协议"的达成,表明大宇已处于破产清算前夕,遭遇"存"或"亡"的险境。

由此可见,大宇集团的举债经营并没有提高企业的盈利能力,反而使企业陷于难于自拔的财务困境。企业究竟应该如何在经营管理中实现偿债能力与盈利能力的良好运转,使之相辅相成? 如何分析企业的各种财务能力以确定合适的经营策略?

第七章　偿债能力分析

●学习目的与要求

通过本章的学习，了解偿债能力的内容及含义等基本理论；熟悉偿债能力分析的基本思路与基本理论；掌握偿债能力分析的方法，能够熟练运用短期偿债能力与长期偿债能力具体指标的特点与相关注意问题进行分析，达到偿债能力分析的目的。

●关键知识点

偿债能力的内容；偿债能力的影响因素；短期偿债能力的分析指标；长期偿债能力的分析指标

●重要概念

偿债能力；短期偿债能力；长期偿债能力；流动比率；速动比率；资产负债率

偿债能力是指企业偿还本身所欠债务的能力，是会计报表分析者尤其是债权人关注的重点，因为企业的债务基本都是以资产来偿付的，如果不能到期偿付债务，将使企业的持续发展受到严重威胁。所以，偿债能力的强弱是企业生存和发展的基本前提。偿债能力分析对于企业的债权人、投资者和经营者都有十分重要的意义，它有利于债权人分析其债权能否安全收回，有利于投资者进行正确的经营决策，有利于经营管理者对自己的经营绩效进行合理评价。企业的偿债能力分析通常分为短期偿债能力分析和长期偿债能力分析，两者的含义、作用、分析指标都不相同。

偿债能力分析究竟能提供哪些信息？如何处理和利用这些信息？这是本章所述主要内容与目的所在。

第一节　偿债能力分析概述

一、偿债能力的含义

偿债能力是企业偿还到期债务的承受能力或保证程度，包括偿还短期债务和长期债务的能力。企业偿债能力，静态地讲，就是用企业资产清偿企业债务的能力；动态地讲，就是用企业资产和经营过程创造的收益偿还债务的能力。企业有无现金支付能力和偿债能力是企业能否健康发展的关键。

二、偿债能力分析的意义

企业偿债能力分析是反映企业财务状况的重要内容，是财务分析的重要组成部分。企业有无偿债能力，是企业能否健康成长和发展的关键。因此，对企业偿债能力进行分析，对于企业投资者、经营者和债权人都有着十分重要的意义。

（一）企业偿债能力分析有利于债权人进行正确的借贷决策

企业的偿债能力是债权人最为关心的。正在准备借款给企业的人，在借款前要分析企业的偿债能力。偿债能力对债权人的利益有着直接的影响，因为企业偿债能力强弱直接决定着债权人信贷资金及其利息是否能够收回，而能否及时收回本金并取得较高利息是债权人要考虑的最基本的要素。任何一个债权人都不愿意将资金借给一个偿债能力很差的企业。债权人在进行借贷决策时，首先必须对借款企业的财务状况，特别是偿债能力状况进行深入细致的分析，否则将可能会做出错误决策，最终不仅收不到利息，而且连本金都无法收回，所以说企业偿债能力分析对债权人有着重要的意义。

（二）企业偿债能力分析有利于企业经营者进行正确的经营决策

对企业经营者来说，企业保持一定的偿债能力非常重要。偿债能力不足，企业日常现金支付困难，直接影响到企业的生产经营。企业经营者要保证企业经营目标的实现，必须保证企业生产经营各环节的畅通和顺利进行，而企业各环节畅通的关键在于企业的资金循环与周转速度。企业偿债能力好坏既是对企业资金循环状况的直接反映，又对企业生产经营各环节的资金循环和周转有着重要的影响。因此，对企业偿债能力的分析，对于企业经营者及时发现企业在经营过程中存在的问题，并采取相应措施加以解决，保证企业生产经营顺利进行有着十分重要的意义。同时，保持适当的偿债能力，不仅是正常生产经营的需要，也是借款的需要，企业能否筹集到所需资金，取决于偿债能力。

（三）企业偿债能力分析有利于投资者进行正确的投资决策

企业投资者通过判断其自身所能承担的风险与可获得的财务杠杆利益，来进行投资决策。一个投资者在决定是否向某企业投资时，不仅要考虑企业的盈利能力，而且还要考虑企业的偿债能力。投资者是企业的剩余收益的享有者和剩余风险的承担者。企业破产时，首先清偿的是债权人的债务，最后才向投资者按出资比例分配剩余资产，因此投资者十分关心其投入资本能否保全。另外，当企业资本利润率高于利息成本时，就能通过财务杠杆作用获得杠杆收益。

（四）企业偿债能力分析有利于正确评价企业的财务状况

偿债能力的强弱，是反映企业财务经济状况的重要指标。企业偿债能力状况是企业经营状况和财务状况的综合反映，通过对企业偿债能力的分析，可以说明企业的财务状况及其变动情况。这对于正确评价企业偿债能力，说明财务状况变动的原因，找出企业经营中取得的成绩和存在的问题，提出正确的解决措施，都是十分有益的。

三、偿债能力分析的作用

偿债能力关系到企业的生存能力，即便是一家盈利能力很高的企业，如果不能按期偿还到期债务，企业也将面临破产。由此可以看出企业偿债能力的强弱涉及企业的生存和发展，通过偿债能力分析可以了解企业的财务状况和企业所承担的财务风险程度。此外，偿债能力的大小直接关系到企业持续经营能力的高低，是企业各方利害关系所重点关心的财务能力之一；在市场经济条件下开展经营活动的现代企业，其偿债能力是衡量企业财务管理的核心内容。因此，偿债能力分析已经成为现代企业财务分析的核心内容之一。

企业偿债能力的分析，应该结合企业现金流量进行分析，即看企业当期取得的现金，在满足生产经营活动的基本现金支出后，是否有足够的现金余量用于偿还到期债务的本息。还要通过资产负债率、流动比率、速动比率等指标来反映企业举债的合理程度、长期债务和短期债务构成的效益性、举债经营的效果以及清偿债务的实际能力等。

四、偿债能力分析的内容

由于负债可分为流动负债和长期负债，资产可分为流动资产和非流动资产，因此偿债能力分析通常分为短期偿债能力分析和长期偿债能力分析。但是，不管是短期偿债能力还是长期偿债能力，都是企业保障债务及时、能够进行有效偿付的反映。

（一）短期偿债能力分析

短期偿债能力反映的是企业对偿还期限在一年或长于一年的一个营业周期以内的短期债务的偿付能力，是指企业以流动资产偿还流动负债的能力，或者说是指企业在短期债务到期时可以变现的现金用于偿还流动负债的能力，它表明企业偿付日期到期债务的实力。短期偿债能力所涉及的债务偿付一般是企业的流动性支出，这些流动性支出具有较大的波动性，从而使企业长期偿债能力也会呈现较大的波动性。因此，进行短期偿债能力分析首先要明确影响短期偿债能力的因素，在此基础上，再对一系列反映短期偿债能力的指标进行计算与分析，反映短期偿债能力状况及其原因。

（二）长期偿债能力分析

长期偿债能力反映企业保证未来到期债务有效偿付的能力，或者说是在企业长期债务到期时，企业盈利或资产可用于偿还长期负债的能力。长期偿债能力所涉及的债务偿付一般为企业的资本性支出，只要企业的资金结构与盈利能力不发生显著的变化，企业的长期偿债能力会呈现相对稳定的特点。对长期偿债能力进行分析，要结合长期负债的特点，在明确影响长期偿债能力因素的基础上，从企业盈利能力和资产规模两方面对企业偿还长期负债的能力进行分析和评价。短期偿债能力所涉及的债务偿付一般动用企业目前所拥有的流动资产，因此短期偿债能力的分析主要关注流动资产对流动负债的保障程度，即着重进行静态分析；长期偿债能力所涉及的债务偿付保证一般为未来所产生的现金流入，因此企业资产和负债结构以及盈利能力是长期偿债能力的决定因素。长期负债在一定期限内逐步转化为短期负债，如在资产负债表中应将一年内或者长于一年的一个营业周期内到期的长期借款或长期债券作为流动负债列示，因此长期负债得以偿还的前提是企业具有较强的短期偿债能力，短期偿债能力是长期偿债能力的基础。

第二节 短期偿债能力分析

一、短期偿债能力的含义

短期偿债能力是指企业以流动资产偿还流动负债的能力,它反映企业偿付日常到期债务的能力。对债权人来说,企业要具有充分的偿还能力才能保证其债权的安全,按期取得利息,到期取回本金;对投资者来说,如果企业的短期偿债能力发生问题,就会牵制企业经营的管理人员耗费大量精力去筹集资金,以应付还债,还会增加企业筹资的难度,或加大临时紧急筹资的成本,影响企业的盈利能力。

二、短期偿债能力的分析要点

短期偿债能力的高低可从两个方面来进行大致的衡量:一是流动资产的多少和质量,二是流动负债的多少和质量。因此,在分析中,我们要特别关注企业流动资产与流动负债的构成项目和项目的质量。流动资产的质量和数量超过流动负债的质量和数量的程度就是企业的短期负债能力。

流动资产的质量指资产的流动性,即转换成现金的能力,包括是否能在不受损失的情况下将资产转换为现金以及转换所需时间。这里包含两层含义,其一是资产转换为现金是通过正常的交易程序转换的,这种交易不会使资产发生重大的损失;其二是流动性的强弱主要取决于资产转换为现金的时间,以及预计出售价格与实际出售价格之间的差额。衡量流动性强弱的目的在于,观察企业能否按期偿还债务。而流动负债的质量是指债务偿还的紧迫性和强制性程度,有些债务可以通过债务延期方式延长偿还时间。

(一)短期偿债能力的影响因素

短期偿债能力受多种因素的影响,包括行业特点、经营环境、生产周期、资产结构、流动资产运用效率等。仅凭某一期的单项指标,很难对企业短期偿债能力做出客观评价。因此,在分析短期偿债能力时,一方面应结合指标的变动趋势,动态地加以评价;另一方面,要结合同行业平均水平,进行横向比较分析。同时,还应进行预算比较分析,以便找出实际与预算目标的差距,探求原因,解决问题。

(二)流动资产的数量与结构

流动资产是可以在一年或超过一年的一个营业周期内变现的资产,其数量可以在资产负债表中的流动资产合计数中反映出来。流动资产的数量多少一定程度上决定了其对企业流动负债的物质保障程度。从流动资产的数量上看,一般认为,流动资产越多,企业的短期偿债能力越强。从流动资产的结构上看,企业流动资产包括货币资金、交易性金融资产、应收票据、应收账款等,其特点是变现能力强,即流动资产转化为现金的时间短、转化成本低。例如,货币资金不需要变现过程,无转化成本,可直接用于支付,而交易性金融资产可在证券市场出售,变现过程短,应收款项也可通过贴现、抵押等方式较快变现,成本较低。非速动资产主要指存货、预付账款、其他流动资产等，其特点是变现能力较弱。比如，存货需要完成销售过程，收回货款，才能变现，变现时间较长，而且有些存货由于花色品种、质量等原因甚至无法变现。因此，企业短期偿债能力不仅受流动资产数量的影响，还受流动资产内部结构的影响。当速动资产在流动资产总额中所占的比例大时，短期偿债能力较强，反之短期偿债能力较弱。

（三）流动负债的数量与结构

流动负债是企业可以在一年或超过一年的一个正常营业周期内偿还的债务，其数量可以在资产负债表中的流动负债合计数中反映出来。流动负债数量的多少是影响短期偿债能力的重要因素。从流动负债的数量上看，其数量越大，短期内需要企业用流动资产偿还的债务负担越重。

从流动负债的结构上看，企业的流动负债包括短期借款、应付票据、应付账款、预收账款、其他应付款、应付职工薪酬、应交税金、应付股利等。由于流动负债的形成环节不同，通常在会计报表分析时可将流动负债分为融资性流动负债、营业性流动负债、分配性流动负债。融资性流动负债是企业通过融资活动形成的流动负债，包括短期借款、一年内到期的长期借款等，其特点是到期还本付息。它反映了企业对金融机构的依赖程度及企业生产经营的波动性。营业性流动负债是企业由于采购环节货款结算或由于财政政策、会计准则等原因，造成在生产经营过程中占用他人资金形成的流动负债，包括应付票据、应付账款、预收账款、其他应付款、应付职工薪酬等，其特点是在规定的期限内通常不需要支付利息，但到期应及时偿还，否则有些流动负债是需要支付滞纳金的，如应付票据。分配性流动负债是企业在进行利润分配过程中所形成的流动负债，包括应付股利、应交税费等，其特点是盈利状况的好坏影响该项流动负债数量的大小，一经形成应按时支付，否则需要支付一定的滞纳金，且影响企业信誉。

（四）企业经营现金流量

企业负债的偿还方式有多种，例如，可以以企业本身所拥有的资产偿还，也可以新增收益偿还，还可以以新债还旧债，但最终还是表现为以企业资产来清偿，而资产的清偿能力受现金流量的影响。因此，现金流量的多少成为决定企业短期偿债能力的重要因素之一。企业的现金流量不仅受融资能力的影响，而且受经营状况的影响。当企业经营业绩好时，利润质量高，就会有持续稳定的现金流入，保障债权人的利益，企业短期偿债能力增强；当企业经营业绩差时，其现金流入不足以抵补现金流出，造成营运资金短缺，资金不足，短期偿债能力下降。

（五）表外因素

一些在会计报表中没有反映出来的表外因素，也会影响企业的短期偿债能力，甚至影响力相当大。

1. 增强短期偿债能力的表外因素

(1)可动用的银行贷款指标：银行已同意、企业未办理贷款手续的银行贷款限额，可以随时增加企业的现金，提高支付能力。这一数据不反映在财务报表中，但会在董事会决议中披露。

(2)准备很快变现的非流动资产:企业可能有一些长期资产可以随时出售变现,而不出现在"一年内到期的非流动资产"项目中。例如,储备的土地、未开采的采矿权、目前出租的房产等,在企业发生周转困难时,将其出售并不影响企业的持续经营。

(3)偿债能力的声誉:如果企业的信用很好,在短期偿债方面出现暂时困难比较容易筹集到短缺的现金。

2.降低短期偿债能力的表外因素

(1)与担保有关的或有负债,如果它的数额较大并且可能发生,就应在评价偿债能力时给予关注。

(2)经营租赁合同中承诺的付款,很可能是需要偿付的义务。

(3)建造合同、长期资产购置合同中的分阶段付款,也是一种承诺,应视同需要偿还的债务。

三、短期偿债能力的分析指标

(一)营运资金

营运资金(Working Capital),也叫营运资本。广义的营运资金又称总营运资本,是指一个企业投放在流动资产上的资金,具体包括现金、有价证券、应收账款、存货等占用的资金。狭义的营运资金是指某时点内企业的流动资产与流动负债的差额。一般采用狭义的营运资金概念,即流动资产-流动负债=营运资金。

营运资金是反映企业短期偿债能力的绝对量指标,其优点在于能够直接反映流动资产保障流动负债偿还后能够剩余的金额。但正是营运资金的这一特点,使得营运资金指标不仅受企业财务运作的影响,也受企业规模的较大影响,不便于进行企业之间的短期偿债能力比较。因此,对于营运资金指标的分析一般只进行纵向分析而不进行横向分析。

营运资金指标没有固定的标准。对短期债权人来说,当然希望营运资金越多越好,这样就可以提高其债务的保障程度。但对于企业来说,过多地持有营运资金虽然可以提高其短期偿债能力,降低财务风险,但有可能会降低企业的盈利能力。因为高营运资金意味着流动资产多而流动负债少,而流动资产与长期资产相比,虽流动性强,但获利性差。事实上,对企业来说,营运资金的管理是企业财务管理的一项重要内容,需要在风险与收益之间进行权衡,根据企业的实际情况,采取不同的融资策略,合理安排企业的营运资金规模。

(二)流动比率

流动比率是企业流动资产与流动负债的比率。其计算公式如下:

流动比率=流动资产/流动负债

流动比率是衡量短期偿债能力的最常用的比率,是衡量企业短期偿债能力的指标。一般情况下,流动比率越高,反映企业短期偿债能力越强,债权人的权益越有保证。按照西方企业的长期经验,一般认为2:1的比率比较适宜。它表明企业财务状况稳定可靠,除了满足日常生产经营的流动资金需要外,还有足够的财力偿付到期短期债务。如果比率过低,则表示企业可能捉襟见肘，难以如期偿还到期债务。但是，流动比率也不可能过高，过高表明企业流动资产占用较多，有较多的资金滞留在流动资产上未加以更好地运用，如出现存货超储积压、存在大量应收账款、拥有过分充裕的现金等，会影响资金的使用效率和企业筹资成本进而影响获利能力。保持多高水平的比率，主要视企业对待风险与收益的态度。

（三）速动比率

速动比率是企业速动资产与流动负债的比率。流动比率在评价企业短期偿债能力时，存在一定的局限性，如果流动比率较高，但流动资产的流动性较差，则企业的短期偿债能力仍然不强。在流动资产中，存货需经过销售，才能转变为现金，若存货滞销，则其变现就成问题。一般来说，流动资产扣除存货后称为速动资产。速动比率的计算公式为：

速动比率＝速动资产/流动负债 ＝（流动资产—存货）/流动负债

西方企业传统经验认为，速动比率为 1∶1 时是安全标准，说明 1 元流动负债有 1 元的速动资产作为保证。如果速动比率小于 1，企业会面临很大的偿债风险，企业将会依赖出售存货或举借新债偿还到期债务，这就造成急需售出存货带来的削价损失或举借新债形成的利息支出；如果速动比率大于 1，说明企业有足够的能力偿还短期债务，债务偿还的安全性很高，但同时说明企业拥有过多的不能获利的现款和应收账款，而大大增加企业的机会成本。

在分析时需注意的是：尽管速动比率较之流动比率更能反映出流动负债偿还的安全性和稳定性，但这并不意味着速动比率较低的企业的流动负债到期绝对不能偿还。实际上，如果企业存货流转顺畅，变现能力强，即使速动比率较低，只要流动比率高，企业仍然有望偿还到期债务本息。

（四）现金比率

现金比率是企业现金类资产与流动负债的比率。现金类资产包括企业所拥有的货币资金和持有的有价证券（即资产负债表中的短期投资）。它是速动资产扣除应收账款后的余额，由于应收账款存在着发生坏账损失的可能，某些到期的账款也不一定能按时收回，因此速动资产扣除应收账款后计算出来的金额，最能反映企业直接偿付流动负债的能力。

现金比率的计算公式为：现金比率＝现金类资产/流动负债 ＝（货币资金＋交易性金融资产）/流动负债

有人指出，现金比率保持在 30%左右为宜，但大部分人认为现金比率没有固定的经验标准。现金比率较流动比率和速动比率更能准确地反映企业的直接偿债能力，特别是在企业把应收账款和存货都抵押出去或已经有迹象表明应收账款和存货的变现能力存在问题的情况下，计算现金比率更为有效。因为此时流动比率和速动比率都有虚假性和不可靠性，容易导致盲目乐观。另外，当企业面临支付工资或大宗进货等需要大量现金时，测算现金比率更能显示其重要作用。现金比率越高，表明企业的支付能力越强，信用也越可靠。

对于短期债权人来说，现金比率越高越好，因为现金类资产相对于流动负债越多，对于到期流动负债的偿还越有切实保障。但对企业来说，现金比率的确定并不能仅仅考虑短期偿债能力的提高，应将风险与收益两方面的因素结合起来考虑，不能仅仅为了提高企业的短期偿债能力而持有大量的现金类资产。因此,现金比率在分析短期偿债能力时通常只是作为一个辅助性指标。

（五）经营现金流量与流动负债比率

经营现金流量与流动负债比率＝经营活动现金净流量/流动负债

该指标反映企业用每年的经营活动现金净流量偿还到期债务的能力。之所以选择经营活动产生的现金流量净额,而没选择所有活动的现金净流量,是因为经营活动带来的现金净流量最多而且最稳定,而投资、筹资活动的现金净流量不好预测。

第三节　长期偿债能力分析

一、长期偿债能力的含义及影响因素

（一）长期偿债能力的含义

长期偿债能力是指企业对长期债务的承担能力和对偿还长期债务的保障能力。长期偿债能力分析是企业债权人、投资者、经营者和与企业有关联的各方面等都十分关注的重要问题。

（二）长期偿债能力的影响因素

1.资产的数量与结构

长期债务最终以企业的总资产作为到期偿还的物资保障。在正常情况下,作为非流动负债物资保证的资产,除一部分为流动资产外,其余为非流动资产。非流动资产包括可供出售的金融资产、持有至到期投资、长期股权投资、固定资产、在建工程、工程物资、无形资产、房产投资、长期待摊费用等。由于企业非流动负债在形成时有些是以非流动资产作为抵押的,因此抵押资产数量的多少决定着企业偿还长期债务的能力。即使是非抵押形成的非流动负债,如果债务到期,没有足够的盈利来偿还企业的长期债务,企业就必须用其可动用的资产偿还非流动负债。一般而言,从资产的数量上看,当企业非流动负债一定的情况下,企业总资产的数量越多,企业偿还到期长期债务的能力就越强,债权人的投资就越安全,收回债权的可能性越大。而从资产的结构上看,由于不同资产的变现能力存在较大差异,各项资产在总资产中所占比例的多少,必然对长期偿债能力产生重要影响。一般认为,非流动资产中变现能力差的资产,如长期待摊费用等所占比例上升,会导致长期偿债能力下降;反之,长期偿债能力增强。

2.非流动负债的数量与结构

企业的非流动负债是指偿还期限在一年或超过一年的一个正常营业周期以上的债务,是企业向债权人筹集、可供企业长期使用的资金,主要包括长期借款、应付债券、长期应付款、专项应付款等。与流动负债相比,非流动负债具有偿还期长、负债数额大、负债成本高等特点。企业之所以举借长期债务,一是为了扩大企业生产经营规模,如扩建厂房、购置固定资产等,为企业带来新的利润增长点;二是为了更好地发挥财务杠杆的作用,为企业所有者

带来更多的利益，当企业将借入资金投资于投资收益率高于借款利率的项目时，则借入的非流动负债越多，企业所有者的获利越多。从非流动负债的数量上看，一般认为，非流动负债数量越小，长期偿债能力越强，债权人收回债权的可能性越大，但会影响所有者的盈利能力，使企业失去投资机会。从非流动负债的结构上看，由于非流动负债的形成及还本付息的方式各不相同，有些需要到期一次偿还本息，有些需要分期偿还。因此，不同类型的非流动负债在非流动负债总额中所占的比例会影响长期偿债能力。

3.获利能力

企业能否有充足的现金流入供偿债使用，在很大程度上取决于企业的获利能力。企业对一笔债务总是负有两种责任：一是偿还债务本金的责任；二是支付债务利息的责任。短期债务可以通过流动资产变现来偿付，因为大多数流动资产的取得往往以短期负债为其资金来源。而企业的长期负债大多用于长期资产投资，在企业正常生产经营条件下，长期资产投资形成企业的固定资产能力，一般来讲，企业不可能靠出售资产作为偿债的资金来源，而只能依靠企业生产经营所得。另外，企业支付给长期债权人的利息支出，也要从所融通资金创造的收益中予以偿付。可见，企业的长期偿债能力是与企业的获利能力密切相关的。一个长期亏损的企业，正常生产经营活动都不能进行，保全其权益资本肯定是困难的事情，保持正常的长期偿债能力也就更无保障了。一般来说，企业的获利能力越强，长期偿债能力越强；反之，则长期偿债能力越弱。如果企业长期亏损，则必须通过变卖资产才能清偿债务，最终要影响投资者和债权人的利益。因此，企业的盈利能力是影响长期偿债能力的重要因素。

4.长期资本结构

长期资本结构是指企业各种长期筹资来源的构成和比例关系。长期筹资来源主要指权益资本和非流动负债。通常情况下，非流动负债相对于权益资本成本较低，弹性较大，是企业灵活调动资金余缺的重要手段，但它必须到期偿还，因此非流动负债会给企业带来一定的财务风险；而权益资本不需要偿还，可以在企业经营中永久使用，且权益资本是企业承担长期债务的基础，权益资本在长期筹资来源中所占的比例越大，债权人的债权越有保障。所以企业长期资本结构合理与否，对企业的长期偿债能力产生影响。

5.长期租赁

当企业租赁量比较大、期限比较长或具有经常性的时候，这种长期租赁实际上就构成了一种长期性筹资。因此，必须考虑这类租赁对企业债务结构的影响。

6.或有事项

或有事项是指过去的交易或事项形成的一种状态，其结果需要通过未来不确定事项的发生或不发生予以证实。或有事项分为或有资产和或有负债。或有资产是指过去交易或事项形成的潜在资产，其存在要通过未来不确定事项的发生或不发生予以证实。

产生或有资产会提高企业的偿债能力；产生或有负债会降低企业的偿债能力。因此，在分析企业的会计报表时，必须充分注意有关或有项目的报表附注披露，以了解未在资产负债表中反映的或有项目，并在评价企业长期偿债能力时，考虑或有项目的潜在影响。同时，应该关注是否具有资产负债表日后的或有事项。

7.承诺事项

承诺事项是企业对外发出的将要承担的某种经济责任和义务。企业为了经营的需要要做出某些承诺,比如对消费者的售后服务条款等。这种承诺有时会大量增加该企业的潜在负债或承诺义务,却没有通过资产负债表反映出来。因此,在进行企业长期偿债能力分析时,报表分析者应该根据报表附注及其他有关资料等,判断承诺变成真实负债的可能性;判断承诺责任带来的潜在长期负债,并做相应处理。

二、长期偿债能力的分析指标

(一)资产负债率

资产负债率是负债总额除以资产总额的百分比,也就是负债总额与资产总额的比例关系。资产负债率反映总资产中通过借债来筹资所占的比例,也可以衡量企业在清算时保护债权人利益的程度。资产负债率这个指标反映债权人所提供的资本占全部资本的比例,也被称为举债经营比率。

资产负债率=负债总额/资产总额

表示公司总资产中有多少是通过负债筹集的,该指标是评价公司负债水平的综合指标。同时也是一项衡量公司利用债权人资金进行经营活动能力的指标,也反映债权人发放贷款的安全程度。

一般认为,资产负债率的适宜水平是50%或在40%—60%之间。如果资产负债比率达到100%或超过100%,说明公司已经没有净资产或资不抵债。另外,资产负债率反映的是企业的资本结构问题,资产负债率也反映了在企业全部资金中有多大的比例是通过借款而筹集的。资产负债率越高,说明借入资金在全部资金中所占比重越大,所有者投入的资金越少,企业不能偿还负债的风险越高。

从债权人的角度看,资产负债率越低越好,资产负债率越低,负债越安全、债权人承担的风险越小。但是从企业和股东的角度出发,资产负债率并不是越低越好,太低则表示企业没能充分发挥财务杠杆效应。

资产负债率也是有局限性的,它没有考虑负债的偿还期限,也没有考虑资产的结构、资产价值的变化等。

(二)股权比率

股权比率=所有者权益总额/资产总额

股权比率与资产负债率之和为1。股权比率是反映企业资金来源中股权资金所占的比率,而资产负债率反映的是企业资产总额中由负债提供资金所占的比率。因此,股权比率越高,资产负债率越低,说明所有者投入的资金在全部资金中所占的比例越大,而债权人投入的资金所占比例越小,反之亦然。

(三)权益乘数

权益乘数=资产总额/所有者权益总额=1/股权比率

权益乘数表明企业资产总额是所有者权益的倍数,该比率越大,表明所有者投入的资本在资产总额中所占比重越小，对负债经营利用得越充分，但同时也说明企业的长期偿债能力越弱；反之，该比率越小，反映所有者投入的资本在资产总额中所占比重越大，企业的长期偿债能力越强。

（四）有形资产负债率

有形资产负债率＝负债总额 /（资产总额－无形资产）＝负债总额 / 有形资产

有形资产负债率是产权比率的改进，主要是考虑到无形资产（含递延资产）价值的不确定性以及沉没性（即相关事项已经支付，只不过由于权责发生制而计入资产项目，但事实上不可能再次形成现金流），以至于不能作为偿还债务的保障。

这项指标也是资产负债率的延伸，是一项更为客观地评价企业偿债能力的指标。企业的无形资产如商标、专利权、非专利技术、商誉等，不一定能用来偿还债务，可以将其视为不能偿债的资产，从资产总额中扣除。这项指标的作用及其分析方法与资产负债率基本相同。

（五）产权比率

产权比率＝ 负债总额/股东权益

产权比率是负债总额与所有者权益总额的比率。是指股份制企业，负债总额与所有者权益总额的比率，是为评估资本结构合理性的一种指标。一般来说，产权比率可反映股东所持股权是否过多，或者是尚不够充分等情况，从另一个侧面表明企业借款经营的程度。

这一比率是衡量企业长期偿债能力的指标之一。它是企业财务结构稳健与否的重要标志。

该指标表明由债权人提供的和由投资者提供的资金来源的相对关系，反映企业基本财务结构是否稳定。

产权比率可反映股东所持股权是否过多（或者是否不够充分）等情况，从另一个侧面表明企业借款经营的程度。这一比率是衡量企业长期偿债能力的指标之一。它是企业财务结构稳健与否的重要标志。该指标表明由债权人提供的和由投资者提供的资金来源的相对关系，反映企业基本财务结构是否稳定。产权比率越低表明企业自有资本占总资产的比重越大，长期偿债能力越强。一般来说，这一比率应为 1：1，产权比率高，是高风险、高报酬的财务结构；产权比率低，是低风险、低报酬的财务结构。

（六）有形净值债务率

有形净值债务率＝负债总额/（股东权益－无形资产净值）

有形净值是所有者权益减去无形资产净值后的净值，即所有者具有所有权的有形资产净值。有形净值债务率用于揭示企业的长期偿债能力，表明债权人在企业破产时的被保护程度。

有形净值债务率指标的分析与产权比率分析相同，负债总额与有形资产净值应维持 1：1的比例。有形净值债务率主要是用于衡量企业的风险程度和对债务的偿还能力。这个指标越大，表明风险越大；反之，则越小。同理，该指标越小，表明企业长期偿债能力越强，反之，则越弱。

有形净值债务率揭示负债总额与有形资产净值之间的关系，能够计量债权人在企业处于破产清算的时候能获得多少有形财产保障。从长期偿债能力来说，指标越低越好。另外，有形净值债务率指标最大的特点是在可用于偿还债务的净资产中扣除无形资产，这主要是因为无形资产的计量缺乏可靠的基础，不可能作为偿还债务资源。

（七）利息保障倍数

利息保障倍数＝息税前营业利润（EBIT）/利息费用

息税前营业利润＝营业利润＋利息费用，公式中的利息费用既包括财务费用中的利息支出，也包括资本化的利息支出。为了考察企业偿付利息能力的稳定性，一般应计算5年或5年以上的利息保障倍数。

利息保障倍数至少应大于1，且比值越高，企业长期偿债能力越强。如果利息保障倍数过低，企业将面临亏损、偿债的安全性与稳定性下降的风险。但如果较高的利息保障倍数不是由于高利润带来的，而是由于低利息导致的，则说明企业的杠杆程度很低，未能充分利用举债经营的优势。

对利息保障倍数还可以进行纵向和横向的分析。通过与同行业平均水平或竞争对手做比较，可以发现企业的付息能力在整个行业中的水平，与竞争对手相比是强是弱。进行纵向比较可以发现企业的付息能力是越来越强还是越来越弱，或是基本保持平稳。如果利息保障倍数下降，则可以分析是由于企业盈利水平变低还是由于债务增加引起的。

（八）固定资产与非流动负债比率

固定资产与非流动负债比率＝固定资产净值/非流动负债

该指标反映了当企业破产清算时，固定资产净值对长期债权人债权的保障程度。由于清算时固定资产的变现价值有可能低于账面价值，而且流动负债要由流动资产变现偿还，因此从长期偿债能力的角度看，为保证债权人的权益，一般认为该指标应该大于100％。

（九）固定长期适合率

固定长期适合率＝固定资产净值/（非流动负债＋所有者权益）

由于所有者投入企业的资金具有永久使用的特点，多数企业希望固定资产的资金来源于所有者投资，这样就不会因固定资产投资收回期长、变现能力差，而影响企业的短期偿债能力。如果企业的权益资本少，而固定资产投资规模大，所需资金多，企业则需要通过举借长期债务来满足资金的需求。因此，一般认为固定长期适合率必须小于100％，如大于100％，表明企业固定资产占用了一部分流动负债，这会影响企业的短期偿债能力，容易引发财务风险，进而导致企业长期偿债能力下降。而当它小于100％时，表明企业有部分长期资金用于企业流动资产上，可减轻企业短期偿债压力。

（十）营运资金对非流动负债比率

营运资金对非流动负债比率＝（流动资产－流动负债）/非流动负债＝营运资金/非流动负债

该指标是分析营运资金能用于作为偿还非流动负债物质保证的水平。由于企业的非流动负债会随着时间的推移不断转化为流动负债，因此流动资产除了满足偿还流动负债的要求，还应有能力偿还即将到期的非流动负债。当营运资金大于0时，即流动资产大于流动负债时，可以部分流动资产作为偿还非流动负债的物质基础，这对长期债权人来说承担的风险就会变小。所以，该比率越高，长期偿债能力越强。

当营运资金等于0时，非流动负债只能依靠非流动资产来偿还，若非流动资产不能及时变现，有可能出现长期债务不能到期偿还的风险，长期偿债能力下降；当营运资金小于0时，不仅非流动负债，而且部分流动负债也要依靠非流动资产来偿还，这时长期债务的风险较大，长期偿债能力较弱。

●思考题

1. 偿债能力分析的目的与内容是什么？
2. 流动比率与速动比率的优缺点是什么？
3. 短期偿债能力与长期偿债能力对资产的要求有何不同？
4. 如何分析现金流量对企业偿债能力的影响？
5. 速动资产是指什么，对偿还短期债务有何意义？

●练习题

1. 某公司比较资产负债表如下：

比较资产负债表

单位：万元

项目	2013年	2014年	项目	2013年	2014年
流动资产：			流动负债：		
货币资金	4063.77	5151.82	短期借款	5000.00	10000.00
交易性金融资产	1095.42	5293.05	应付账款	10000.00	10000.00
应收票据	66.45		其他应付款	3486.05	1395.92
应收账款	4958.23	6062.21	应付职工薪酬	5000.00	10000.00
预付账款	5714.17	6049.27	非流动负债：		
存货	33511.63	28916.43	长期借款	407.40	213.62
其他流动资产	7.68	15.41	非流动负债合计	407.40	213.62
流动资产合计	49417.35	51488.19	所有者权益：		
非流动资产：			实收资本	20114.22	20069.07
长期股权投资	3636.66	3639.92	资本公积	35677.36	35677.36
固定资产	40185.18	47357.98	盈余公积	4902.83	5133.89
无形资产	3219.84	3012.58	未分配利润	1289.85	1366.90

续 表

项目	2013 年	2014 年	项目	2013 年	2014 年
非流动资产合计	47041.68	54010.48	所有者权益合计	72565.58	73889.13
资产总计	96459.03	105498.67	负债与所有者权益合计	96459.03	105498.67

要求：

(1)计算比较 2013 年、2014 年的营运资金、流动比率、保守速动比率和现金比率，并进行短期偿债能力分析。

(2)计算比较 2013 年、2014 年的资产负债率、有形资产负债率、产权比率、有形净值债务率、固定长期适合率、利息保障倍数，并进行长期偿债能力分析。

2.安徽合力股份有限公司(600761)2011 年度合并资产负债表表中披露 2011 年流动资产与流动负债情况如下：

流动资产项目	金额(元)	流动负债项目	金额(元)
货币资金	366789086.80	应付票据	311800000.00
应收票据	120896036.53	应付账款	712222468.81
应收账款	572977835.70	预收账款	129037336.28
预付账款	154324886.75	应付职工薪酬	5739921.80
其他应收款	51200969.15	应交税费	70860443.25
存货	1095947324.69	其他应付款	39075458.34
其他流动资产	256528159.09	流动负债合计	1268735628.48
流动资产合计	2618664298.71		

要求：请根据其流动资产与流动负债的构成情况对其短期偿债能力进行一般分析。

第八章　盈利能力分析

●**学习目的与要求**

通过本章的学习，了解盈利能力的含义及影响因素等基本理论；熟悉盈利能力分析的基本思路与基本理论；掌握盈利能力分析的方法，能够熟练运用盈利能力分析指标与相关注意事项进行分析，达到盈利能力分析的目的。

● **关键知识点**

盈利能力的内容；盈利能力的影响因素；盈利能力分析的财务指标；上市公司的盈利能力分析

●**重要概念**

盈利能力；销售毛利率；每股收益；市盈率

盈利能力又称获利能力，是指企业获取利润的能力，它是企业持续经营和发展的保证。企业盈利能力的好坏决定着企业发展的动力、效果。企业管理者进行盈利能力分析的主要目的是了解自身的工作成绩及管理中存在的问题，投资者进行盈利能力分析的主要目的是了解其投资获利情况的好坏，债权人进行盈利能力分析的主要目的是了解自身的债权有无保障，政府进行盈利能力分析的主要目的是了解企业的纳税多少。盈利能力可包括商品经营业务盈利能力分析、投资业务盈利能力分析、资本经营盈利能力分析和上市公司盈利能力分析，会计报表分析者可从这几个角度对企业盈利能力进行综合判断。

盈利能力分析究竟能提供哪些信息？如何处理和利用这些信息？这是本章所述主要内容与目的所在。

第一节　盈利能力分析概述

一、盈利能力的含义

盈利能力(也称收益能力，earning power)。盈利能力是指企业获取利润的能力，是企业获取利润的潜力和可能性。盈利能力是决定企业最终盈利状况的根本因素，因此盈利能力不仅受到企业管理者的高度关注，而且对于企业的投资人、债权人、政府管理机构、社会公众来说，也是他们重点关注的内容。

二、盈利能力的影响因素

(一)资本结构

资本结构是影响企业盈利能力的重要因素之一，企业负债经营程度的高低对企业盈利能力有直接的影响。当企业的资产报酬率高于企业借款利息率时,企业负债经营可以提高企业的盈利能力,否则企业负债经营会降低盈利能力。有些企业只注重资本投入、扩大企业投资规模,而忽视了资本结构是否合理,这有可能会妨碍企业利润的增长。

(二)资产运转效率

资产运转效率的高低不仅关系着企业营运能力的好坏,同时也影响到企业盈利能力的高低。一般来说,资产的运转效率越高,企业利用资产的效果越好,利用资产带来的利润就更多,企业的盈利能力就越强。但很多分析人员往往只通过资产与利润的关系分析企业的盈利能力,忽视了资产运转效率对盈利能力的影响,不利于企业提高资产管理效率。

(三)利润结构

企业的利润主要由主营业务利润、投资收益和非经常性项目收入共同构成,一般来说,主营业务利润和投资收益占企业利润很大比重,尤其是主营业务利润应该是企业利润的基础,是企业获得较稳定资金来源的重要渠道。如果企业的利润主要来源于一些非经常性项目,这些项目不是企业主营业务创造的,其发生有较大偶然性,则企业的利润结构不合理,利润来源不稳定,利润的质量不好。

(四)税收政策

税收政策是国家为了实现一定历史时期的任务,选择确立的税收分配活动方针和原则。它是国家进行宏观调控的主要手段。符合国家税收政策的企业能够享受税收优惠,增强企业的盈利能力,不符合的则要缴纳较高的税收,不利于企业盈利能力提高。所以分析企业盈利能力还要关注这一宏观上的因素。

(五)盈利模式

企业的盈利模式是企业赚取利润的途径和方式,是指企业将内外部资源要素进行整合,为企业创造价值的经营模式。独特的盈利模式是企业获得超额利润的法宝,也会成为企业的核心竞争力。一个企业即使拥有先进的技术和人才,但如果没有一个独特的盈利模式也很难生存。企业的盈利模式不是从表面上看到的行业的选择或经营范围的选择。因此,要想发现企业盈利的源泉,找到企业盈利的根本动力,财务人员必须关注该企业的盈利模式,分析这家企业获得盈利的深层机制是什么。

三、盈利能力分析的目的

(一)经营管理者的分析目的

从企业管理者的角度看,盈利状况是企业组织生产经营活动、销售活动和财务管理工作情况的综合体现,它可以在很大程度上反映企业管理者的工作成果和绩效,是衡量其管理水平的重要标准。企业管理者进行盈利能力分析的主要目的是了解自身的工作成绩及管理中存在的问题。

(二)投资者的分析目的

从投资者的角度看,他们以股权投资的方式与企业发生关系,其收益来自企业发放的股息、红利和转让股票产生的资本利得。这其中的股利来自于利润，利润越高，投资者所能够得到的股息就越高，而能否取得资本利得则取决于股票的市场走势。只有企业的盈利状况好才能使股票价格上升，进而让投资者能够在更高的价位出售股票，获得更多的转让价差。投资者进行盈利能力分析的主要目的是了解其投资获利情况的好坏。

（三）债权人的分析目的

从企业债权人的角度看，定期的利息支付以及到期的还本都必须以企业经营获得利润来保障。如果企业的盈利能力不佳，则很可能导致企业无法按期还本付息，即发生信用风险，这就将给债权人带来很大的损失。所以，债权人非常关心企业的盈利能力。债权人进行盈利能力分析的主要目的是了解自身的债权有无保障。

（四）政府机构的分析目的

从政府机构的角度看，企业获取的利润是企业缴纳税款的基础，利润多则缴纳的税款就多，利润少则缴纳的税款就少。而企业纳税是政府财政收入的重要来源，因此政府机构也十分重视企业的盈利能力。政府进行盈利能力分析的主要目的是了解企业的纳税多少。

四、盈利能力分析的内容

盈利能力分析是企业财务分析的重点，偿债能力分析、营运能力分析的最终目的是通过分析发现问题，改善财务结构，提高资产的周转速度，最终提高盈利能力，促进企业持续稳定的发展。由于利润额受企业规模和投入量的影响很大，不同规模企业的利润额不具有可比性，利润额不能准确评价企业的盈利能力。因此，进行盈利能力分析，主要是对利润率进行分析。从分析角度和企业的组织形式上看，企业盈利能力分析一般从以下几个方面进行：

（一）经营盈利能力分析

经营盈利能力分析，即通过计算企业生产及销售过程中的产出、耗费和利润之间的比例关系，来研究和评价企业的获利能力。在该过程中，不考虑企业的筹资或投资等问题，只研究利润与成本或收入之间的比例关系。它能反映企业在销售过程中产生利润的能力。

（二）投资盈利能力分析

投资盈利能力分析，即通过计算企业在投资业务中的投资报酬来研究企业的盈利能力。企业获得利润的能力与其投入规模有关，销售收入的取得，是以一定的原始投资为基础的，所获利润的多少，与其投资紧密相连。因此，要全面考核企业的盈利能力，必须对投资盈利能力进行分析。它的方法是通过对实现利润占用投入资金比例的分析，来评价企业投入资金的增值能力。

（三）上市公司盈利能力分析

上市公司除了进行商品经营盈利能力、投资业务盈利能力分析外，还可以进行一些特殊指标分析，主要是与上市公司特殊组织形式相关的一些指标，如每股收益、市盈率、股利支付率等。

五、盈利能力分析的方法

(一) 盈利能力水平高低的分析

分析企业盈利水平的高低,需要通过计算相对财务指标评价企业盈利水平。这些指标一般根据企业在销售业务和投资业务两方面的盈利水平来体现,而上市公司由于受到股票价格市场波动,需要另加一些特殊的财务指标用来分析盈利水平的高低。对企业盈利水平的高低主要是对利润率的分析,利用这些反映利润率水平的财务指标能够说明企业盈利水平的高低及变化。

(二) 盈利能力稳定性分析

盈利能力的稳定性主要看企业的盈利状况是否经常发生起伏性变动,是否能较长久地保持在一个较好的水平。盈利能力的稳定性主要应从各种业务利润结构角度分析,即通过分析各种业务利润在利润总额中的比重判断盈利的稳定性。利润表中的利润按照业务的性质划分为商品销售利润、其他业务利润、营业利润、营业外收支等。各利润项目又是按获利的稳定性顺序排列的,凡是靠前的项目在利润总额中所占比重越高,说明获利的稳定性越强。由于主营业务是企业的主要经营业务,一个持续经营的公司总是力求保证主营业务的稳定,从而使得盈利水平保持稳定,所以在盈利稳定性的分析中应侧重主营业务利润比重的分析,重点分析主营业务利润对企业总盈利水平的影响方向和影响程度。

(三) 盈利能力持久性分析

盈利能力的持久性,即企业盈利长期变动的趋势。分析盈利的持久性通常采用将两期或多期的损益进行比较的方式。各期的对比既可以是绝对额的比较,也可以是相对数的比较。绝对额的比较方式就是将公司经常发生的收支、经营业务或商品的利润的绝对额进行对比,看其盈利是否能维持或增长。相对数的比较方式是选定某一会计年度为基年,用各年利润表中各收支项目余额以基年相同项目的余额,然后计算它的百分比,求得各项目变动的百分率,从中判断公司盈利水平是否具有保持和持续增长的可能性,如果企业经常性的商品销售或经营业务利润稳步增长,则说明企业盈利的持久性越强。

第二节　盈利能力的财务比率分析

一、经营盈利能力分析的财务指标

(一) 销售毛利率

1. 计算公式

销售毛利率=(主营业务收入-主营业务成本)/主营业务收入或者=(营业收入-营业成本)/营业收入=(毛利额/营业收入)×100%

销售毛利率是毛利占销售净值的百分比,通常称为毛利率。其中毛利是产品收入与产品成本的差。通常,分析者主要应考察企业主营业务的销售毛利率。

2.分析要点

分析销售毛利率的高低,应注意:销售毛利率的高低取决于所处行业类型,如传统行业的销售毛利率一般较低,高科技行业的销售毛利率一般较高;销售毛利率与竞争性有关,竞争越激烈,毛利率越低,如手机随着生产商的增加,毛利率不断下降;毛利率与企业经营方式有关,如知名品牌服装的毛利率相对较高,因为要承担比一般品牌更高的营销费用,保健品行业毛利率、净利率低,也是因为营销费用投入太多;毛利率与存货周转率有关,一般生产普通日用品的行业周转快,但毛利率低,而生产奢侈品的行业则相反。

3.影响因素

影响毛利率指标的因素可以分成直接因素和间接因素两大类。

(1)直接因素

可以看出,各个因素对毛利润的影响情况如下:

① 销售数量变动的影响

当其他因素不变时,销售数量正比例地影响毛利。其中,对毛利绝对数的影响额为:某产品销售数量变动的影响额=(本期销售数量-上期销售数量)×上期单位销售毛利。

②销售单价变动的影响

销售单价的变动,会正比例地影响到毛利和毛利率的变动。其中,对毛利绝对数影响额为:某产品销售单价变动的影响额=本期销售数量×(本期销售单价-上期销售单价)。

③单位销售成本变动的影响

销售成本的变动,会导致单位销售毛利的反方向、等额地变动,从而反比例地影响毛利额,同样反比例影响销售毛利率。其中,对毛利绝对数的影响额为:某产品单位销售成本变动的影响额=本期销售数量×(上期单位销售成本-本期单位销售成本)。

(2)间接因素

①市场供求变动

市场供求关系对产品的价格起绝对作用。市场上,某产品的需求只是指消费者在一定时期内、在可接受的价格水平上、能够购买到的该商品的数量;某商品的供给是指生产者在一定时期内、在可实现的价格水平上、愿意而且能够提供的可售商品数量。当市场上商品的需求数量与供给数量相等时,便形成一个均衡价格,即某商品的价格。市场供求关系影响商品价格,进而影响企业的销售毛利率。所以,销售毛利率大小取决于市场供需状况、竞争者的数量和实力等因素。

②成本管理水平

成本费用是企业为了获取收益而付出的代价。对于企业,其特定目的就是要实现利润,因此企业的成本费用就是指企业为了获得利润而必须发生的一切支付额。众所周知,减少成本便可提高利润,在市场价格维持一定的情况下,成本优势创造利润优势。如果一个企业实施的所有价值活动的累积成本低于其竞争对手的成本,那么它具有成本优势,成本优势的战略价值在于其持续性。企业的成本管理水平直接影响着产品成本的大小。提高成本管理水平,可以有效地降低产品成本,进而增加企业利润。所以,企业的成本管理水平和业绩影响着企业的毛利率大小。

③产品构成及其独特性

一个企业不可能仅仅生产一种产品，每一种产品的市场需求状况不同，产品组合可以在盈利水平上相互弥补、取长补短，以使企业获利最大。同理，如果产品组合不当，也会制约每个产品的获利能力，从而削弱产品组合带来的利润。同时，如果企业生产的产品是某种独特、有价值的产品而不仅仅因价格低廉而取胜时，它便可以获得溢价，以一定的价格售出更多的产品。所以，产品构成决策的正确与否、产品的差别性也会影响毛利大小。

④行业差别

企业所处的行业大环境不同，这对其经营状况有很大的影响。一个企业是否有长期发展的前景，首先同它所处的行业本身的性质有关。身处高速发展的行业，对任何企业来说都是一个财富，当一个企业处于弱势发展行业中，即使财务数据优良，也会因大环境的下行趋势而影响其未来的获利能力，各个行业的企业数量和各自的实力不同，不同行业的产品数量及产品市场竞争力也不会相同，这使得不同的产品获利的空间也不同。所以行业间的平均毛利率比较是盈利分析的重要环节。

(二)主营业务利润率

1.计算公式

主营业务利润率=[(主营业务收入－主营业务成本－主营业务税金及附加)/主营业务收入]×100%

该修正指标反映公司的主营业务获利。主营利润率，是公司主业所产生的利润率。比如公司主业是房地产，那么经营房地产所产生的利润，与投资额的比率，就是主营利润率。如果这个公司还经营旅游、商业等，因为不是它的主业，在计算主营利润率时不计算在内。

2.分析要点

主营业务利润率是从企业主营业务的盈利能力和获利水平方面对资本金收益率指标的进一步补充，体现了企业主营业务利润对利润总额的贡献，以及对企业全部收益的影响程度。

该指标体现了企业经营活动最基本的获利能力，没有足够大的主营业务利润率就无法形成企业的最终利润，为此，结合企业的主营业务收入和主营业务成本分析，能够充分反映出企业成本控制、费用管理、产品营销、经营策略等方面的不足与成绩。

该指标越高，说明企业产品或商品定价科学，产品附加值高，营销策略得当，主营业务市场竞争力强，发展潜力大，获利水平高。

(三)营业收入利润率

营业收入利润率=(营业利润/营业收入)×100%

营业利润=营业收入(主营业务收入+其他业务收入)－营业成本(主营业务成本+其他业务成本)－营业税金及附加－管理费用－销售费用－财务费用－资产减值损失+公允价值变动收益(损失为负)+投资收益(损失为负)

营业收入利润率越高，说明企业商品销售额提供的营业利润越多，企业的盈利能力越强；反之，此比率越低，说明企业盈利能力越弱。它是衡量企业经营效率的指标，反映了在考虑营业成本的情况下，企业管理者通过经营获取利润的能力。

影响营业收入利润率的因素有销售数量、单位产品平均售价、单位产品制造成本、控制管理费用的能力、控制营销费用的能力。

（四）销售净利率

销售净利率＝（净利润/主营业务收入）×100％

或销售净利率＝（净利润/营业收入）×100％

销售净利率是反映每百元主营业务收入或营业收入获得的净利润，该比率越大，表明企业日常经营活动获得的可供投资者分配的利润越多。

通过分析销售净利率的变化，可以促使企业注意改善经营管理、控制期间费用、提高盈利水平。销售净利率越高，说明企业通过扩大销售获取收益的能力越强。影响销售净利率的因素很多，既有销售结构、销售价格、销售成本等的影响，也有市场环境、行业特点等其他因素的影响，而与销售数量无直接关系。销售净利率越高，说明企业在正常经营的情况下由盈转亏的可能性越小，并且通过扩大主营业务规模获取利润的能力越强。

（五）营业成本利润率

营业成本利润率＝（营业利润/营业成本）×100％

营业成本利润率是指企业在一定时期内营业利润与营业成本的比率，反映每百元营业成本获得的营业利润。该比率越大，表明企业日常经营活动的盈利能力越强。

（六）营业成本费用利润率

营业成本费用利润率＝［营业利润/（营业成本＋营业税金及附加＋三项期间费用）］×100％

营业成本费用利润率是反映每百元成本费用获得的营业利润，该比率越大，表明企业日常经营活动的盈利能力越强。

（七）总成本费用利润率

成本费用利润率＝利润总额/成本费用总额×100％

公式中的利润总额和成本费用总额来自企业的利润表。成本费用一般指营业成本及营业税金及附加和三项期间费用、营业外支出和所得税费用。

成本费用利润率是企业一定期间的利润总额与成本、费用总额的比率。成本费用利润率指标表明每付出一元成本费用可获得多少利润，体现了经营耗费所带来的经营成果。该项指标越高，利润就越大，反映企业的经济效益越好。

二、投资盈利能力分析的财务指标

（一）总资产净利率

总资产净利率＝净利润/平均资产总额×100％

平均资产总额＝（期初资产总额＋期末资产总额）÷2

该指标反映的是公司运用全部资产所获得利润的水平，即公司每占用1元的资产平均能获得多少元的利润。该指标越高，表明公司投入产出水平越高，资产运营越有效，成本费用的控制水平越高。这个指标能体现出企业管理水平的高低。

总资产净利率反映了全部资产的收益率，全面地揭示了在不考虑资产的来源，即融资种类差异的前提下，各类融资同等使用可以获得的平均收益。投资人的股利、红利和资本利得及债权人的利息都取决于总资产净利率的高低。若在总资产净利率大于借入资金成本的情况下进行负债经营，企业的收益用于支付债权人的利息后的剩余部分归投资人所有，此时，企业的净资产收益率就会大于总资产净利率，说明企业充分利用了财务杠杆的效应，不但投资人受益，而且债权人的债权也是比较安全的。

（二）总资产报酬率

总资产报酬率＝[（利润总额＋利息支出）/平均资产总额]×100％＝（总资产息税前利润/平均资产总额）×100％

利润总额指企业实现的全部利润，包括企业当年营业利润、投资收益、补贴收入、营业外支出净额等项内容，如为亏损，则用“－”号表示。

表示企业全部资产获取收益的水平，全面反映了企业的获利能力和投入产出状况。通过对该指标的深入分析，可以增强各方面对企业资产经营的关注，促进企业提高单位资产的收益水平。

一般情况下，企业可据此指标与市场资本利率进行比较，如果该指标大于市场利率，则表明企业可以充分利用财务杠杆，进行负债经营，获取尽可能多的收益。

该指标越高，表明企业投入产出的水平越好，企业的资产运营越有效。

（三）净资产收益率

净资产收益率＝（税后利润/所有者权益平均余额）×100％＝（净利润/所有者权益平均余额）×100％

净资产收益率是指企业一定时期内的净利润与平均净资产之间的比率，反映股东投入的资金获得的收益率，是评价企业资本经营效率的核心指标。净资产收益率是反映企业自有资本及其积累获取报酬水平的最具综合性和代表性的指标。该指标不受行业的限制，通用性强，实用范围广。一般来说，净资产收益率越高，资本运营效果越好，投资者和债权人受保障的程度越高。

净资产收益率可衡量公司对股东投入资本的利用效率。它弥补了每股税后利润指标的不足。例如，在公司对原有股东送红股后，每股盈利将会下降，从而在投资者中造成错觉，以为公司的获利能力下降了，而事实上，公司的获利能力并没有发生变化，用净资产收益率来分析公司获利能力就比较适宜。

净资产收益率＝总资产收益率×权益乘数

从公式中可以看出，影响净资产收益率的是代表资产获利能力的总资产收益率，以及反映资产与股东权益倍数的权益乘数。企业利用资产的效率越高，财务杠杆效应发挥得越好，则企业股东能享受到的最大可分配利润越多。

（四）净资产报酬率

净资产报酬率＝［（利润总额＋利息支出）/平均净资产］×100％＝（息税前利润/平均所有者权益）×100％

净资产报酬率又叫所有者权益报酬率，是企业一定时期内获得的报酬总额与平均净资产总额的比率。它是反映企业资产综合利用效果的指标，也是衡量企业利用所有者权益总额所取得盈利的重要指标。该指标越高，表明企业的资产利用效益越好，企业盈利能力越强，经营管理水平越高。

（五）长期资金收益率

长期资金收益率＝（息税前利润/平均长期资金）×100％＝｛（利润总额＋利息支出）/［（长期负债＋所有者权益）/2］｝×100％

长期资金收益率越高，说明企业的长期资金获取报酬的能力越强。对长期资金收益进行横向的比较，可以观察到企业的该指标在整个行业中的地位，分析出企业与其竞争对手相比的优势或劣势。在此基础上，对企业的经营方式及时做出调整，以保证其长期的盈利能力。

（六）资本保值增值率

资本保值增值率＝（期末所有者权益/期初所有者权益）×100％

资本保值增值率是指企业本年末所有者权益同年初所有者权益的比率。该指标表示企业当年资本在企业自身的努力下的实际增减变动情况，是评价企业财务效益状况的辅助指标。反映了投资者投入企业资本的保全性和增长性，该指标越高，表明企业的资本保全状况越好，所有者权益增长越快，债权人的债务越有保障，企业发展后劲越强。通过该公式可以较为直观地考察企业资本增值的情况，为投资者考察企业规模变化提供一个可靠的视角。

（七）资产现金流量收益率

资产现金流量收益率＝（经营活动产生的现金流入量/平均总资产）×100％

该指标用来评价企业利用资产在经营活动中获取现金的能力，可评价企业的资产投入利用效率。

第三节　上市公司的盈利能力分析

在进行盈利能力分析时，我们应该考虑上市公司的特殊情况，上市公司作为一类经过批准，可以在证券交易所向社会公开发行股票筹资的股份有限公司，其权益资本被分成等额的股份，也被称为股本。在进行上利能力分析时，除了对企业经营盈利能力和投资盈利能力进行分析以外，还应对上市公司的股本盈利能力进行分析。此外，上市公司与一般企业的不同之处还在于有股票二级市场形成的交易价格，并通过发放股利的形式进行利润分配。因此对上市公司盈利能力的分析可以通过对每股收益、市盈率、股利支付率等财务指标的分析来完成。

一、普通股股东权益报酬率

普通股股东权益报酬率=(净利润—优先股利)/普通股本

普通股权益报酬率是指净利润扣除应发放的优先股股息的余额与普通股权益之比。如果公司未发行优先股,那么普通股权益报酬率就等于股东权益报酬率或自有资本报酬率。该指标从普通股东的角度反映企业的盈利能力,指标值越高,说明盈利能力越强,普通股东可得收益也越多,或者用于扩大再生产的潜力越大。

二、每股收益

每股收益=归属于普通股股东的当期净利润/当期发行在外普通股的加权平均数=(净利润—优先股利)/普通股数

当期发行在外普通股的加权平均数=期初发行在外普通股股数+[(当期新发行普通股股数×已发行时间)/报告期时间]—[(当期回购普通股股数×已回购时间)/报告期时间]

该比率反映了每股创造的税后利润。比率越高,表明所创造的利润越多。若公司只有普通股时,净收益是税后净利,股份数是指流通在外的普通股股数。如果公司还有优先股,应从税后净利中扣除分派给优先股东的股利。

每股收益,是衡量上市公司盈利能力最重要的财务指标。它反映普通股的获利水平。在分析时,可以进行公司间的比较,以评价该公司相对的盈利能力;可以进行不同时期的比较,了解该公司盈利能力的变化趋势;可以进行经营实绩和盈利预测的比较,掌握该公司的管理能力。

使用每股收益分析营利性要注意以下问题:

(1) 每股收益不反映股票所含有的风险。例如,假设某公司原来经营日用品的产销,最近转向房地产投资,公司的经营风险增大了许多,但每股收益可能不变或提高,并没有反映风险增加的不利变化。

(2)股票是一个“份额”概念,不同股票的每一股在经济上不等量,它们所含有的净资产和市价不同即换取每股收益的投入量不相同,限制了每股收益的公司间比较。

(3)每股收益多,不一定意味着多分红,还要看公司股利分配政策。

(4)每股收益是反映上市公司盈利能力大小的一个非常重要的财务指标。这一指标的高低经常对股票价格产生较大的影响。

三、每股股利

每股股利=股利总额/普通股股数=(现金股利总额－优先股股利)/发行在外的普通股股数

股利总额是用于对普通股进行分配的现金股利的总额,普通股股数是企业发行在外的普通股股数(不是加权平均数)。若一年内发行两次股利,则需要将两次股利相加后除以总股本计算年度每股股利。

每股股利是反映股份公司每一普通股获得股利多少的一个指标,指标值越大表明获利能力越强。影响每股股利多少的因素主要是企业股利发放政策与利润分配政策的影响。如果企业为扩大再生产、增强企业后劲而多留利，每股股利就少，反之则多。

计算每股股利一是可以衡量公司股利发放的多寡和增减，二是可以作为股利收益率指标的分子，计算股利收益率是否诱人。每股股利与每股收益一样，由于分母是总股本，所以也会有因为股本规模扩大导致的摊薄效应。对于投资者而言，不论公司股本是否扩大，都希望每股股利保持稳定，尤其对于收益型股票，每股股利的变动是投资者选股的重要参考。

四、每股净资产

每股净资产＝ 股东权益/总股数

每股净资产是指股东权益与总股数的比率。这一指标反映每股股票所拥有的资产现值。每股净资产越高，股东拥有的资产现值越多；每股净资产越少，股东拥有的资产现值越少。通常每股净资产越高越好。每股净资产值反映了每股股票代表的公司净资产价值，为支撑股票市场价格的重要基础。每股净资产值越大，表明公司每股股票代表的财富越雄厚，通常也表明创造利润的能力和抵御外来因素影响的能力越强。股票的净资产是上市公司每股股票所包含的实际资产的数量，又称股票的账面价值或净值，指的是用会计的方法计算出的股票所包含的资产价值。它标志着上市公司的经济实力，因为任何一个企业的经营都是以其净资产数量为依据的。如果一个企业负债过多而实际拥有的净资产较少，就意味着其经营成果的绝大部分都将用来还债；如负债过多出现资不抵债的现象，企业将会面临着破产的危险。

股票投资的收益只与所持股票的多寡成正比，投入得多并不意味着收获就大，即使股民投入的资金量相同，但由于所购股票数量不等，其投资收益就有可能差异很大。由于股票的收益决定于股票的数量而并非股票的价格，且每股股票所包含的净资产决定着上市公司的经营实力，决定着上市公司的经营业绩，每股股票所包含的净资产就对股价起决定性的影响。

五、每股公积金

每股公积金＝公积金/股票总股数

公积金是公司的“最后储备”，它既是公司未来扩张的物质基础，也可以是股东未来转赠红股的希望之所在。没有公积金的上市公司，就是没有希望的上市公司。

每股公积金分资本公积金和盈余公积金。

六、市盈率

（一）计算公式

市盈率（静态市盈率）＝普通股每股市场价格/普通股每年每股盈利＝每股市价/每股收益

上式中的分子是当前的每股市价，分母可用最近一年盈利，也可用未来一年或几年的预测盈利。每年每股盈利的计算方法，是该企业在过去 12 个月的净利润减去优先股股利之后除以总发行已售出股数。

(二)含义

市盈率是上市公司股价与每股收益(年)的比值。即:市盈率=股价/每股收益(年)。明显地,这是一个衡量上市公司股票的价格与价值的比例指标。可以简单地认为,市盈率高的股票,其价格与价值的背离程度就越高。也就是说,市盈率越低,其股票越具有投资价值。

如果某股票有较高市盈率,代表:市场预测未来的盈利增长速度快;或出现泡沫,该股被追捧;该企业有特殊的优势,保证能在低风险情况下持久获得盈利;市场上可选择的股票有限,在供求定律下,股价将上升。

(三)分析要点

投资者计算市盈率,主要用来比较不同股票的价值。理论上,股票的市盈率愈低,愈值得投资。比较不同行业、不同国家、不同时段的市盈率是不大可靠的。比较同类股票的市盈率较有实用价值。

市盈率作为衡量上市公司价格和价值关系的一个指标,其高低标准并非绝对的。事实上,市盈率高低的标准和该国货币的存款利率水平是有着紧密联系的。美国股市的市盈率保持在1/4.75%=21倍左右的市盈率,一般认为市盈率在5—20之间都是基本正常的。因为,如果市盈率过高,投资不如存款,大家就会放弃投资而把钱存在银行吃利息;反之,如果市盈率过低,大家就会把存款取出来进行投资以取得比存款利息高的投资收益。

(四)指标缺陷

市盈率指标用来衡量股市平均价格是否合理具有一些内在的不足:

1.市盈率指标很不稳定

随着经济的周期性波动,上市公司每股收益会大起大落,这样算出的平均市盈率也大起大落,以此来调控股市,必然会带来股市的动荡。1932年美国股市最低迷的时候,市盈率却高达100多倍,如果据此来挤股市泡沫,那是非常荒唐和危险的,事实上,当年是美国历史上百年难遇的最佳入市时机。

2.市盈率只是股票投资价值的一个影响因素

投资者选择股票,不一定要看市盈率,很难根据市盈率进行套利,也很难根据市盈率说某某股票有投资价值或没有投资价值。令人费解的是,市盈率对个股价值的解释力如此之差,却被用作衡量股票市场是否有投资价值的最主要的依据。实际上,股票的价值或价格是由众多因素决定的,用市盈率一个指标来评判股票价格过高或过低是很不科学的。

3.用市盈率衡量一家公司股票的质地时,并非总是准确的

一般认为,如果一家公司股票的市盈率过高,那么该股票的价格具有泡沫,价值被高估。当一家公司增长迅速以及未来的业绩增长非常看好时,利用市盈率比较不同股票的投资价值时,这些股票必须属于同一个行业,因为此时公司的每股收益比较接近,相互比较才有效。

七、市净率

市净率=每股股价/每股净资产

市净率指的是每股股价与每股净资产的比率。净资产的多少是由股份公司经营状况决定的，股份公司的经营业绩越好，其资产增值越快，股票净值就越高，因此股东所拥有的权益也越多。市净率可用于股票投资分析，一般来说，市净率较低的股票，投资价值较高，相反，则投资价值较低；但在判断投资价值时还要考虑当时的市场环境以及公司经营情况、盈利能力等因素。

市净率特别在评估高风险企业，企业资产大量为实物资产的企业时受到重视。

市净率能够较好地反映出“有所付出，即有回报”，它能够帮助投资者寻求哪个上市公司能以较少的投入得到较高的产出，对于大的投资机构，它能帮助其辨别投资风险。这里要指出的是：市净率不适用于短线炒作，提高获利能力。

八、股利支付率

股利支付率＝（每股股利/每股净收益）×100％或＝股利总额/净利润总额

股利支付率＋留存收益率＝1

它反映公司的股利分配政策和股利支付能力。该指标反映企业一定时期净利润额中股利发放程度的一个指标。在股票持有者中，一部分投资者，特别是短期投资者和散户投资于企业的主要目的，有时并不是为了企业的长远发展，更不是为了失真企业，而是为了获取股利，在企业净收益中有多少用于发放股利，是他们最关心的问题之一。对于长期投资者来说，虽然他们也希望企业发放股利，但他们并不希望这一比例越高越好，因为发放股利，特别是发放现金股利，常常影响企业的支付能力、偿债能力、营运能力，他们希望这一比率最好维持在既能维持企业在资本市场的形象和信心，又能够不影响企业的各种能力的基础上。一般来说，企业发放股利越多，股利的支付率越高，因而对股东和潜在的投资者的吸引力越大，也就越有利于建立良好的公司信誉。一方面，投资者对企业的信任，会使企业股票供不应求，从而使企业股票市价上升。企业股票的市价越高，对公司吸引投资、再融资越有利。另一方面，过高的股利分配政策，一是会使公司的留存收益减少，二是如果公司要维持高股利分配政策而对外大量举债，会增加资金成本，最终必定会影响企业的未来收益和股东权益。

股利支付率是股利政策的核心。确定股利支付率，首先要清楚公司在满足未来发展所需要的资本支出需求和营运资金需求后，有多少现金可用于发放股利，然后考察公司所能获得的投资项目的效益如何。如果现金充足且投资项目的效益又很好，则应少发或不发股利；如果现金充足且投资项目效益较差，则应多发股利。

九、股利收益率

股利收益率＝每股股利/每股市价

该指标是反映投资者投资股票获得股利的回报率。股利收益率是挑选收益型股票的重要参考标准。如果连续多年股利收益率超过1年期银行存款利率，则这只股票基本可被视为收益型股票，股利收益率越高越吸引投资者。股利收益率也是挑选其他类型股票的参考标准之一。决定股利收益率高低的不仅是股利和股利发放率的高低，还要视股价来定。

●思考题

1. 企业的盈利能力对偿债能力有何影响？

2. 上市公司的盈利能力指标有何特殊性？

3. 盈利能力为何与资产经营的好坏相关？

4. 销售毛利率为什么是重要的盈利能力分析指标？

5. 企业常用的盈利能力指标主要有哪些？

●练习题

1. 某公司比较利润表如下所示：

比较利润表

单位：万元

项目	2013年	2014年
一、营业收入	61344.82	33165.51
减：营业成本	53362.07	24768.12
营业税金及附加	183.14	156.24
营业费用	1698.65	2311.62
管理费用	2570.16	3998.05
财务费用（全为利息费用）	1116.72	971.70
资产减值准备		
加：公允价值变动收益		
投资收益	152.3	606.4
二、营业利润	2566.38	1566.18
加：营业外收入	42.39	29.76
减：营业外支出	15.11	11.73
三、利润总额	2593.66	1584.21
减：所得税费用	405.05	215.50
四、净利润	2188.61	1368.71

要求：

（1）计算比较2013年、2014年销售毛利率、营业收入利润率、营业成本利润率、销售净利率等指标。

（2）根据计算结果分析该企业在经营业务中的盈利能力。

2. 全聚德（002186）2015 年年末的资产总额 1860207518.00 元，年初资产为 1724359090.02 元，2015 年年末非流动负债为 1772.48 元，2015 年年初的资产总额为 172436.00 元，2015 年年初的所有者权益总额为 138839.00 元。2015 年年末的利润表如下：

项目	金额
营业收入	185321.00
营业成本	77404.80
营业税金及附加	7537.36
销售费用	59873.50
管理费用	24293.00
财务费用	681.38
资产减值损失	32.28
投资收益	3367.58
营业利润	18865.80
营业外收入	233.20
营业外支出	111.18
非流动资产处置损失	100.61
利润总额	18987.70
所得税费用	3527.69
净利润	13119.70

要求：

(1)计算全聚德公司 2015 年总资产净利率、总资产报酬率、净资产收益率、净资产收益率、净资产报酬率、长期资金收益率、资本保值增值率、资产现金流量收益率等指标。

(2)根据计算结果分析该企业在投资方面的盈利能力。

第九章 营运能力分析

●**学习目的与要求**

通过本章的学习，了解营运能力的含义及内容等基本理论；熟悉营运能力分析的基本思路与基本理论；掌握营运能力分析的方法，能够熟练运用营运能力分析指标的特点与相关注意问题进行分析，达到营运能力分析的目的。

●**关键知识点**

营运能力的实质；营运能力分析的意义；营运能力的财务比率分析

●**重要概念**

营运能力；现金周转率；应收账款周转率；存货周转率；固定资产周转率

营运能力是指企业经营运转资产的能力，它反映了企业资金周转状况。企业的资金周转情况与企业的供应、生产、销售等各个经营环节密切相关，只有各个环节正常运转，才能保证资金的正常运转。故企业营运能力的好坏决定着企业资产的运转效率和利用效果。企业管理者进行营运能力分析的主要目的是了解自身的工作成绩及管理中存在的问题，投资者进行营运能力分析的主要目的是了解企业经营情况的好坏和获取利润的多少与前景，债权人进行营运能力分析的主要目的是预测企业财务状况的发展趋势。盈利能力可包括资金周转情况分析、资产利用效率情况分析，会计报表分析者可从这几个角度对企业营运能力进行综合判断。

营运能力分析究竟能提供哪些信息？如何处理和利用这些信息？这是本章所述主要内容与目的所在。

第一节 营运能力分析概述

一、营运能力的含义

营运能力是指企业资产营运的效率，即企业充分利用现有资源创造价值的能力，其实质就是要以尽可能少的资产占用、尽可能短的时间周转，生产尽可能多的产品，创造尽可能多的销售收入。因此，企业营运能力是影响企业财务状况稳定与否和获利能力强弱的关键环节。

二、营运能力的内容

营运能力主要指各类资产周转速度和使用效率，大部分表现为各类资产的周转速度，包括流动资产、固定资产、总资产的营运能力。一般用流动资产周转率、现金周转率、应收账款周转率、存货周转率、固定资产周转率和总资产周转率来反映，也包括一些反映资产结构的财务指标，比如固定资产成新率、不良资产比率等。

三、影响营运能力的因素

（一）企业所处行业及其经营背景

不同的企业由于所处的行业不同，资产的占用规模呈现较大的差异。比如，一般制造业固定资产占总资产的比重较大，高科技企业中无形资产比例较大等。另外，企业的经营背景不同，营运能力也有差异，比如生产技术落后的企业生产效率低下，其营运能力就差。

（二）企业经营周期的长短

不同的企业由于产品生产和销售的差异性，导致其经营周期的长短不同。经营周期较长的企业，可能是存货比重较大，或者是特定的信用政策致使其应收账款的周转期较长。在分析的时候应该具体判断，不能以周转率的高低来判断评价企业营运能力的强弱，而应考虑其经营周期的影响作用。

（三）企业资产的构成及其质量

企业营运能力的强弱还与企业资产的构成及其质量有关。企业的资产大致可分为流动资产和非流动资产两类，应注意这两类资产的合理配置，以及每一项资产在企业价值创造过程中是否能发挥其应有的作用，比如企业积压的存货、未使用的固定资产，它们不仅不能为企业创造价值，而且还占用管理成本，阻碍企业营运水平的提高，必须得到有效的清理。

（四）企业资金筹集和运用的力度

企业资金的来源，就是债务资金和权益资金。合理地安排债务资金和权益资金的比例关系，并使用好这些资金，提高资金的使用效率，对增强营运能力具有重要意义。

四、营运能力分析的作用

（一）有利于企业管理者改善经营管理

企业经营管理者接受企业所有者或股东的委托，对其投入企业的资产负有保值增值的责任。企业经营管理者可以通过营运能力分析，了解企业的资产结构和效率，可发现和揭示与企业经营性质、经营时期不适应的资产结构比例，并及时予以调整，形成合理的资产结构，使资产保持足够的流动性，提高资产周转速度，改善财务状况，以赢得外界对企业的信心。特别是对闲置资产、低质量资产进行分析，能摸清存量资产结构，并迅速处理有问题的资产，可以有效防止或消除资产经营风险，提高盈利能力，使企业现有资源盈利更多，而且保持持续增长。

（二）有助于企业投资者进行投资决策

企业营运能力分析包括资产结构和效率的分析。资产的结构影响企业的安全性，而企业的安全性关系到企业的生存能否继续，是投资者非常关注的问题。同时，资产的结构和效率影响着企业的收益。企业利用资产的效率越高，资产周转速度越快，实现收益的次数越多,带来的收益越多。因此,投资者利用营运能力分析可以考察企业未来盈利能力的高低。

(三)有助于债权人进行信用决策

短期债权人通过了解企业营运能力中的流动资产周转率、应收账款周转率和存货周转率等指标,加上对支持有关比率的各个变量进行质量分析,可以判断企业短期债权的物资保证程度;长期债权人可以通过了解固定资产周转率、总资产周转率,根据长期资产的利用效率判断企业长期债权的安全性。

第二节 营运能力的财务比率分析

一、流动资产营运能力分析

流动资产营运能力分析是指通过企业生产经营资金周转速度的有关指标所反映出来的企业流动资金利用的效率,表明企业管理当局在企业经营管理活动中运用流动资金的能力。反映流动资产周转情况的指标主要有现金周转率、应收账款周转率、存货周转率、流动资产周转率等。

(一)现金周转率

现金周转率=主营业务收入净额/现金平均余额

其中:现金包括库存现金和可随时支取的银行存款。

现金平均余额=(期初现金+期末现金)/2

主营业务收入的数据有时难以获取,可用营业收入代替。

现金周转率反映了企业对现金的管理水平和利用效率的高低。现金周转率应维持在一个合理水平,较高的比率意味着企业对现金的使用效率较好,但同时也表明企业所持有的现金较少,这可能是企业出现财务困难的一个信号,与此相反,如果现金周转率较低,一方面说明企业对现金的使用效率较差,但另一方面又表明企业的现金充裕,短期偿债有保证。

(二)应收账款周转率

应收账款周转率(次数)=计算期赊销收入净额/应收账款平均余额

应收账款周转天数=计算期天数/应收账款周转率

计算期是指 1 个月算 30 天,1 个季度算 90 天,1 年算 360 天。

赊销收入净额=主营业务收入—现销收入—销售折扣与折让,由于现销收入资料难以取得,故通常用主营业务收入净额近似计算;应收账款包括报表中的“应收账款”和“应收票据”等全部赊销款在内;应收账款平均余额=(期初应收账款+期末应收账款)/2。

一定时期内,企业的应收账款周转率越高,周转次数越多,表明企业应收账款回收速度越快,企业应收账款管理效率越高,资产流动性越强,短期偿债能力越强。同时,较高的应收账款周转率可有效地减少收款费用和坏账损失,从而相对提高企业流动资产的收益能力。

导致应收账款周转率下降的原因主要有企业的信用政策、客户延期付款等。对于季节性经营明显的企业,计算年均应收账款周转率应按 4 个季度末或每月末的余额计算平均值,不能简单地取年初和年末平均值，否则会造成该指标的严重高估或低估。

(三)存货周转率

存货周转次数＝计算期营业成本/存货平均余额(或＝销售成本/存货平均余额)

存货周转天数＝计算期天数/存货周转次数

存货周转率是反映企业销售能力强弱、存货是否过量和资产流动能力强弱的一个指标，也是衡量企业生产经营各环节中存货运营效率的一个综合性指标。存货周转率比应收账款周转率反映的内容更具有综合性，涉及企业供、产、销等环节。在分析存货周转率时，应该尽可能结合存货的批量因素、季节性变化因素等情况对指标加以理解。

一般来说，存货周转率指标越高，表明企业存货周转速度越快，存货变现能力越强，资金占用水平越低，但不能盲目追求高存货周转率。否则可能出现采购过于频繁、批量太小价格压不下来，甚至是停工待料或无产品出售的现象。

分析该指标应注意以下问题：若是企业的生产经营活动具有很强的季节性，则年度内各季度的销售成本与存货都会有较大幅度的波动，这时平均存货应该按月或季来计算；分析该指标应该关注企业的竞争战略，若企业采用薄利多销的策略，一般商品毛利低但周转率高；企业处于不同发展阶段时，存货周转率就不同，处于发展初期时业务尚未全面展开，可能存货周转率偏低；处于不同行业的企业，该指标之间可能存在较大的差异；采用不同的存货计价方法也会造成该指标差异。

如果存货周转率恶化，可能是由于低效率的存货控制与管理导致存货购买过度；也可能是低效率的生产导致存货缓慢周转；或是销售困难、销售策略不正确导致存货滞销，库存积压。

存货周转率可以分解为原材料周转率、在产品周转率、产成品周转率，可以反映不同种类存货的周转情况：产成品周转率＝主营业务成本/产成品平均余额，在产品周转率＝生产成本/在产品平均余额，原材料周转率＝耗用原材料成本/原材料平均余额。

(四)流动资产周转率

流动资产周转率＝主营业务收入净额/流动资产平均余额

流动资产周转率是反映企业流动资产运用效率的指标。企业流动资产周转率越快，周转次数越多，周转天数越少，表明企业以相同的流动资产占用实现的销售收入越多，说明企业流动资产的运用效率越好，进而使企业的偿债能力和盈利能力都得到增强；反之，则表明企业利用流动资产进行经营活动的能力较差，效率较低。

由于流动资产是企业短期偿债能力的基础，企业应该有一个比较稳定的流动资产数额，并以此提高使用效率。应该防止企业以大幅度降低流动资产为代价追求高周转率。

(五)营业周期

营业周期＝存货周转天数＋应收账款周转天数＝360/年存货周转率＋360/年应收账款周转率

营业周期短，说明资金周转速度快，流动性强，资产使用效率高；营业周期长，说明资金周转速度慢，流动性弱，资产使用效率低。营业周期的长短取决于存货周转天数与应收账款周转天数共同的作用，所以必须结合存货和应收账款的周转情况一并分析。营业周期的长短不仅体现了企业的资产管理水平，还会影响企业的偿债能力和盈利能力。此外，不同的行业，营业周期的差异也比较大，比如商业企业的营业周期一般都短于工业企业。

营业周期不仅可以用于分析和考察企业资产的使用效率和管理水平，而且可以用来补充说明和评价企业的流动性。事实上，营业周期的长短是决定企业流动资产需要水平的重要因素，营业周期越短的企业，流动资产的数量也往往比较少，其流动比率和速动比率往往保持在较低的水平，但由于流动资产的管理效率高，因而从动态角度看该企业的流动性仍然很强，企业的短期偿债能力仍然有保障；相反，如果一家企业的营业周期很长，那么很有可能是应收账款或存货占用资金过多，并且变现能力很差，虽然这家企业流动比率和速动比率都可能较高，但企业的流动性却可能较差。因此营业周期可以作为利用流动比率和速动比率等财务指标分析企业短期偿债能力的补充指标。

对营业周期进行分析时，同样可以进行横向和纵向的比较。通过与同行业平均水平或竞争对手比较，可以观察企业的营业周期在整个行业中的水平，与竞争对手相比如何。如果通过横向比较，发现企业的营业周期过长或过短，则应进一步找出原因，并及时采取措施进行调整。通过与企业以往各期的营业周期进行比较，可以看出企业营业周期的变动态势。

（六）营运资本周转率

营运资本周转率＝主营业务收入净额/平均营运资本

营运资本周转率表明企业营运资本的运用效率，反映每投入一元营运资本所能获得的销售收入，同时也反映一年内营运资本的周转次数。一般而言，营运资本周转率越高，说明每一元营运资本所带来的销售收入越多，企业营运资本的运用效率也就越高，反之，营运资本周转率越低，说明企业营运资本的运用效率越低。同时，营运资本周转率还是判断企业短期偿债能力的辅助指标。一般情况下，企业营运资本周转率越低，所需要的营运资本水平也就越低，此时会发现企业的流动比率或速动比率等可能处于较低水平，但由于营运资本周转速度快，企业的短期偿债能力仍然能够保持较高水平。因此在分析企业短期偿债能力时也需要对营运资本的周转情况进行分析。

营运资本周转率的影响因素是很复杂的，不能根据营运资本周转率的高低直接得出相关结论，而要进行具体的分析。比如，较低的营运资本周转率可能是企业所拥有的高额存货或高额应收账款导致的，也有可能是大额现金余额所造成的。此外，较高的营运资本周转率可能是有利的应收账款和存货的周转次数变化所导致的结果，但也有可能反映了营运资本不足以满足日常生产经营的需要。

因此，营运资本周转率没有通用的比较标准，在分析过程中往往将这一指标与本企业历史水平、同行业平均水平或同类企业进行比较。若营运资本周转速度过快则反映企业营运资本存在一定程度的不足情况，需要特别关注营运资本的缺乏所可能导致的企业偿债风险问题；若营运资本周转速度过慢，则说明企业营运资本利用效率不高，企业或是降低营运资本所占资金额度，或是需要进一步挖掘潜力提高营运资本的利用效果，达到销售收入与营运资本的合理比例，使所投入的营运资本能够最大限度地发挥作用。

二、固定资产营运能力分析

(一)固定资产周转率

固定资产周转率=主营业务收入净额/平均固定资产净值

固定资产周转天数=计算期天数/固定资产周转率

固定资产周转率表示在一个会计期间内,固定资产周转的次数,或表示每一元固定资产支持的销售收入。

固定资产周转天数表示在一个会计年度内,固定资产转换成现金平均需要的时间,即平均天数。固定资产的周转次数越多,则周转天数越短;周转次数越少,则周转天数越长。

固定资产周转率主要用于分析对厂房、设备等固定资产的利用效率,比率越高,说明利用率越高,管理水平越好。如果固定资产周转率与同行业平均水平相比偏低,则说明企业对固定资产的利用率较低,可能会影响企业的获利能力。它反映了企业资产的利用程度。

固定资产周转率的注意事项有:

1.这一指标的分母采用平均固定资产净值,因此指标的比较将受到折旧方法和折旧年限的影响,应注意其可比性问题。

2.当企业固定资产净值率过低(如因资产陈旧或过度计提折旧),或者当企业属于劳动密集型企业时,这一比率就可能没有太大的意义。

(二)固定资产产值率

固定资产产值率=计算期总产值/固定资产平均总值

总产值在商业企业一般是指销售收入,在工业企业是指生产产品数×销售价格,固定资产平均总值可按固定资产原值、净值计算。

三、总资产营运能力分析

(一)总资产周转率

1.计算公式

总资产周转率=主营业务收入净额/总资产平均余额

总资产周转天数=计算期天数/总资产周转率

2.含义

总资产周转率是综合评价企业全部资产的经营质量和利用效率的重要指标。周转率越大,说明总资产周转越快,反映出销售能力越强。企业可以通过薄利多销的办法,加速资产的周转,带来利润绝对额的增加。

总资产周转率是考察企业资产运营效率的一项重要指标,体现了企业经营期间全部资产从投入到产出的流转速度,反映了企业全部资产的管理质量和利用效率。通过该指标的对比分析,可以反映企业本年度以及以前年度总资产的运营效率和变化,发现企业与同类企业在资产利用上的差距,促进企业挖掘潜力、积极创收、提高产品市场占有率、提高资产利用效率,一般情况下,该数值越高,表明企业总资产周转速度越快。销售能力越强,资产利用效率越高。

总资产周转率越低，周转天数越多，说明公司利用其资产进行经营的效率越差，这不仅会影响公司的获利能力，而且直接影响上市公司的股利分配。总资产周转率与流动资产周转率都是衡量公司资产运营效率的指标，一般来说流动资产周转率越高，总资产周转率也越高，这两个指标从不同的角度对公司资产的运营进行了评价。

3.分析要点

(1)由于年度报告中只包括资产负债表的年初数和年末数，外部报表使用者可直接用资产负债表的年初数来代替上年平均数进行比率分析。这一代替方法也适用于其他的利用资产负债表数据计算的比率。

(2)如果企业的总资产周转率突然上升，而企业的销售收入却无多大变化，则可能是企业本期报废了大量固定资产造成的，而不是企业的资产利用效率提高。

(3)如果企业的总资产周转率较低，且长期处于较低的状态，企业应采取措施提高各项资产的利用效率，处置多余、闲置不用的资产，提高销售收入，从而提高总资产周转率。

(4)如果企业资金占用的波动性较大，总资产平均余额应采用更详细的资料进行计算，如按照月份计算。

(二)总资产产值率

总资产产值率＝计算期总产值/总资产平均余额

该指标从生产成果方面反映了企业总资产的利用效率。总资产产值率越高，表明企业总资产的营运效率越高，即利用平均资产所创造的生产成果越高，反之则越低。

(三)不良资产比率

不良资产比率＝年末不良资产总额/年末资产总额

不良资产是指企业资产中存在问题、难以参加正常生产经营运转的部分，主要包括三年以上应收账款、其他应收款及预付账款，积压的存货、闲置的固定资产和不良投资等资产的账面余额，待处理流动资产及固定资产净损失，以及潜亏挂账和经营亏损挂账等。

该指标着重从企业不能正常循环周转以谋取收益的资产角度反映了企业资产的质量，揭示了企业在资产管理和使用上存在的问题，用以对企业资产的营运状况进行补充修正。该指标在用于评价工作时，也有利于企业发现自身不足，改善管理，提高资产利用效率。

一般情况下，本指标越高，表明企业沉积下来、不能正常参加经营运转的资金越多，则资金利用效率越差，资产的质量越差；该指标越小越好，等于零时是最佳水平。

思考题

1.为什么说营运能力是企业的一种综合能力？

2.应收账款周转率偏低可能是由什么原因造成的，会给企业带来什么影响？

3.存货周转率是否越高越好，为什么？

4.为何不能用一个总资产周转率指标概括企业的营运能力？

5.固定资产的利用效率是如何影响企业的营运能力的？

●练习题

1.假设某企业比较资产负债表和比较利润表如下所示：

比较资产负债表

单位：万元

项目	2013年	2014年	项目	2013年	2014年
流动资产：			流动负债：		
货币资金	4063.77	5151.82	短期借款	5000.00	10000.00
交易性金融资产	1095.42	5293.05	应付账款	10000.00	10000.00
应收票据	66.45		其他应付款	3486.05	1395.92
应收账款	4958.23	6062.21	应付职工薪酬	5000.00	10000.00
预付账款	5714.17	6049.27	非流动负债：		
存货	33511.63	28916.43	长期借款	407.40	213.62
其他流动资产	7.68	15.41	非流动负债合计	407.40	213.62
流动资产合计	49417.35	51488.19	所有者权益：		
非流动资产：			实收资本	20114.22	20069.07
长期股权投资	3636.66	3639.92	资本公积	35677.36	35677.36
固定资产	40185.18	47357.98	盈余公积	4902.83	5133.89
无形资产	3219.84	3012.58	未分配利润	1289.85	1366.90
非流动资产合计	47041.68	54010.48	所有者权益合计	72565.58	73889.13
资产总计	96459.03	105498.67	负债与所有者权益合计	96459.03	105498.67

比较利润表

单位：万元

项目	2013年	2014年
一、营业收入	61344.82	33165.51
减：营业成本	53362.07	24768.12
营业税金及附加	183.14	156.24
营业费用	1698.65	2311.62
管理费用	2570.16	3998.05
财务费用(全为利息费用)	1116.72	971.70

续 表

项目	2013 年	2014 年
资产减值准备		
加:公允价值变动收益		
投资收益	152.3	606.4
二、营业利润	2566.38	1566.18
加:营业外收入	42.39	29.76
减:营业外支出	15.11	11.73
三、利润总额	2593.66	1584.21
减:所得税费用	405.05	215.50
四、净利润	2188.61	1368.71

要求:

(1)计算比较 2013 年、2014 年总资产周转率、流动资产周转率、应收账款周转率、存货周转率、固定资产周转率;

(2)根据计算结果大致分析该企业的营运能力。

2. 基本资料:万科企业股份有限公司成立于 1984 年,1988 年进入房地产行业,1991 年成为深圳证券交易所第二家上市公司。目前已成为国内最大的住宅开发企业之一。

年份	2002 年	2003 年	2004 年	2005 年	2006 年	2007 年	2008 年
总资产周转率	0.75	0.73	0.61	0.69	0.6	0.58	0.5
主营业务收入净额(亿)	45.12	54.77	70.23	91.13	142.05	355.27	409.92
总资产平均余额(亿)	60.16	75.02	115.13	132.0	236.15	612.53	819.84

请根据以上资料对深万科的总资产周转率变化情况进行分析。

第十章　成长能力分析

●学习目的与要求

通过本章的学习，了解成长能力的含义、内容及影响因素等基本理论；熟悉成长能力分析的基本思路与基本理论；掌握成长能力分析的方法，能够熟练运用成长能力分析具体指标的特点与相关注意问题进行分析，达到成长能力分析的目的。

● 关键知识点

成长能力的内容；成长能力的影响因素；成长能力分析的财务指标

●重要概念

企业成长能力；总资产增长率；销售增长率

企业成长能力又称企业成长性，是指企业通过自身的经营活动，用内部积累的资金不断投入而形成的发展潜力，它反映了企业未来的发展趋势和发展速度，包括资产、利润、所有者权益的增长趋势和速度。通过对企业成长能力的分析，可以促使企业经营者克服短期行为，注重企业的资本积累和企业盈利能力的持续增长，从而使企业得以长远和全面发展。影响企业成长能力的因素很多，既有企业自身的内部因素也有企业外部的因素。企业的成长能力可从资产、利润、资本、股利的增长等几个方面进行综合判断。

企业的成长能力分析究竟能提供哪些信息？如何处理和利用这些信息？这是本章所述主要内容与目的所在。

第一节　企业成长能力分析概述

一、企业成长能力的含义

企业的成长能力，也称企业的成长性，它是企业通过自身的生产经营活动，不断扩大积累而形成的发展潜能。企业能否健康发展取决于多种因素，包括外部经营环境、企业内在素质及资源条件等。

二、企业成长能力的理论观点

中国人民大学教授杨杜在《企业成长论》一书中，对彭罗斯的企业成长理论加以发展，并着重提出了“经营资源”和“多样化经济”两个新概念。杨杜认为人、财、物、信息等这些企业进行经营活动所必需的能力或要素的总体，是企业的生产要素。生产要素是由于被经营者用作获得经济利益才成为经营资源的。他认为企业是一个具有多种不同特性资源的集合体，企业成长是在竞争和企业内部未利用资源这两种根本推动力下的不断增长的过程。企业成长过程不仅是经营资源的蓄积、扩张过程，而且是其结构调整和特性革新的过程。

我国学者黎志成认为企业成长取决于企业在未来一段时间内实现“量”的扩张和“质”的提高的能力和潜力，它决定了企业发展的可能性和发展程度。它不是指有利于企业成长的各个因素即企业成长的促进力（动力），而是指企业成长的促进力（动力）和抑制力（阻力）的合力所可能产生的推动企业发展的能力、能量和发生的作用。

北京工业大学教授、日本电气通信大学高级访问学者韩福荣等人进行了企业仿生研究，认为成长是企业的最终目标，企业只有保持成长，才能持续发展。企业成长是企业进化在一个有限时间段内的具体表现，企业成长是企业进化的隐性形式。企业成长是量变与质变相结合的成长，是量的增加和质的变革与创新的结合。

南开大学李维安教授认为追求企业价值最大化是企业生存和发展的内在动力，企业不断成长和壮大是企业追求的目标，而企业活力评价指标体系的主要内容是成长性评价。李维安教授主要从企业盈利能力和成长能力两个方面评价企业的成长状况，主要以财务指标为主。

三、影响企业成长能力的因素

（一）内在因素

1.企业在同行中具有优势

从市场竞争的角度来讲，一个企业在行业中规模越大，资本实力越强，其长期竞争的能力就越强。一方面，规模经济可产生更多的边际效益，使其在成本、价格上占有优势；另一方面，巨大的资本实力可以增强公司的抗风险能力，并使其在激烈的市场中可以投入更多的资金开拓市场。按照市场竞争的一般结果，通常是行业中最大的几家成为行业巨人，绝大多数中小企业，不是被兼并，就是被淘汰，所以行业内的前几名具有稳定的成长能力。

2.企业的产品优势

一种产品的生命周期可分为开创期、成长期、成熟期和下降期四个阶段。其中成长期期末和成熟期是其利润的最大产出期，此时投资获利较大。而在开创期，需要大量资金投入，产品的市场前景又难以确定，风险较大，此时投资一旦成功获利丰厚，一旦失败损失惨重。而下降期的产品将被新产品所替代，因此不值得投资。

3.企业的财务状况

保持合理的财务结构和盈利水平，具有较强的筹资能力是企业成长能力的具体表现。其中压缩成本、控制开支对企业的利润增长具有杠杆作用。一般来说，成本降得越低，利润增长就越快，其成长性也就越强。

4.企业的决策体系及开拓精神

保证企业不断成长的决策包括新项目的开发、新技术的应用等。公司要向前发展，就要有新项目投入运作，这是企业业绩增长的主流因素。

（二）外在因素

1.国家的宏观调控及政策倾向

在经济发展过程中，总有一些行业是整个经济发展必不可少的基础行业，如能源、交通、农业等行业。这些经济发展的基础行业必然会在一个相当长的时期得到国家的大力扶持，并给予各种优惠政策和特殊待遇。除上述基础产业外，对国民经济有重大影响的支柱产业，如石化、机械、电子、建筑、汽车等，也会得到国家有关倾斜政策的扶持。这些特殊行业的优势为该行业创造了其他行业无法比拟的成长环境。

2.企业的市场需求状况

市场需求是企业生产最根本的推动力，而持久旺盛的市场需求是一个行业和企业长期发展的保障和基础。如家电、房产、汽车等行业，随着经济的快速发展和人民生活水平的不断提高，市场需求也必将日趋旺盛。

3.企业的特殊优惠政策和其他独特优势

企业是否属于地方的支柱性企业，是否受到地方政府的大力支持，而且在各种税收、物价等方面是否享有多种优惠政策是影响其成长能力的重要因素。

4.企业的集团控制优势

企业是大型集团公司，企业的业绩能得到集团公司内部的大力支持，是使企业业绩提到提高和持续增长的重要条件。

四、企业成长能力分析框架

企业的成长能力，受企业的政策环境、核心业务、经营能力、企业制度、行业环境、财务状况等重要因素的影响。而在这些因素中，财务状况是企业生产经营的结果，其他因素则是影响企业未来财务状况的动因，所有这些因素的改善最终都关系到财务状况的改善。财务状况指标可以反映企业在经营能力、企业制度、人力资源、行业环境、政策环境、核心业务等方面的提高，可以反映收入的增加、经营成本的降低、市场份额的扩大。因此，可从企业发展的动因与结果两大层面分析企业成长能力，其中发展动因层面主要是对企业竞争能力的分析，结果层面主要是对财务状况的分析。同时由于企业的发展具有周期性特征，因而在分析企业成长能力时还需要明确企业及其产品所处的生命周期，这些才能结合竞争能力与财务状况的分析得出对企业成长能力的正确判断。鉴于此，可以从企业竞争能力分析、企业周期分析、企业成长能力财务指标分析三个方面评价企业的成长能力。

（一）企业竞争能力分析

一般而言，企业竞争能力是指独立经营的企业在市场经济环境中相对于其竞争对手所表现出来的生存能力和持续成长能力的总和。企业的竞争能力从根本上决定了企业的生存与发展，因而企业竞争能力分析是企业成长能力分析一项重要的内容并集中表现为企业产品的市场占有情况和产品的竞争能力，同时在分析企业竞争能力时还应分析企业所采取的竞争策略。

（二）企业周期分析

企业的发展过程总是呈现出一定的周期性特征，处于不同周期的企业，虽然计算的成长能力分析指标相同，但却反映不同的成长能力。比如A企业处于成熟阶段，B企业处于发展阶段，如果两个企业的成长能力分析指标计算结果相同，那么实际上A企业的成长能力要强于B企业。因此，对企业成长能力进行分析时，需要结合对企业所处周期的判断与分析。

（三）企业成长能力财务指标分析

不同时期的财务状况反映了企业不同的发展过程，因此可以通过财务状况的分析来评价企业的成长能力。

1.企业营业成长能力分析

企业营业结果可通过资产规模的增长和销售收入的增长体现出来，因此企业营业增长能力分析可分为对资产规模增长的分析和销售增长的分析。

（1）对资产规模增长的分析

企业资产是取得收入的保障，在总资产收益率固定的情况下，资产规模与收入规模之间存在正比例关系。总资产的现有价值也反映出企业清算可获得的现金流入额。对资产规模增长的分析可以按资产的类别分别进行。

（2）对销售增长的分析

销售是企业收入来源之本，也是企业价值体现之道。一个企业只有保证稳定的销售增长，才能不断扩大收入，促进企业发展；另一方面充足的收入也为企业进一步扩大市场，开发新产品，进行技术改造提供资金来源，推动企业的进一步发展。

2.企业财务成长能力分析

从财务角度看，企业发展的结果体现为利润、股利和净资产的增长，因此企业财务成长能力分析可以分为对利润增长的分析、股利增长的分析和净资产规模增长的分析三个方面。

（1）对利润增长的分析

利润是企业在一定时期内的经营成果的集中体现，因此企业的发展过程必然体现为利润的增长，通过对利润增长情况的分析，即可从一定程度上把握企业的成长能力。

（2）对股利增长的分析

企业所有者从企业获得的利益可分为两个方面：一是资本的利得（即股价的增长）；二是股利的获得。从长远来看，如果所有的投资者都不退出企业，所有者从企业获得利益的唯一来源便是股利的发放。虽然企业的股利政策要考虑到企业所面临的各方面因素，但股利的持续增长一般也被投资者理解为企业的持续发展。

（3）对净资产规模增长的分析

在企业净资产收益率不变的情况下，企业净资产规模与收入之间存在正比例关系。同时净资产规模的增长反映企业不断有新的资本加入，表明了企业所有者对企业有充足的信心，同时为企业进行负债筹资提供了保障，提高了企业的筹资能力，有利于企业获得进一步发展所需要的资金。

（4）对现金流量增长的分析

企业的发展需要充足的资金支持，同时企业的盈利质量也要通过相应的现金流入来体现。企业保持适当规模的现金流量，对于提高企业支付能力、偿债能力和项目投资能力都有极其重要的意义，有助于企业的持续稳定健康发展。

第二节　企业成长能力财务指标分析

一、营业成长能力分析

企业价值的增长应当主要源自企业正常的生产经营活动，因此分析企业生产经营活动的发展情况对于分析企业的成长能力非常重要。企业的生产经营活动范围非常广泛，但从财务状况角度，我们通常关注企业销售的增长和企业资产规模的增长。同时，由于各个企业使用资产的效率不同，同样的资产规模可以给企业带来不同程度的利益，一个企业资产使用效率越高，其利用有限资源获得收益的能力也就越高。反之，资产使用效率较低的企业，即使资产或资本规模能以较快速度增长，也不会带来企业价值的快速增长。因而资产使用效率作为价值驱动因素之一，对其进行分析是企业成长能力分析的一个重要方面。

(一)销售增长指标

反映企业销售增长的指标主要有销售(营业)增长率和3年销售(营业)平均增长率。

1.销售(营业)增长率

销售增长率是指企业本年销售收入增长额同上年销售收入总额的比率。销售增长率表示与去年相比，企业销售收入的增减变动情况，是评价企业发展状况和成长能力的重要指标。

销售增长率=(本年销售收入增长额/上年销售收入额)×100%。

公式中，本年销售收入增长额是企业本年销售收入与上年的销售收入的差额；上年销售收入总额是指企业上半年全年销售收入总额。销售增长率是衡量企业经营状况和市场占有能力、预测企业经营业务拓展趋势的重要指标，也是企业扩张增量资本和存量资本的重要前提。该指标越大，表明其增长速度越快，企业市场前景越好。销售增长率常作趋势分析和同业分析。

2.3年销售平均增长率

销售增长率可能受到销售短期波动的影响，如果上年因特殊原因而使销售收入特别低，而本年则恢复到正常。这就会造成销售增长率因异常因素而偏高；如果上年因特殊原因而使销售收入特别高，就会造成销售增长率因异常因素而偏低。为消除销售收入短期异常波动对该指标产生的影响，并反映企业较长时期的销售收入增长情况，可以计算多年的销售收入平均增长率，实务中一般计算3年销售平均增长率。

$$3\text{年销售平均增长率}=\sqrt[3]{\text{本年销售收入总额}/3\text{年前销售收入总额}}-1\times 100\%$$

利用3年销售平均增长率指标，能够反映企业销售增长趋势和稳定程度，较好地体现企业的发展状况和成长能力，避免因少数年份销售收入不正常增长而导致对企业发展潜力的错误判断。另外，除了关注销售收入增长总额的增长以外，还需要关注销售利润率及其变化情况，销售收入只是为企业提供收入或现金，并不完全形成企业的财富，只有扣除成本与费用之后才能真正形成企业的最终利润。

(二)资产增长指标

反映企业资产增长能力的财务指标包括企业资产规模增长指标和资产成新率两个方面。

1.资产规模增长指标

资产代表企业用以取得收入的资源,同时也是企业偿还债务的保障,资产的增长是企业发展的一个重要方面,也是实现企业价值增长的重要手段。从企业经营实践来看,成长性高的企业一般能保证资产的稳定增长。对资产增长情况进行分析的方法可以分为绝对增长量分析和相对增长率分析两种,较为常用的是计算总资产增长率。

(1)总资产增长率

总资产增长率是指本年总资产增长额同年初资产总额的比率,该指标从企业资产总量扩张方面衡量企业的成长能力,表明企业规模增长水平对企业发展后劲的影响。

总资产增长率=(本年总资产增长额/年初资产总额)×100%

总资产增长率越高,表明企业一个经营周期内资产经营规模扩张的速度越快,但也应注意资产规模扩张的质与量的关系以及企业的后续成长能力,避免资产盲目扩张。

(2)年总资产平均增长率

$$3\text{年总资产平均增长率}=\sqrt[3]{\text{年末资产总额}/3\text{年前年末资产总额}}-1\times100\%$$

与销售增长率的原理相似,资产增长率也存在受资产短期波动因素影响的缺陷,为弥补这一不足,同样可以计算3年的总资产平均增长率,以反映企业较长时期内的资产增长情况。

但对资产增长率进行企业间比较要特别注意各企业之间的可比性。一方面,不同企业所采取的不同的发展策略也会体现到资产增长率上来,采取外向规模增长型发展策略的企业资产增长率会较高,而采取内部优化型发展策略的企业资产增长率会呈现较低的水平。另一方面,不同的企业资产使用效率不同,为实现净收益的同幅度增长,资产使用效率低的企业需要更大幅度的资产增长。

另外资产增长率作为反映企业成长能力的一个重要指标,还存在这样一个缺陷,即指标计算中所使用变量的数值为账面价值,这样就会产生两个问题:一是受会计处理方法中历史成本原则的影响,资产总额反映的只是资产取得的成本,并不是总资产的现时价值;二是并没有反映企业全部资产的价值,受会计处理方法的限制,企业很多重要的资产,如无形资产、人力资产无法在报表中体现,这使得资产增长率指标无法反映企业真正的资产增长情况,这对于无形资产占资产较大份额的企业更明显。

除了计算总资产增长指标外,还可以对资产各类别的增长情况进行分析,比如可以计算流动资产增长率、固定资产增长率、无形资产增长率及员工增长率等。

2.资产成新率

固定资产成新率是企业当期平均固定资产净值同平均固定资产原值的比率。该指标反映了企业所拥有的固定资产的新旧程度,体现了企业固定资产更新的快慢和持续发展的能力。

固定资产成新率＝（平均固定资产净值/平均固定资产原值）×100％

公式中，平均固定资产净值是指企业固定资产净值的年初数同年末数的平均值；平均固定资产原值是指企业固定资产原值的年初数同年末数的平均值。

固定资产成新率指标的运用要注意以下问题：一是运用该指标分析固定资产新旧程度时，应去除企业应提未提折旧对房屋、机器设备等对固定资产真实状况的影响；二是固定资产成新率受周期影响较大，一个处于发展期的企业与一个处于衰退期的企业的固定资产成新率明显会不同，虽然企业处于不同阶段本身就反映了企业具有不同的成长能力，可以说处于发展期的企业的成长能力要高于所处周期阶段这一因素；三是在进行固定资产成新率指标的企业间比较时，要注意不同折旧方法对固定资产成新率的影响，加速折旧法下固定资产成新率要低于直线折旧法下的固定资产成新率。

二、财务成长能力分析

企业财务方面的发展体现为资本的扩张和股利的增长。

（一）资本扩张指标

反映资本扩张情况的比率有资本积累率和3年资本平均增长率。

1.资本积累率

资本积累率是指企业本年所有者权益增长额同年初所有者权益的比率。该指标反映企业所有者权益在当年的变动水平，体现了企业资本的积累情况，是企业发展强盛的标志，也是企业扩大再生产的源泉，展示了企业的发展潜力，是评价企业发展潜力的重要指标。

资本积累率＝（本年所有者权益增长额/年初所有者权益）×100％

公式中，本年所有者权益增长额是指企业本年所有者权益与上年所有者权益的差额，若本年所有者权益减少，则用负数表示；年初所有者权益是指所有者权益的年初数。

资本积累率反映了投资者投入到企业资本的保全性和增长性，该指标越高，表明企业资本积累越多，企业资本保全性越高，应付风险能力和持续发展的能力越强。该指标若为负数，表明企业资本受到影响，所有者利益受到影响，应予以充分重视。

2.3年资本平均增长率

3年资本平均增长率＝$\sqrt[3]{\text{年末所有者权益总额/3 年前年末所有权益总额}}-1\times 100\%$

由于资本积累率指标在分析时具有滞后性，仅反映当期情况，而利用3年资本平均增长率指标，能够反映企业资本保全增值的历史发展状况，以及企业稳步发展的趋势。该指标越高，表明企业所有者权益得到的保障程度越大，企业可以长期使用的资金越充裕，抗风险能力和保持持续成长能力越强。

在对资本扩张情况进行分析时还要注意所有者权益各类别的增长情况，一般来说实收资本的快速扩张来源于外部资金的加入，反映企业获得了新的资本，表明企业具备了进一步发展的基础，但并不表明企业过去具有很强的成长能力；而如果资本的扩张主要来源于留存收益的增长，反映企业通过自身经营活动不断积累发展后备资金，既反映了企业在过去经营过程中的成长能力，也反映了企业进一步发展的后劲。

3. 股利增长率

股利增长率是本年发放股利增长额与上年发放股利的比率。该指标是衡量企业发展性的一个重要指标，反映企业发放股利的增长情况。股利增长率与企业价值有密切的关系。

股利增长率＝(本年每股股利增长额/上年每股股利)×100％

为了反映更长时期的股利增长情况，也可以计算3年股利平均增长率：

$$3\text{年股利平均增长率}=\sqrt[3]{\text{本年每股股利}/3\text{年前每股股利}}-1\times 100\%$$

企业成长能力是企业财务分析的一个重要方面。企业发展的核心是企业价值的增长，但由于企业价值评估的困难，企业成长能力的分析可以按价值驱动因素展开，可以对销售增长情况、资产扩张情况、资本扩张情况及股利扩张情况进行分析。在与财务分析其他内容的关系上，企业成长能力分析既是相对独立的一项内容，又与其他分析密切相关，在分析过程中要结合进行，同时企业成长能力分析还应特别注意定量分析与定性分析的结合。

●思考题

1. 如何准确评价企业的成长能力？
2. 你认为影响企业成长能力的关键因素是什么，为什么？
3. 彭罗斯的企业成长理论具体有哪些内容，对我们分析企业成长能力有什么启发？
4. 评价企业成长能力的指标有哪些？
5. 分析企业的成长能力有何意义？

●练习题

1. 某企业总资产从2013年的10亿元增长为2014年的15亿元，造成总资产增长可能的原因有哪些？如何从会计报表的有关数据中分析增长的原因？资产的增长是否能说明企业成长能力的增强？

2. 江西铜业(600362)2015年销售收入为18578200万元，2014年销售收入为19883300万元，2013年销售收入为17589000万元；2015年资产总额为8975520万元，2014年资产总额为9532240万元，2013年资产总额为8876670万元；2015年所有者权益为4783350万元，2014年所有者权益为4702630万元，2013年所有者权益为4563970万元。请根据以上资料计算有关成长能力的财务指标并对其成长能力进行分析。

第四篇　财务综合分析

引导性案例:中石油和中海油的杜邦分析研究

从 2002 至 2007 年的股价发展趋势看,中石油和中海油这两大石油公司的股价总体都处于不断上升的趋势,这和其企业背景及世界能源发展趋势相吻合。投资者及海外金融市场为何如此看好中石油和中海油呢?

进行杜邦分析不难发现,两家公司在 2003 年至 2005 年一直保持着较高的净资产收益率,而且非常稳定。与同行业其他的世界级大型综合性石油公司相比,不仅毫不逊色,而且体现出了逐年稳健增长的态势。从主营业务净利率在这几年的表现来看,一直表现出稳步上升的趋势。从两个公司的数据对比来看,在权益乘数方面中海油和中石油大体相当,体现了综合性石油公司的资产负债率的行业特征,也反映出两家公司在产业结构上与世界级同行业公司接轨的战略。较低的权益乘数也意味着企业的财务风险较低,而两家公司巨大的主营业务收入和充裕的现金流足以支持公司的稳步扩张和长期增长。从总资产周转率方面,可以看出中石油在利用资产的效率方面比中海油胜出一筹,相对于自己总资产的盘子创造出了更大的销售额,而从两个公司的利润率上可以看出,中海油 2005 年快速增长的利润率是造成其权益净利率高于中石油公司的重要原因,其高达 36.5%的利润率直接使得其权益净利率达到 34.4%,居于全行业领先地位。综上所述,不难看出中石油和中海油这两家企业的权益净利率明显优于绝大多数国际竞争者,在行业中也具备较强竞争力。

可以看到,在以上分析中杜邦财务分析体系从核心指标—净资产收益率出发把各种比率结合起来,层层分解至企业最基本生产要素的使用、成本与费用的构成和企业风险,利用若干相互关联的指标对营运能力、偿债能力以及盈利能力等进行了综合性的分析和评价。那么除了杜邦分析法还有没有其他的财务综合分析方法能对企业的各种能力进行综合分析,找到提高企业经营绩效的方法和措施?

第十一章　会计报表综合分析

●学习目的与要求

通过本章的学习，了解会计报表综合分析的含义、特点、程序等基本理论；熟悉会计报表综合分析的基本思路与基本理论；掌握会计报表综合分析的方法，能够运用会计报表综合分析方法的特点、原理与相关注意问题进行分析，达到会计报表综合分析的目的。

●关键知识点

会计报表综合分析的意义；会计报表综合分析的特点；杜邦分析法

●重要概念

财务综合分析；杜邦分析法；净资产收益率

企业的财务活动是一个综合的有机整体，仅计算分析单个报表中的几个简单、孤立的财务指标，或者将这些孤立的财务指标简单堆砌在一起是远远不够的，是无法全面、系统、综合地了解把握企业的财务状况和经营状况的。只有将企业的营运能力、偿债能力和盈利能力等各项分析指标有机地联系起来，作为一个完整的体系，进行系统地综合评价分析，才能对企业财务状况、经营成果的优劣高低做出合理的评价。会计报表综合分析的最终目的就是全面地、系统地、综合地说明企业的财务状况、经营成果和现金流量，对企业的经营及财务活动做出综合评价。

那么会计报表综合分析都包括哪些内容？通过会计报表综合分析都能获取哪些信息？这是本章所述主要内容及目的所在。

第一节　会计报表综合分析方法

企业的各种能力并不是孤立的，而是相互联系、相互影响的。单独分析任何一项财务指标或一张会计报表，都难以全面评价企业的财务状况和经营成果，要想对企业财务状况和经营成果有一个总的评价，就必须进行相互联系的分析，并采用适当的标准进行综合性的评价。

一、会计报表综合分析的含义

所谓会计报表综合分析，就是通过对企业会计报表及相关资料进行分析，将企业营运能力、偿债能力和盈利能力等方面的分析纳入一个有机的分析系统之中，全面地对企业财务状况、经营状况进行解剖和分析，从而对企业经济效益做出较为准确的评价与判断。

二、会计报表综合分析的意义

会计报表综合分析将企业视作一个不能分割的整体，并通过各种分析方法对其进行全方位的考察和评判，有着十分重要的意义。

（一）有利于正确地评价企业的财务状况和经营成果

局部不能代替整体，某项财务指标的好坏不能说明整个企业价值的高低。因此，要达到对公司整体财务状况和经营成果的全面认识，仅仅测算几个简单、孤立的财务指标，或者将一些孤立的财务指标堆积在一起，进行彼此毫无联系的考察，是不可能得出合理、正确的财务分析结论的，有时甚至会得出错误的结论。因此，只有将企业偿债能力、营运能力、盈利能力与成长能力等各项财务分析指标有机地结合起来，作为一个完整的体系才能对系统做出综合评价，才能从总体上把握企业财务状况和经营成果。

（二）有利于把握不同财务指标之间的相互关联关系

不同的财务指标之间存在着一定的联系，只有将它们放到一个系统中进行综合分析，才可能充分地展现各种指标之间的相互影响以及影响的方向、程度和原因。比如，企业营运能力对盈利能力有着重要影响，但营运能力是如何影响盈利能力的呢？通过单个指标好像无法把握这种关系，当把营运能力指标和盈利能力指标结合起来分析，我们就能更加深入地理解两者之间的关系。

三、会计报表综合分析的特点

会计报表综合分析与评价是对企业整体财务状况和经营成果的分析，与单项财务能力分析相比，具有如下特点：

（一）综合性强

各单项财务能力之间存在一定的关系，因此在财务综合分析与评价中还必须考虑各单项财务能力之间的具体关系，进行综合处理，而不是对单项财务能力分析指标的简单罗列。因此，财务综合分析与评价不是各单项财务能力分析的简单相加，而是通过一定的技术方法进行的有机结合；同时，在进行财务综合分析与评价过程中还需要抓住主要分析指标，这样才能抓住影响企业财务状况和经营成果的主要矛盾，在主要财务指标分析的基础上再对辅助指标进行分析。

（二）全面性广

财务综合分析与评价关注的是整体财务状况和经营成果，因此在分析过程中，要关注到企业偿债能力、营运能力、盈利能力和成长能力等各个层面的内容。这是财务综合分析与评价和单项财务能力分析的不同之处。因此，财务综合分析与评价要以全面的单项财务能力分析指标为基础，不能以偏概全。

四、会计报表综合分析的程序

(一)确定企业所在的产业或行业的经济特征

会计报表与企业财务特性之间关系的确定不能离开产业经济特征的分析。换句话说,同样的会计报表在不同产业的企业中所体现的经济意义和财务特性很可能完全不同。一般可以从企业行业的成本结构、成长期、产品的经济周期性和替代性、经济技术环境的影响、对其他行业的依赖程度以及有关法律政策对该行业的影响程度来分析企业所处行业的基本状况和发展趋势。通过对产业经济特征的确定,一方面为理解会计报表数据的经济意义提供了一个航标,另一方面又缩短了财务比率和相关指标与管理决策之间的距离。

(二)判断企业的经营风险

如果说产业经济特征是财务分析人员理解会计报表经济意义的航标,那么企业经营风险判断是财务分析人员为管理决策做出相关评价的具体指南,离开企业经营风险分析,财务分析同样会迷失方向,财务分析不可能真正帮助管理决策做出科学的评价。一般可从企业的经营规模、发展阶段、产品的单一性或多样化、经营策略(差别化战略还是低成本战略)、产品情况和市场份额以及在采购、生产、销售等环节的风险因素来判断企业自身的经营风险。

(三)考察企业的管理风险

我们应从企业的组织形式、文化特点、管理层素质和对风险的控制能力、经营管理作风等方面来考察企业的管理风险,并且关注企业遇到的一些经济纠纷及法律诉讼。如果发现企业的管理层出现重大变动,大量有经验的管理人员提出辞职申请,而由一些独断专行、不懂业务的人员担任企业领导,此时,即使企业目前的经营状况良好,我们也不能判断出企业未来的经营成果和财务状况。

(四)正确理解和净化企业的会计报表

对会计报表本身需要一个理解和净化的过程。所谓理解,是指要了解会计报表的局限性;所谓净化,是指财务分析人员对会计报表中的关键项目所做的调整,以增强其可靠性和可比性。净化需要调整的项目主要有非常项目、研究与开发等支出、盈利管理等。

(五)计算相关财务比率

对会计报表进行综合分析,需要将分析偿债能力、盈利能力和营运能力的财务指标重新进行分类,设计为一个包括广度、深度和远度的三维立体评价结构,对企业业绩进行多方位的全面评价。

1.广度维指标

就是在评价的视角上,从企业本身向投资者、债权人、员工、市场以及社会等多方面扩散。具体指标包括:对企业本身的资产报酬率;对投资者的股东权益报酬率;对债权人的资产负债率;对员工的主营业务收入与员工人数比率;对市场的销售利润率;对社会的社会贡献率、社会积累率。

2.深度维指标

就是在评价的层次上,由表面业绩向内部经营挖掘。具体指标包括资产使用效率的财务指标(包括总资产周转率、流动资产周转率、应收账款周转率、存货周转率);经营耗费水平的财务指标(包括主营业务成本毛利率、经营成本利润率、营业成本利润率、税前成本利润率和税后成本利润率)。

3.远度维指标

就是在评价的时域上,由短期向长期渗透,由现实成绩向发展潜力渗透。具体指标包括资产增长率、销售增长率、利润增长率。

(六)为管理决策做出相关的综合评价

这里的管理决策主要包括两个类别:一是投资决策;二是信贷决策。财务比率和指标有很多,哪些比率与管理决策更相关,怎样的比率与怎样的决策更相关,这就需要进行会计报表的综合分析。除此之外,还应该注意以下几个方面:

1.建立用于会计报表分析的行业标准财务比率

对会计报表分析有一种常见的误解,即报表分析就是计算各种比率。实际上,对分析者来说,计算比率是最简单的,因为有现成的财务分析软件,分析者的真正任务在于分析并解释其结果。单个企业的财务比率计算如果不与行业标准财务比率相比是没有多大重要意义的,也无法衡量企业在本行业所处的地位。从国外财务分析人员的实际情况来看,要了解一个行业的动向和信息,每天至少需要两个小时,因此,专业性的财务分析机构非常强调人力资源的整合。而要进行报表解释,就要求首先要目的非常明确,其次是要充分理解报表的重要概念和原则,最后是要熟悉企业所面临的环境,并结合行业标准财务比率准确地加以解释。

2.不同的企业针对偿债能力、盈利能力以及现金流量各有侧重

企业的偿债能力、经营成果、现金流量各自描绘出企业生产经营过程及其后果的某一特定方面,它们各自有所侧重,但又互相影响、互相制约。会计报表分析判断的侧重点、评价标准并无绝对模式。不同行业、不同地区、不同发展阶段、不同规模的企业,其分析侧重点和评价标准不尽相同。甚至对某一企业的同一个分析指标,不同的使用者可能会做出不同的评价。传统的财务分析方法忽略了企业的管理能力,即企业通过管理增值的潜力有多大。有的企业仅仅通过财务比率计算考察,觉得增长空间不大,但是如果加入管理因素,企业会有巨大的增长潜力,这一点常常在会计报表分析中被忽视。

3.不同企业间的比较

不同企业的财务分析应注意的问题主要有以下几个:

(1)同类企业的确认

一般而言,财务比例在同类企业间具有较大的可比性,但是同类企业的确认没有一个公认的标准。在实际分析中,同类企业往往是分析者观念上所认定的。同类企业可从下列几个方面来考虑:最终产品相同;内部生产结构相同(即使用同样的原材料、同样的技术、同样的生产方式的企业);股份特性相同(即具有同样风险程度、同样市盈率、同样股利保障倍数等特征的企业)。

(2)会计政策的差异问题

企业会计政策的典型差异主要体现在以下几个方面：固定资产评估、存货计价方法、折旧方法、购入商誉的处理、表外负债。

(3)非货币性信息的使用

有些企业的财务状况及发展前景难以用货币来表示；有些非货币性信息对企业的信息使用者来说更重要。如两个财务状况相同的同类企业，一个处于上升期，另一个则处于衰退期。它们只是在上升与衰退期中某一时点表现为相同的财务状况。这种上升与衰退的趋势不一定能从报表中反映出来。企业非货币性信息主要包括：企业经理人员对会计报表的评价；注册会计师审计报告的类型和措辞；资产的构成以及保值增值情况；利润表中非常项目与其他项目在数量上的对比关系；企业或有负债、表外负债与资产负债表上现实负债的数量对比关系；企业的股利发放政策；企业产品的市场状况与发展趋势；企业的公众声誉；企业的雇员周转率等。

五、会计报表综合分析的方法

会计报表综合分析的方法主要有两种：杜邦财务分析体系法和沃尔比重评分法。

(一)杜邦财务分析体系法

这种分析方法首先由美国杜邦公司的经理创立并首先在杜邦公司成功运用，称之为杜邦系统(The DuPont System)，它是利用财务指标间的内在联系，对企业综合经营理财能力及经济效益进行系统的分析评价的方法。其基本思想是将企业净资产收益率逐级分解为多项财务比率乘积，这样有助于深入分析比较企业经营业绩。

杜邦体系各主要指标之间的关系如下：

净资产收益率＝主营业务净利率×总资产周转率×权益乘数

其中：主营业务净利率＝净利润÷主营业务收入净额。

总资产周转率＝主营业务收入净额÷平均资产总额

权益乘数＝资产总额÷所有者权益总额＝1÷(1－资产负债率)

(二)沃尔比重评分法

亚历山大·沃尔在21世纪初出版的《信用晴雨表研究》和《会计报表比率分析》中提出了信用能力指数的概念，他选择了7个财务比率即流动比率、产权比率、固定资产比率、存货周转率、应收账款周转率、固定资产周转率和自有资金周转率，分别给定各指标的比重，然后确定标准比率(以行业平均数为基础)，将实际比率与标准比率相比，得出相对比率，将此相对比率与各指标比重相乘，得出总评分。

沃尔比重评分法的基本步骤包括：选择评价指标并分配指标权重；确定各项评价指标的标准值；对各项评价指标计分并计算综合分数；形成评价结果。

沃尔比重评分法有两个缺陷：一是选择这7个比率及给定的比重缺乏说服力；二是如果某一个指标严重异常时，会对总评分产生不合逻辑的重大影响。

第二节　杜邦分析法

一、杜邦分析法的含义

杜邦分析法(DuPont Analysis)是利用几种主要的财务比率之间的关系来综合地分析企业的财务状况。具体来说,它是一种用来评价公司赢利能力和股东权益回报水平,从财务角度评价企业绩效的一种经典方法。其基本思想是将企业净资产收益率逐级分解为多项财务比率乘积,这样有助于深入分析比较企业经营业绩。由于这种分析方法最早由美国杜邦公司使用,故名杜邦分析法。

二、杜邦分析法的特点

杜邦模型最显著的特点是将若干个用以评价企业经营效率和财务状况的比率按其内在联系有机地结合起来,形成一个完整的指标体系,并最终通过权益收益率来综合反映。杜邦分析法是一种分解财务指标的方法,而不是另外建立新的财务分析指标,它主要用于各种财务比率的分解,它主要通过对资产净利率的分解来诊断企业存在的问题。它的关键不在于对财务指标的计算而在于对财务指标的理解和运用。

三、杜邦分析法的意义

采用这一方法,可使财务比率分析的层次更清晰、条理更突出,为报表分析者全面仔细地了解企业的经营和盈利状况提供方便。杜邦分析法有助于企业管理层更加清晰地看到权益基本收益率的决定因素,以及销售净利润与总资产周转率、债务比率之间的相互关联关系,给管理层提供了一张明晰的考察公司资产管理效率和是否最大化股东投资回报的路线图。

四、杜邦分析法的的基本思路

一是注意权益净利率,也称权益报酬率或净资产收益率,是一个综合性最强的财务分析指标,是杜邦分析系统的核心。

二是资产净利率是影响权益净利率的最重要的指标,具有很强的综合性,而资产净利率又取决于销售净利率和总资产周转率的高低。总资产周转率是反映总资产的周转速度。对资产周转率的分析,需要对影响资产周转的各因素进行分析,以判明影响公司资产周转的主要问题在哪里。销售净利率反映销售收入的收益水平。扩大销售收入,降低成本费用是提高企业销售利润率的根本途径,而扩大销售,同时也是提高资产周转率的必要条件和途径。

三是权益乘数表示企业的负债程度,反映了公司利用财务杠杆进行经营活动的程度。资产负债率高,权益乘数就大,这说明公司负债程度高,公司会有较多的杠杆利益,但风险也高;反之,资产负债率低,权益乘数就小,这说明公司负债程度低,公司会有较少的杠杆利益,但相应所承担的风险也低。

五、杜邦分析法的应用

(一)杜邦分析法的基本原理

杜邦分析法原理如图 11-1:

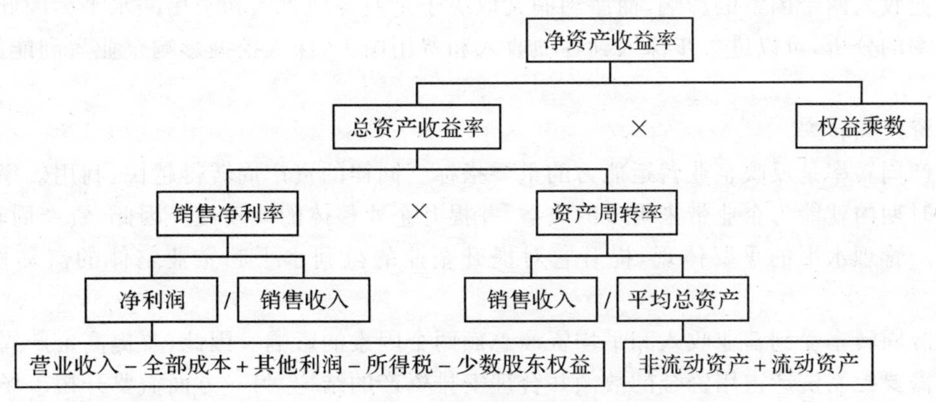

图 11-1 杜邦分析法原理

对杜邦体系可以按如下思路进行分析,了解到企业的如下信息:

1. 净资产收益率

净资产收益率是一个综合性很强的指标,它是杜邦分析体系的核心和源头。净资产收益率反映了企业股东投入资金的收益高低。而增加股东财富是企业管理的重要目标之一。因此,不论是企业的股东还是管理者都十分关注这一指标。

净资产收益率的高低取决于企业的总资产收益率和权益乘数,而总资产收益率又取决于销售净利率和资产周转率。因此,净资产收益率的水平取决于反映盈利能力的总资产收益率和销售净利率、反映营运能力的资产周转率以及反映资本结构和偿债能力的权益乘数。这样我们可以找到影响净资产收益率水平高低的原因以及发生变化的具体因素,从而提供了比单一指标更为丰富的信息。

在分析净资产收益率时,需要回答以下问题来逐步进行分析:一是非该企业的净资产收益率水平如何,呈现什么变化趋势;二是该企业所在行业的平均净资产收益率水平及变化趋势如何;三是该企业净资产收益率是否与行业平均水平有较大差异;四是该企业是否处于同度竞争性行业,如果是,能否从主要竞争对手的净资产收益率的趋势比较中发现本企业的优势或劣势。

2. 总资产收益率

总资产收益率的综合性也很强,它反映了企业所有资产的收益水平。企业运用全部资产获取收益的能力对企业的发展至关重要,对企业的股东、债权人等利益相关者也意义重大。

总资产收益率的高低取决于销售净利率和资产周转率。这说明企业营业活动的获利能力和企业所有资产的运用效率决定着企业全部资产的收益水平。因此,对总资产收益率的分析,可以进一步深入到营业活动和资产管理两个方面。

3.销售净利率

销售净利率是反映企业盈利能力的重要指标。由于主营业务收入是企业净利润的重要源泉,因此提高主营业务收入对提升整个企业的盈利能力至关重要。销售净利率受到净利润和营业收入两个因素的影响,而净利润又取决于企业各项收入和费用的水平。因此,对销售净利率的分析,可以进一步深入到各项收入和费用中去,深入挖掘影响企业盈利能力的具体原因。

4.资产周转率

资产周转率是反映企业营运能力的重要指标。同样的资产周转得越快、利用效率越高,在一定时期内就能为企业带来更多的收益,并提升企业整体的流动性。因此,资产周转率是企业资产管理水平的重要体现,提升它对提升企业的盈利水平和企业整体的流动性非常重要。

资产周转率受到营业收入和平均资产总额两个因素的影响。因此,要提高资产周转率,一方面需要控制资产占用资金的数额并合理安排资产的结构,另一方面需要开拓市场,增加营业收入。另外,对资产周转率的分析还应结合对流动资产周转率、固定资产周转率等的分析,这样才会进一步查找出资产周转快慢的关键所在。

5.权益乘数

权益乘数是反映企业资本结构、财务杠杆程度以及偿债能力的重要指标。权益乘数越高,说明企业资本结构中的负债比例越高,财务杠杆程度越高,偿债能力相对越弱。因此,保持适当的权益乘数,是企业债务安全的重要保障,也是保持企业收益与风险均衡的重要保障。

综上所述,杜邦分析法以净资产收益率为主线,将企业在某一时期的销售成果以及资产营运状况全面联系在一起,层层分解,逐步深入,构成一个完整的分析体系。它能较好地帮助管理者发现企业财务和经营管理中存在的问题,能够为改善企业经营管理提供十分有价值的信息,因而得到普遍的认同并在实际工作中得到广泛的应用。

杜邦分析法毕竟是财务分析方法的一种,作为一种综合分析方法,并不排斥其他财务分析方法。相反,与其他分析方法结合,不仅可以弥补自身的缺陷与不足,而且也弥补了其他方法的缺点,使得分析结果更完整、更科学。比如,以杜邦分析为基础,结合专项分析,进行一些后续分析,对有关问题进行更深、更细致的了解;也是结合比较分析法和趋势分析法,将不同时期的杜邦分析结果进行对比趋势化,从而形成动态分析,找出财务变化的规律,为预测、决策提供依据;或者与一些企业财务风险分析方法结合,进行必要的风险分析,也为管理者提供依据,所以这种结合,实质上也是杜邦分析自身发展的需要。分析者在使用杜邦分析法时,应注意这一点。

另外,从杜邦分析图中可以看出,净资产收益率与企业销售规模、成本水平、资产营运、资本结构有着密切的联系,这些因素构成一个相互依存的系统,只有把系统内这些因素的关系协调好,才能使净资产收益率达到最大值。

（二）杜邦分析法应用实例

由于杜邦分析法是一种对财务比率层层分解的方法，所以不同企业可以根据需要利用会计报表等有关数据资料，对企业的财务状况进行综合分析。

现在以 F 公司 2013 年和 2014 年的杜邦分析图为例进行分析，有关资料见图 11-2 和图 11-3。

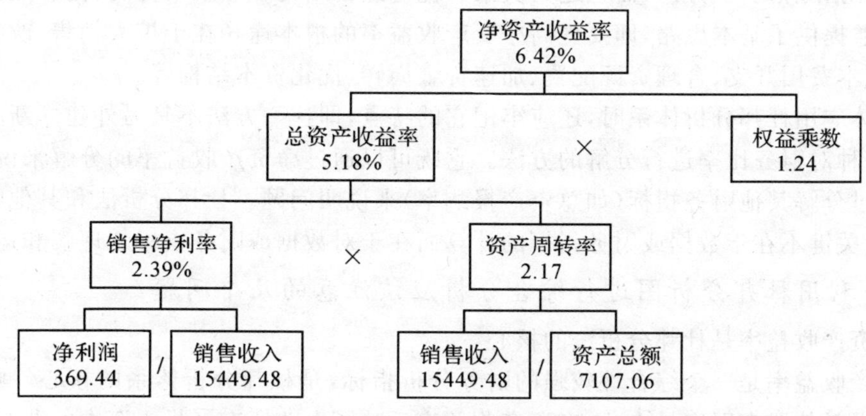

图 11-2　2013 年 F 公司杜邦分析(单位:百万元)

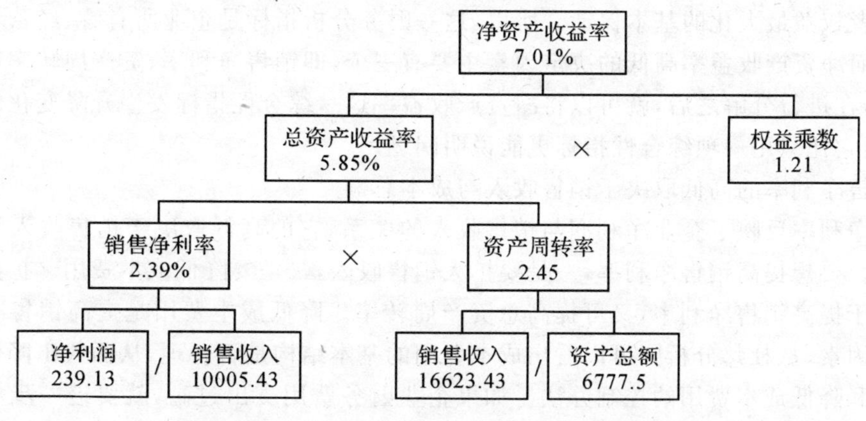

图 11-3　2014 年 F 公司杜邦分析(单位:百万元)

从 2013 年和 2014 年杜邦分析图可以看出，净资产收益率 2014 年为 7.01%，2013 年为 6.42%，2014 年的净资产收益率高于 2013 年，主要原因是：

第一，2014 年总资产收益率高于 2013 年，而权益乘数低于 2013 年，而导致总资产收益率较高的原因主要在于总资产周转率高于 2013 年，说明该公司对资产的使用效率高，资产的周转速度较快，从而推动公司的盈利能力有所提升，股东获得的投资回报率提高。

第二，2013 年销售净利率与 2014 年相同，说明净利润与销售收入同时减少，该企业销售收入方面减少，净利润也随之减少，成本费用控制基本得力，故销售净利率最终未受影响。

这家企业的净资产收益率之所以提高，主要得益于提高了资产的使用效率，从而财务杠杆效应带来的理财利润不明显。同时这家企业销售收入与净利润同时减少未影响销售净利率说明这家企业成本控制有效。整体来说,这是一家管理水平高的企业。

从举例分析中可以看出,通过杜邦分析法自上而下的分析,可以了解企业财务状况的全景以及各项财务指标间的结构关系,查明各项主要财务指标增减变动的影响因素及存在的问题。杜邦分析体系提供的上述财务信息,较好地解释了指标变动的原因和趋势,这为进一步采取具体措施指明了方向,而且还为决策者优化经营结构和理财结构、提高企业偿债能力和经营效益提供了基本思路,即要提高净资产收益率的根本途径在于扩大销售、改善经营结构、节约成本费用开支、合理资源配置、加速资金周转、优化资本结构等。

在具体应用杜邦分析体系时,还应牢记它的特点,即这一方法不是另外建立新的财务指标,而是一种对财务比率进行分解的方法。它既可以通过净资产收益率的分解来说明问题,也可以通过分解其他财务指标(如总资产报酬率)来说明问题。杜邦分析法和其他财务分析方法一样,关键不在于数据或财务指标的计算而在于对数据或财务指标的理解和运用。

(三)利用杜邦分析图进行综合分析应该注意的几个问题

1.净资产收益率是杜邦分析法的核心

净资产收益率是一个综合性较强的财务分析指标,是杜邦分析体系的核心。财务管理的目标之一是使股东财富最大化,净资产收益率反映了企业所有者投入资本的获利能力,说明了企业筹资、投资和资产营运等各项财务及其管理活动的效率,而不断提高净资产收益率是使所有者权益最大化的基本保证。所以,这一财务分析指标是企业所有者、经营者都十分关心的。而净资产收益率高低的决定因素主要有三个,即销售净利率、资产周转率和权益乘数。这样,在进行分解之后,就可以将净资产收益率这一综合性指标发生升降变化的原因具体化,从而它比只用一项综合性指标更能说明问题。

2.销售净利率的高低取决于销售收入与成本总额

销售净利率反映了企业净利润与销售收入的关系,它的高低取决于销售收入与成本总额的高低。要想提高销售净利率,一是要扩大销售收入,二是要降低成本费用。扩大销售收入既有利于提高销售净利率,又可提高总资产周转率。降低成本费用是提高销售净利率的一个重要因素,从杜邦分析图可以看出成本费用的基本结构是否合理,从而找出降低成本费用的途径和降低成本费用的控制办法。如果企业财务费用支出过高,就要进一步分析其负债比率是否过高;如果管理费用过高,就要进一步分析其资产周转情况等。提高销售净利率的另一途径是提高其他利润。为了详细了解企业成本费用的发生情况,在具体列示成本总额时,还可根据重要性原则,将那些影响较大的费用单独列示,以便为寻求降低成本的途径提供依据。

3.影响资产周转率的一个重要因素是资产总额

影响资产周转率的一个重要因素是资产总额。资产是由流动资产与非流动资产组成的,它们的结构合理与否将直接影响资产的周转速度。一般来说,流动资产直接体现企业的偿债能力和变现能力,而非流动资产则体现了企业的经营规模、发展潜力。两者之间应该有一个合理的比例关系。如果发现某项资产比重过大,影响资金周转,就应深入分析其原因。比如,企业持有的货币资金超过业务需要,就会影响企业的盈利能力;如果企业占有过多的存货和应收账款,则既会影响获利能力,又会影响偿债能力。因此,还应该进一步分析各项资产的占用数额和周转速度。

4.权益乘数主要受资产负债率指标的影响

负债比率越高,权益乘数就越高,说明企业的负债程度比较高,给企业带来了较大的杠杆利益,同时也带来了较大的风险。

第三节　沃尔评分法

一、沃尔评分法的含义

沃尔评分法是指将选定的财务比率用线性关系结合起来,并分别给定各自的分数比重,然后通过与标准比率进行比较,确定各项指标的得分及总体指标的累计分数,从而对企业的信用水平做出评价的方法。把若干个财务比率用线性关系结合起来。对选中的财务比率给定其在总评价中的比重(比重总和为100),然后确定标准比率,并与实际比率相比较,评出每项指标的得分,最后得出总评分。

二、沃尔评分法的基本步骤

沃尔比重评分法的基本步骤包括:

(1)选择评价指标并分配指标权重

盈利能力的指标包括资产净利率、销售净利率、净值报酬率;偿债能力的指标包括自有资本比率、流动比率、应收账款周转率、存货周转率;成长能力的指标包括销售增长率、净利增长率、资产增长率;按重要程度确定各项比率指标的评分值,评分值之和为100。三类指标的评分值约为5∶3∶2。盈利能力指标三者的比例约为2∶2∶1,偿债能力指标和成长能力指标中各项具体指标的重要性大体相当。

(2)确定各项比率指标的标准值

确定各项比率指标的标准值,即各项指标在企业现时条件下的最优值。

(3)计算企业在一定时期各项比率指标的实际值

资产净利率=净利润/资产总额×100%

销售净利率=净利润/销售收入×100%

净值报酬率=净利润/净资产×100%

自有资本比率=净资产/资产总额×100%

流动比率=流动资产/流动负债

应收账款周转率=赊销净额/平均应收账款余额

存货周转率=产品销售成本/平均存货成本

销售增长率=销售增长额/基期销售额×100%

净利增长率=净利增加额/基期净利×100%

资产增长率=资产增加额/基期资产总额×100%

(4)形成评价结果

沃尔比重评分法的公式为:实际分数=实际值/标准值×权重。

当实际值>标准值为理想时,此公式正确,但当实际值<标准值为理想时,实际值越小得分应越高,用此公式计算的结果却恰恰相反。

另外,当某一单项指标的实际值畸高时,会导致最后总分大幅度增加,掩盖情况不良的指标,从而给管理者造成一种假象。

三、沃尔评分法的应用

我们以A公司和B公司2014年的财务情况为例来说明沃尔评分法的具体应用。假设我们现选定9个财务比率来评价A公司和B公司的综合财务状况。这些比率如表11-2和表11-3所示。

表11-2　A公司2014年财务综合评价

财务比率	权重(1)	标准值(2)	实际值(3)	相对值 (4)=(3)/(2)	评分 (5)=(1)×(4)
盈利能力:					
净资产收益率	15	11.58%	7.78%	0.6718	10.077
总资产收益率	15	9.1%	5.37%	0.5901	8.8515
销售净利率	18	10.35%	13.4%	1.2947	23.3046
偿债能力:					
流动比率	10	1.96%	2.22%	1.1327	11.327
股权比率	9	0.69%	0.42%	0.6087	5.4783
利息保障倍数	9	6.86%	6.74%	0.9825	8.8425
营运能力:					
存货周转率	8	0.91%	0.49%	0.5385	4.308
应收账款周转率	8	27.69%	8.76%	0.3164	2.5312
总资产周转率	8	0.5691%	0.4%	0.7029	5.6232
合计	100				80.3433

表11-3　B公司2014年财务综合评价

财务比率	权重(1)	标准值(2)	实际值(3)	相对值 (4)=(3)/(2)	评分 (5)=(1)×(4)
盈利能力:					
净资产收益率	15	11.58%	8.53%	0.7366	11.049

续　表

财务比率	权重(1)	标准值(2)	实际值(3)	相对值 (4)=(3)/(2)	评分 (5)=(1)×(4)
总资产收益率	15	9.1%	2.94%	0.3231	4.8465
销售净利率	18	10.35%	5.18%	0.5005	9.009
偿债能力:					
流动比率	10	1.96%	0.82%	0.4184	4.184
股权比率	9	0.69%	2.05%	2.9710	26.739
利息保障倍数	9	6.86%	3.62%	0.5277	4.7493
营运能力:					
存货周转率	8	0.91%	0.85%	0.9341	7.7428
应收账款周转率	8	27.69%	59.72%	2.1567	17.2536
总资产周转率	8	0.5691%	0.5678%	0.9977	7.9816
合计	100				93.2848

接下来选定各财务比率的权重，如表10-2和表10-3中第(1)栏所示，设定各个指标的标准值，由于A公司和B公司为同一行业的公司，我们设定相应财务比率的行业平均水平为标准值，如表10-2和表10-3中第(2)栏所示；然后计算A公司和B公司各项财务比率的实际值，计算结果如表10-2和表10-3中第(3)栏所示。在此基础上即可计算A公司和B公司的各项指标的相对值，即以实际值除以标准值，得到相对得分，结果如表10-2和表10-3中第(4)栏所示；再考虑不同财务比率的比重，以各项财务比率的权重数乘以各项财务比率的相对得分，再相加即可得到总得分。其中A公司得分80.3433分，B公司得分为93.2848分。

需要说明的是，对上述两个公司的综合评分，只是为了说明沃尔评分法运用的基本步骤，未必恰当地反映了两个公司的综合财务状况。这主要是因为对财务比率的选择、各财务比率权重的赋予以及各财务比率标准值的确定都是比较主观的，并没有经过细致的推敲、考察和验证。

●思考题

1.为何要对企业进行综合分析?

2.对企业进行综合分析的方法有哪些?

3.杜邦分析法的核心指标是什么?

4.杜邦分析法的分析原理有何意义?

5.沃尔评分法的基本步骤是什么?

●练习题

1. 假设某公司的相关资料如下：

单位：元

项目	2013 年	2014 年
总资产	16187290	18400000
净资产	10711130	9100000
销售收入	2500000	30000000
净利润	475802	1360000

要求：结合杜邦分析法，计算 2014 年的相关财务指标。

2. 某公司会计报表简表如下所示：

资产负债表

单位：百万元

项目	2014 年	2013 年
货币资金	753	1392
应收账款	684	548
存货	1560	1270
固定资产净额	2487	1766
资产总额	5484	4976
流动负债	1888	2632
长期负债	342	292
负债总额	2230	2924
股本	992	882
资本公积	2262	1170
所有者权益	3254	2052

利润表

单位：百万元

项目	2014 年	2013 年
主营业务收入	3328	3421
主营业务成本	2541	2321
主营业务利润	787	1100

续　表

项目	2014 年	2013 年
减:营业费用	279	295
管理费用	100	115
财务费用	23	44
利润总额	385	646
减:所得税	127	213
净利润	258	433

要求:请计算出一些相应的财务指标,对以上会计报表中反映的企业情况进行综合分析评价,并编写会计报表分析报告。

第十二章 服务外包企业战略决策的财务信息支持

●学习目的与要求

通过本章的学习，了解服务外包的含义、内容、发展历程等基本理论；熟悉服务外包企业综合分析的基本思路与基本理论；掌握会计报表综合分析的方法，能够运用会计报表综合分析方法的特点、原理与相关注意问题进行分析，达到为服务外包企业提供战略决策的目的。

●关键知识点

服务外包的含义；服务外包企业服务外包的内容；服务外包的战略决策要素

●重要概念

服务外包；服务外包产业；战略决策

我国的服务外包产业发展对于进一步拓宽我国对外开放领域、转变利用外资和外贸的增长方式有深远影响，成为我国促进产业升级、扩大对外开放面临的重大课题。虽然我国服务外包产业起步较晚，特别是在高附加值 IT 领域，外包发展仍然处于初级阶段，但我国服务外包的综合成本以及人才储备等方面具有较大优势，服务外包产业的发展潜力很大。企业的业务外包首先都需要有一个战略决策过程，即企业根据实际情况决定是否将制造过程的非核心业务外包，而且将哪些非核心业务外包、如何外包，也就是具体采用什么样的外包策略。

那么服务外包企业战略决策都包括哪些内容？通过会计报表综合分析都能为服务外包企业的战略决策提供哪些信息？这是本章所述主要内容及目的所在。

第一节 服务外包企业理论概述

一、服务外包的含义及兴起

（一）服务外包的含义

根据商务部颁发的《服务外包统计报表制度》，对服务外包的描述是：通过服务外包提供商向服务外包发包商提供信息技术外包（ITO）与业务流程外包（BPO）。其中信息技术外包强调技术，更多涉及成本和服务；业务流程外包更强调业务流程，解决的是有关业务的效果和运营的效益问题。

(二)服务外包的产生与发展

1.早期的外包

“外包”一词出现在1982年。但是近似于外包的商业模式,或者说有组织的外包运作方式却很早就出现了。早在16世纪,从作为现代企业制度的原始形式对外活制中,就可以看到外包的雏形。在18世纪,这种形式逐渐增多。外包到19世纪初期已经成为一种新的运作模式,被许多政府运用。英国政府于19世纪就将街道照明、监狱管理、道路维护、税收征收等公共服务项目外包给私营部门。美国和澳大利亚也在19世纪将国家邮件快递服务外包给私营部门,而法国出现私营企业通过竞标承包国家铁路网络等交通设施的建设和维修工程。

2.服务外包的兴起

外包作为新兴产业起源于20世纪80年代的后期,由美国发端,迅速蔓延到日本与欧洲,现已成为全球跨国企业普遍接受并极力推广的新兴经营模式。

自20世纪90年代中期以来,在信息技术革命、经济全球化及市场竞争加剧的共同推动下,服务外包在世界范围内蓬勃发展。有别于20世纪80年代和90年代初企业对于多元化战略的追求,越来越多的企业更加注重核心业务的发展,而将其非核心业务以“外包”的方式,交由其他专业公司处理,其实质在于截取价值链中高的利润环节,缩小经营范围,将有限的资源集中配置在企业的强势领域,以突出企业的竞争优势,降低企业的运营成本。近年来,外包开始由传统的服装、体育用品、建筑等行业逐步向软件、银行、物流、设计、咨询、售后服务等服务业扩展,使全球生产组织方式和国际分工格局发生了巨大的变化,带动了服务业的全球化发展。目前,服务外包业务正以每年20%左右的速度增长,到2010年全球服务外包市场已经达到20万亿美元的规模。随着网络时代的到来,服务外包已经走出国门跨越时空,形成了国际性服务外包产业,在全球经济发展中发挥了越来越大的作用。

二、服务外包产业的含义

服务外包产业(Service Outsourcing Industry),是基于在经济发展的带动下,企业为了更好地发展,将其非核心的业务外包出去,利用外部最优秀的专业化团队来承接其业务,从而使其专注核心业务,达到降低成本、提高效率、增强企业核心竞争力和对环境应变能力的目的。进而催生一批以服务外包而快速发展的企业的产业。

服务外包产业是现代高端服务业的重要组成部分,具有信息技术承载度高、附加值大、资源消耗低、环境污染少、吸纳就业(特别是大学生就业)能力强、国际化水平高等特点。当前,以服务外包、服务贸易以及高端制造业和技术研发环节转移为主要特征的新一轮世界产业结构调整正在兴起,为我国发展面向国际市场的现代服务业带来新的机遇。牢牢把握这一机遇,大力承接国际(离岸)服务外包业务,有利于转变对外贸易增长方式,扩大知识密集型服务产品出口;有利于优化外商投资结构,提高利用外资质量和水平。

三、服务外包企业的条件

服务外包企业应当具备下列条件:①在中国境内注册、具有企业法人资格、依法备案登记的对外贸易经营者,且如实填报《服务外包统计报表制度》中规定的报表;②近两年未在进出口业务管理、财务管理、税收管理、外汇管理、海关管理等方面受到处理处罚；③已与服务外包发包商签订中长期提供服务外包业务合同，企业2011年提供服务外包业务额不低于50万美元，其中向境外最终客户提供服务外包业务额占50%以上；④具有服务外包承接能力及服务外包市场开拓和项目管理人员，大学(含大专，下同)毕业及以上学历员工占员工总数70%以上。

四、服务外包企业服务外包的内容

(一)信息技术外包(ITO)

信息技术外包服务主要包括系统操作服务：银行数据、信用卡数据、各类保险数据、保险理赔数据、医疗/体检数据、税务数据、法律数据(包括信息)的处理及整合；系统应用服务：信息工程及流程设计、管理信息系统服务、远程维护等；基础技术服务：承接技术研发、软件开发设计、基础技术或基础管理平台整合等。

(二)业务流程外包服务(BPO)

业务流程外包服务主要是做企业内部管理服务：为客户企业提供企业各类内部管理服务，包括后勤服务、人力资源服务、工资福利服务、会计服务、财务中心、数据中心及其他内部管理服务等；企业业务运作服务：为客户企业提供技术研发服务、销售及批发服务、产品售后服务(售后电话指导、维修服务)及其他业务流程环节的服务等；供应链管理服务：为客户企业提供采购、运输、仓库/库存整体方案服务等。

(三)知识流程外包(KPO)

知识流程外包是服务外包的高端部分。它们都是基于IT技术的服务外包，ITO强调技术，更多涉及成本和服务，BPO更强调业务流程，解决的是有关业务的效果和运营的效益问题。BPO往往涉及若干业务准则并常常要接触客户，因此意义和影响更重大。不仅IT行业需要BPO，而且BPO的每项业务都离不开IT业务的支持，从而产生IT外包机会。

五、发展服务外包的意义

发展服务外包有利于提升服务业的技术水平、服务水平，推动服务业的国际化和出口，从而促进现代服务业的发展。

(一)有利于提升产业结构

承接外包服务，可以增大服务业占GDP的比重，提升产业结构，节省能源消耗，减少环境污染。服务外包产业是现代高端服务业的重要组成部分，具有信息技术承载度高、附加值大、资源消耗低等特点。承接服务外包对服务业发展和产业结构调整具有重要的推动作用，能够创造条件促进以制造业为主的经济向服务经济升级，推动增长方式向集约化发展。

(二)有利于转变对外贸易增长方式，形成新的出口支撑点

承接外包服务，可以扩大服务贸易的出口收入。近几年来中国外贸出口在稳步发展，但同时也遇到许多问题。如出口退税政策的调整、国外贸易设限不断增强、贸易摩擦不断增

多、人民币汇率不断提高等，要保持持续快速增长已经越来越困难。而发展服务外包，因其对资源成本依赖程度较低、国外设限不强，具有快速增长的余地，从而有望成为出口新的增长动力。

(三)有利于提高利用外资水平，优化外商投资结构

中国制造业利用外资有20多年的历史，取得了长足进步。随着经济的不断发展，各个城市都将面临或已经面临着能源资源短缺、土地容量有限的现实问题。据相关资料披露，在全国15个副省级城市已经有许多外资的二产项目虽通过审批却很难落户，即便是三产，由于国家对房地产项目的限制，今后也将面临困难.而服务外包项目由于对土地资源要求不高，一旦外商有投资意向，落户概率将远高于二产项目。中国下一轮对外开放的重点是服务业，服务业的国际转移主要就是通过服务外包来实现的，承接服务外包产业，就能够实现国际先进服务业逐步转移，从而优化利用外资的结构，更加适合城市经济的和谐发展。

(四)有利于提高就业率

20世纪80年代以来，服务业吸收劳动力就业占社会劳动力比重逐年提高，而服务外包作为现代服务业的推动器，将创造大量的就业岗位，缓解知识分子尤其是大学生的就业压力。据预测，到2010年，离岸服务外包可以为中国创造大约100万个直接和300万个间接的稳定的高质量的就业机会。IT服务和IT相关服务与其他制造业相比，是典型的高收入行业。同时，它还将带动政府、高校、企业加强人才培训，提升劳动力素质，培养一批精通英语、掌握世界前沿科技，且与海外市场联系广泛的人才。

第二节　服务外包的战略决策

一、服务外包的战略决策要素

企业的非核心业务外包首先需要有一个战略决策过程，即企业根据实际情况决定是否将制造过程的非核心业务外包，而且将哪些非核心业务外包、如何外包，也就是具体采用什么样的外包策略。企业选择什么样的管理模式，关键是要考虑该模式带来的经济性，而且更重要的是与企业战略结合。

在业务外包决策中，有三个决定要素:外包市场成熟度、技术通用性、生产计划确定性。

(一) 外包市场成熟度维度

按照生命周期理论，一个市场的发展往往要经历市场孕育期、市场形成期、市场发展期和市场成熟期几个阶段，而市场成熟度作为表现市场发展水平或程度的指标，可以辨别市场发展的阶段。一个相对完整的外包市场应该包括外包服务供应商、外包对象(产品或服务)、发包商企业和外部政策环境。也就是说，在一定的外部政策环境中，企业和外包服务供应商应遵守相关的法律、法规、政策和行业协定，完成约定的外包交易(涉及产品或服务)。

但是，从企业的角度来看，产品或服务是在其企业内部完成的，其外部市场发展情况，也就是外包市场的成熟度主要受外部政策环境和外包服务供应商两方面因素的影响。外部政

策环境对外包行为的产生具有直接的约束力，尤其对于特殊商品或特殊行业。若企业所在的行业业务涉及很多具有知识产权保护的技术或者设计方案，即使企业有意将自己的部分业务外包且外包服务供应商也有能力承接，但若国家法律或行业规范不允许该商业行为，或涉及国家机密，或涉及对外政策壁垒，或涉及技术壁垒，也是有极大的障碍和风险的。所以说外部政策环境在有些情况下可以直接或间接地影响某些业务是否可以进行外包。

企业产生的非核心业务外包需求由外包服务供应商来满足，其服务数量和质量是否可以满足发包商的需求取决于外包服务供应商的企业规模、服务商数量、服务能力和技术能力、与上级供应商关系。

综上所述，外包市场成熟度主要由外部政策（包括国家法律和行业规则）和外包服务供应商（包括服务能力、技术能力、企业规模、服务商数量和与上级供应商关系）两种因素来定性地反映。这些因素共同影响，可以帮助判断外包市场的成熟度，确定目前市场状况是否有利于外包项目的开展，或找出不利于外包项目开展的主要因素。较高的外包市场成熟度往往意味着较低的外包成本、外包风险和较好的外包服务，这样的情况下，企业的决策者有理由相信在企业相应的局部采用外包策略可以取得期望的结果。

（二）技术通用性维度

外包产品或服务作为外包服务供应商和发包商联系的纽带其重要性不言而喻，可以说双方合作的一切都是围绕着外包产品或服务展开的，其自身的性质或相关配套情况也反映了该业务是否适合外包。概括地说，技术通用性是指围绕着提供外包服务所需要的各种资源的情况是不是具有十分广泛的适用性，还是只能适用于某项专门的作业。这个维度直接反映了外包策略选择，是自购专业设备、自聘专业工程师还是完全交由外包服务商等一系列具体的策略。技术通用性主要包含工艺通用性、技术人员通用性、设备通用性、备件通用性和作业内容通用性 5 项具体的因素内容。

（三）生产计划确定性维度

生产计划确定性不仅指发包企业管理水平和方式对未来产量预测的准确性和控制的可靠性，而且要考虑产品更新换代、工艺的不断优化、订单的获得和取消等方面的工作情况，同时要考虑整个外包市场需求的波动情况。生产计划的不确定性将给外包带来较大的交易不确定性和较高的交易频率。从交易的频率上看基于供应链的制造商与供应商结合在长期、重复的交易关系中，企业间的交易频率高。交易频率越高意味着交易量大、经常发生，从而产生较高的交易费用。从交易的不确定性上看，交易的不稳定性、主体行为的不确定性和交易市场环境的多变性，成为传统企业的交易风险和交易成本的关键所在。

因此，若发包企业的未来生产计划的预期比较准确而且比较长久，这对外包服务供应商的报价是有利的，外包服务供应商可根据生产计划做出比较准确的成本预期，而且可以根据中长期的生产预测来降低成本。随着市场交易频率的降低，市场交易成本将会降低。生产计划的稳定性主要受不可控波动因素和产品生命周期因素这两个因素的影响。

不可控波动因素常常对生产计划的确定和执行带来意想不到的影响，虽然不可控波动因素发生的概率不是很高，但是一旦发生会对生产带来重大的影响，是不容忽视的。不可控波动因素主要有季节性变化、天气变化、宏观调控等。

发包企业自身的准备情况对外包服务供应商提供服务也有直接影响，包括产品稳定性、产量稳定性、发包企业数量、风险控制和管理水平，其主要体现在产品不同生命周期阶段。企业必须采取不同的应对方式来保证生产的有序，这样才能保证业务外包成本的经济。

二、服务外包的战略决策过程

服务外包的战略决策的过程主要包括以下10个部分：

（一）成立外包项目领导小组

当企业开展非核心业务外包项目时，应成立项目领导小组，由企业最高领导亲自组织，并且由采购部门、财务部门、技术部门、生产部门和涉及业务外包的部门经理参与工作，为要外包的项目做出战略决策并制定项目实施后应达到的目标。

（二）成立外包工作小组

公司领导层在有业务外包的意向后，应在项目领导小组的领导下成立外包工作小组，工作小组的组长应该是项目领导小组的成员，这样有利于企业战略目标的实现。由于外包决策是企业的一项战略性决策，因此外包工作小组应直属于企业决策层。小组至少应该由来自生产技术部门、规划部门、采购部门、财务部门的管理者和专家共同组成。

（三）运用价值链划分出企业的非核心业务

企业的决策层应当领导外包工作小组结合企业的战略，运用价值链方法对企业的活动进行分析，找出非核心业务，原则上非核心业务都适用于外包，同时也要对业务的技术专业性进行分析。

（四）开展市场调研

在和企业的决策层共同分析出非核心业务后，外包工作小组应当针对相关的非核心业务外包开展市场调研。调研主要从两个方面进行：一是同行业其他企业的外包状况；二是外包服务供应商的情况，并掌握外包市场成熟度的情况。

（五）制定外包服务供应商案

结合以上企业的内、外部分析，外包工作小组可以着手制定外包服务供应商案的建议书，在征得企业的管理层批准后即可确定企业的外包服务供应商案，为企业的外包工作指明方向。

（六）编写外包任务书

外包工作小组应按照外包服务供应商案组织各部门的专业人员编写外包任务书。外包任务书应该至少包含以下6项内容：

1. 企业概况

包括企业的规模、生产的产品品种、产量情况、设备状况等。

2. 外包任务的具体描述

这是外包任务书的核心部分，它包括对外包任务的详细及明确的描述、企业和外包工作的接口、工作要求及质量标准等。

3. 奖惩条例

外包任务书中要说明将实行的奖惩制度，以明确外包服务供应商的责任和权益。

4. 承包时间

外包任务书中应明确一个外包合同的实施期限，一般来说，通用性强的外包项目的外包合同期可以定的短一点，而随着外包业务的专业化程度的提高合同期要增长。

5. 结算方式

对服务型的外包业务主要有两种结算方式。一是CPU(Cost Per Unit)单台成本：企业事先与外包公司商谈一个“单台成本”，然后按照实际生产的产品台数乘以“单台成本”，与外包公司结算，这种结算方式的好处主要在于处理简单、成本指标明确、商务成本低，它的不足之处是企业不易于了解实际发生的费用情况、外包管理过程不易控制、事先制定“单台成本”的风险较大。二是实报实销；企业按外包企业申报的经本企业批准的实际发生的费用支付给外包企业，它的好处是有利于企业清楚地掌握外包实际发生的费用情况，但实际操作过于烦琐，因此该结算方法往往用在外包管理的初期。

6. 报价清单

报价清单为各家外包企业提供了一个统一且明确的报价格式，有利于比价。

7. 询价

在编写好外包任务书后，企业可将外包任务书发放给可能提供相关服务的外包服务供应商，向它们询求方案和价格。

8. 对外包供应商进行技术评估

根据相关外包供应商的回复，企业要组织专业技术及管理人员对各个供应商的资质进行考察和评估，制定出外包供应商的技术评价表，并将技术上符合要求的供应商推荐给采购部门。

9. 商务谈判

企业采购部门在收到技术部门的技术评估意见后即可和技术合格的外包服务供应商进行商务谈判。

10. 发包

外包工作小组向企业决策层提交技术评估报告和商务谈判结果，经企业决策层讨论决定最终的外包服务提供商，并由采购部门代表企业和被选中的供应商签订合同，至此发包工作结束。

第三节 浙大网新财务分析

一、浙大网新(600797)基本概况

(一)浙大网新(600797)的服务外包业务发展现状

浙大网新(600797)的主营业务是软件服务外包，是一家成功的软件外包企业。2009年

7月9日，工业和信息化部公布了“2009年电子信息百强”排名，浙大网新凭借52.48亿元的主营收入跻身第41位，比去年攀升了13个名次，这也是浙大网新第四次蝉联中国软件外包企业的第二名。7月16日，IDC发布了最新的《离岸软件外包市场报告》，浙大网新再次入选“中国离岸外包TOP 10”。同时入围的还有大展、大连华信、海辉、中软国际、软通动力、文思创新等。此外，浙大网新以领先性优势入选了“欧美外包TOP 5”。

（二）浙大网新（600797）的服务外包业务发展历程

一个因“服务外包”而生的公司，必定会因“服务外包”而长。浙大网新从最初的金融行业拓展到更多领域。

20世纪90年代末，一大批中国早期的IT企业注册成立。其中，北大方正、清华同方、清华紫光等，凭借其北大、清华的“血统”，表现尤为突出。但在杭州，素有“东方剑桥”之称的浙江大学却十分平静，只有浙大海纳等几个松散的企业实体，这不禁令浙大的优秀毕业生陈纯、赵建、史烈等人感到可惜。拥有雄厚学术研发能力和人才基础的浙江大学，“就好像一个捧着金子却置身事外的旁观者”。在浙大网新的首任董事长陈纯看来，那时的浙江大学，缺的是对现有资源的有效开发与整合，“浙大应该有自己的重量级IT企业”。

2001年，经过一系列资本运作之后，浙大网新正式成立。2002年，在北美金融领域的一个突破，成为浙大网新的重要契机，也是浙大网新规模化发展的起点。浙大网新的发展要追溯到1986年，浙大网新创始人之一、浙江大学计算机系的何志均教授在一次学术会议上，结识了美国波士顿大学教授杰瑞。杰瑞后来成为美国道富银行的CTO。当时道富银行每年用于IT方面的花费一度达到10亿美元，但银行的基金管理系统还是20世纪90年代搭建的，许多需求已经无法满足。2000年9月，杰瑞提出和浙大建立联合技术中心。这个由4名浙大教授和15个学生组成的队伍，就是网新与道富共同成立的子公司网新恒天的前身。

一开始，道富只是把一些不太重要的业务交给联合技术中心，直到2002年，浙大网新接下了道富Lattice系统的业务。Lattice系统是道富在20世纪80年代中期开发的证券交易执行系统，具有重要的业务价值，但是已经跟不上形势的需要。道富曾经聘请多家美国公司和印度公司来修复这套系统，都没有成功。怀着试试看的心理，杰瑞将修复工作交给了刚刚成立的浙大道富技术中心。

半年后，浙大网新提供的新系统上线运行，不仅承载了当时的业务所需，而且在基金业务扩容后，依然能够满足需要。来自道富的30万美元成为浙大网新的“第一桶金”，同时，也让浙大网新成功地打入美国东海岸那片富有却保守苛刻的金融服务领域，并成为浙大网新开展对美外包业务的起点。在此后的几年里，凭借浙大优厚的人才资源，浙大网新继续从金融行业向其他行业拓展。“浙大网新的外包业务每年以30%的速度迅速成长着。”浙大网新总裁助理李晖说，到去年为止，外包业务已经占公司年度利润的40%以上。

随后，浙大网新提出“Computer＋X”的发展战略，将信息技术（Computer）与行业（X）相结合，使得浙大网新的机电总包业务成功崛起。据资料显示，到2007年，浙大网新已经是国内最大的IT应用服务提供商和中国主要的软件出口商之一，居全国电信行业系统集成商第一名、全国信息产品分销与集成服务前5强，并入选沪深300指数样本股行列。如今，在浙大网新的服务外包部门，仅技术开发人员就有3000多人。

2008年，全球性的金融危机令许多软件外包企业不寒而栗。订单无限制延期、对日外包业务几乎停滞。来自企业的各种消息，给正在快速发展的中国离岸外包行业蒙上了浓重的不确定性。对此，浙大网新总裁史烈总结道："从外部来看，我们面临的挑战是订单减少、客户需求发生变化，以及可配置资源的减少。对浙大网新内部而言，这是对管理层意志力和能力的挑战。"

2009年，浙大网新采取了三大策略"过冬"。首先，紧抓订单经济，严格保证现金流支持；第二，紧盯成本费用，一方面降低不需要的成本，另一方面控制人员规模增长；最后，控制产能规模，让生产规模尽可能接近订单量。

此外，在浙大网新内部，订单多的部门会把一部分业务"外包"给订单较少的部门，实现资源的合理调配。"浙大网新软件外包业务总体保持稳定增长，软件外包业务继续保持了10%以上的增长。"根据浙大网新2009年中期报告显示，上半年浙大网新实现主营业务收入22亿元，实现主营业务毛利2.2亿元。

（三）浙大网新(600797)服务外包业务的未来发展方向

目前，浙大网新也更加清楚地确定，软件外包是他们的核心资产，但绝不是唯一的。在国内市场，以信息技术为基础的咨询服务将为浙大网新提供更加广阔的发展空间。浙大网新综合了多年来在国内智能监控、智能传感器、网络基础设施、IT协同等领域累积的经验，在此基础上提出了"智慧城市"的概念，并将其作为未来在国内市场最重要的发展方向。并且在资本运营方面做好了准备，比如对天然科技进行了大规模的结构调整，剥离了传统产业资产，注入了浙大快威科技、浙大海纳快威、浙大图灵等IT资产。2002年，浙大网新兰德科技在香港联交所上市，这是浙大网新借壳上市后，提出打造中国"软件与网络业航母"以来的第一个大动作。浙大网新兰德科技的主营业务发展方向，是提供企业信息化系统与电信核心支撑应用及增值服务系统，是国内第一家在香港创业板上市的大型电信软件开发企业。

而自2002年下半年以来，浙大网新还开始积极介入环保领域，并对原有资源进行充分的整合，形成了具有网新特色的市场、技术、设计、工程实施等体系。此后，浙大网新逐渐形成了IT服务、软件外包和机电总包三大业务并驾齐驱的经营模式。2008年4月，浙大网新发布公告，以子公司网新机电100%的股权，认购浙江海纳定向增发的4472万股新增股份。认购完成后，浙大网新成为浙江海纳的第一大股东。

以后的浙大网新可能不再只是一个普通的软件外包厂商，而是能够以浙江大学学科为背景，为国家大型项目提供高科技咨询服务，并且提供从咨询到实施的一整套外包服务的高科技综合型企业。

二、浙大网新(600797)的综合财务分析

(一)偿债能力分析

表 12-1 浙大网新 2014—2015 年偿债能力指标

偿债能力指标	2014 年	2015 年	变动幅度
流动比率	1.10	1.34	21.82%
速动比率	0.84	1.05	25%
现金比率	0.29	0.45	55.17%
资产负债率	0.64	0.50	−21.875%
产权比率	1.75	0.99	−43.43%
利息保障倍数	−0.76	3.66	—

浙大网新 2015 年比 2014 的流动比率、速动比率、现金比率都有所提高,说明短期偿债能力有所增强;其中 2015 年的速动比率超过经验值 1,说明流动资产中的结构比较合理,有利于偿还短期债务。现金比率提高较快,说明企业即刻偿债能力强,留存的能用于偿还短期债务的现金类资产较多。资产负债率有所下降,但也基本在经验值范围内,说明长期偿债能力有基本保障;产权比率的变化说明企业的资本结构有调整,由高风险低成本的资本结构向低风险高成本的资本结构转变,这种调整降低了企业的偿债风险; 2014 年利息保障倍数为负数,说明企业的盈利能力对长期偿债能力没有保障作用;而 2015 年利息保障倍数提升较快,说明 2015 年企业的盈利为长期偿债能力提供保障。

综上所述,浙大网新的短期偿债能力较强,而且从 2014 年 2015 年还有所增强;长期偿债能力有基本保障,风险降低,长期偿债能力增强。

(二) 盈利能力分析

表 12-2 浙大网新 2014—2015 年盈利能力指标

盈利能力指标	2014 年	2015 年	变动幅度
销售毛利率	0.15	0.15	0
营业收入利润率	−0.05	0.047	—
营业成本利润率	−0.06	0.055	—
销售净利率	−0.03	0.04	—
总资产净利率	−0.03	0.05	—
总资产报酬率	0.0003	0.0817	271.33
净资产收益率	−0.08	0.12	—
资本保值增值率	0.86	1.28	48.84%

续 表

盈利能力指标	2014 年	2015 年	变动幅度
每股收益	−0.19	0.25	—
每股净资产	2.0504	2.2461	9.54%
每股资本公积金	0.2649	0.4493	69.61%

2014 年的盈利能力指标出现小于 0 的情况，主要是浙大网新在 2014 年中营业利润、净利润出现亏损导致的。从 2014 年到 2015 年，浙大网新的盈利能力指标全部都有所提高，表明企业在销售业务、投资业务、运用资产等方面的盈利能力整体提升。

（三）营运能力分析

表 12-3 浙大网新 2014—2015 年营运能力指标

营运能力指标	2014 年	2015 年	变动幅度
应收账款周转率	4.7271	7.3832	56.19%
存货周转率	5.5867	6.8906	23.33%
固定资产周转率	19.0924	33.7853	76.96%
总资产周转率	0.9794	1.1832	20.81%
流动资产周转率	1.4994	1.8156	21.09%

从 2014 年到 2015 年，浙大网新的营运能力指标全部都有所提高，表明企业各项资产的周转速度有所加快，企业利用资产的效率提高。企业固定资产周转率提高得最快，说明企业对固定资产的利用效率提高最快。

（四）成长能力分析

表 12-4 浙大网新 2014—2015 年成长能力指标

营运能力指标	2014 年	2015 年
主营业务收入增长率	−9.6204	12.0043
净利润增长率	−384.0797	—
净资产增长率	−14.3415	27.7943
总资产增长率	−7.0465	−7.5564

从 2014 年到 2015 年，浙大网新的成长能力指标大部分都有所提高，表明企业在这两年中主营业务收入、净利润、净资产等保持了一定的增长能力，企业的盈利好转。资产增长率并未加快，说明企业并未持续扩大资产规模，经营态度比较谨慎。

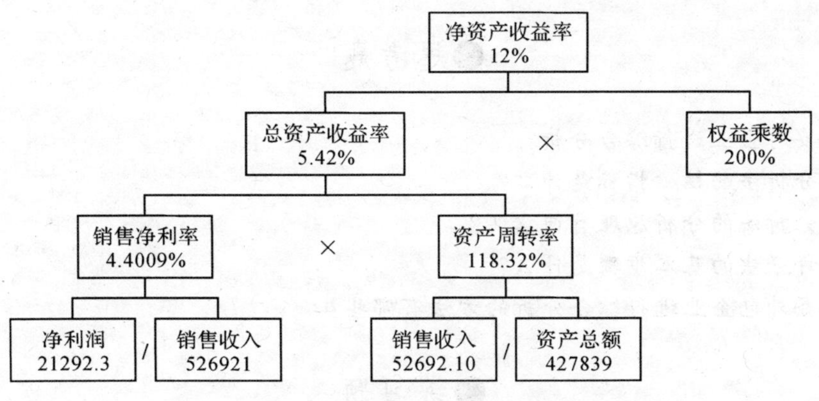

图 12-1　2015 年浙大网新杜邦分析(单位:万元)

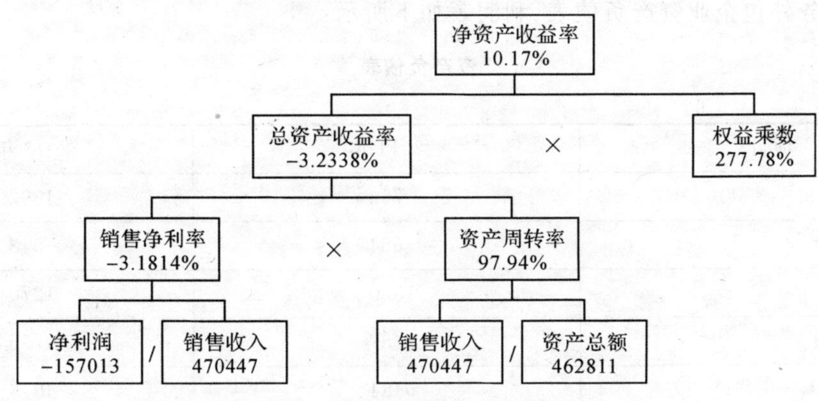

图 12-2　2014 年浙大网新杜邦分析(单位:万元)

(五)杜邦分析

从 2014 年到 2015 年的杜邦分析图中可以看出,浙大网新的净资产收益率显著提高,这主要与企业总资产收益率提高有关,而总资产收益率之所以提高与企业在销售业务中能够扭亏为盈相关。从杜邦分析图可以看出企业扭亏为盈的效果是显著的,净利润由小于 0 到达到 21292.3 万元,因此企业的总资产收益率大幅度提高;同时总资产收益率的提高也与企业加快了资产周转速度,提高了对资产的利用效率有关。而权益乘数的降低说明企业的负债程度降低,债权人权益受保护的程度越高。

三、财务分析结论

通过以上分析可以看出,从 2014 年到 2015 年浙大网新的盈利能力发生了较大变化,企业在 2015 年经营战略决策的调整给企业带来了明显的扭亏为盈,也导致其他能力有所提升。这说明服务外包企业面临的经营环境复杂多变,经营战略方针需要适时调整;但经营战略目标的实现需要相对稳定的盈利能力作为保障,企业以后的发展必须考虑实现盈利能力的稳定性、持久性。

●思考题

1. 为何要对企业进行综合分析?
2. 杜邦分析法的核心指标是什么?
3. 杜邦分析法的分析原理有何意义?
4. 沃尔评分法的基本步骤是什么?
5. 对服务外包企业进行综合分析的方法有哪些?

●练习题

1. 某服务外包企业资产负债表、利润表如下所示:

资产负债表

单位:百万元

项目	2014 年	2013 年
货币资金	753	1392
应收账款	684	548
存货	1560	1270
固定资产净额	2487	1766
资产总额	5484	4976
流动负债	1888	2632
长期负债	342	292
负债总额	2230	2924
股本	992	882
资本公积	2262	1170
所有者权益	3254	2052

利润表

单位:百万元

项目	2014 年	2013 年
主营业务收入	3328	3421
主营业务成本	2541	2321
主营业务利润	787	1100
减:营业费用	279	295

续　表

项目	2014 年	2013 年
管理费用	100	115
财务费用	23	44
利润总额	385	646
减:所得税	127	213
净利润	258	433

要求:请计算出一些相应的财务指标,对以上财务报表中反映的该企业情况进行综合分析评价,并编写财务报表分析报告。

附录　复习题及参考答案(模拟试卷)

复习题一

一、单选题(每小题1分,共15分)

1.会计报表分中投资人是指(　　)。

A.社会公众　B.金融机构　C.优先股东　D.普通股东

2.流动资产和流动负债的比值被称为(　　)。

A.流动比率　B.速动比率　C.营运比率　D.资产负债比率

3.当法定盈余公积达到注册资本的(　　)时可以不再计提。

A.5%　B.10%　C.25%　D.50%

4.可以用于偿还流动负债的流动资产指(　　)。

A.存出投资款　B.回收期在一年以上的应收款项

C.现金　D.存出银行汇票存款

5.减少企业流动资产变现能力的因素是(　　)。

A.取得商业承兑汇票　B.未决诉讼、仲裁形成的或有负债

C.有可动用的银行贷款指标　D.长期投资到期收回

6.可以分析评价长期偿债能力的指标是(　　)。

A.存货周转率　B.流动比率　C.保守速动比率　D.利息保障倍数

7.要想取得财务杠杆效应应当使全部资本利润率(　　)借款利息率。

A.大于　B.小于　C.等于　D.无关系

8.计算应收账款周转率时应使用的收入指标是(　　)。

A.主营业务收入　B.赊销收入净额　C.销售收入　D.营业利润

9.当销售利润率一定时,投资报酬率的高低直接取决于(　　)。

A.销售收入的多少　B.营业利润的高低

C.投资收益的大小　D.资产周转率的快慢

10.销售毛利率=1-(　　)。

A.变动成本率　B.销售成本率　C.成本费用率　D.销售利润率

11.投资报酬分析的最主要分析主体是(　　)。

A.短期债权人　B.长期债权人　C.上级主管部门　D.企业所有者

12.在企业编制的会计报表中反映财务状况变动的报表是(　　)。

A.现金流量表　B.资产负债表

C.利润表　D.股东权益变动表

13. 确定现金流量的计价基础是(　　)。

A. 权责发生制　　B. 应收应付制

C. 收入费用配比制　　D. 收付实现制

14. 当现金流量适合比率(　　)时表明企业经营活动所形成的现金流量恰好能够满足企业日常基本需要。

A. 大于 1　　B. 小于 1　　C. 等于 1　　D. 接近 1

15. 通货膨胀环境下，一般采用(　　)能够较为精确地计量收益。

A. 个别计价法　　B. 加权平均法　　C. 先进先出法　　D. 后进先出法

二、多选题(每小题 2 分，共 20 分)

1. 国有资本金效绩评价的对象是(　　)。

A. 国家控股企业　　B. 有限责任公司　　C. 所有公司制企业

D. 国有独资企业　　E. 股份有限公司

2. 保守速动资产一般是指以下几项流动资产(　　)。

A. 短期证券投资净额　　B. 待摊费用　　C. 预付账款

D. 应收账款净额　　E. 货币资金

3. 企业持有货币资金主要是为了(　　)。

A. 投机的需要　　B. 经营的需要　　C. 投资的需要　　D. 获利的需要

E. 预防的需要

4. 与息税前利润相关的因素包括(　　)。

A. 投资收益　　B. 利息费用　　C. 营业费用

D. 净利润　　E. 所得税

5. 属于非财务计量指标的是(　　)。

A. 市场增加值　　B. 服务　　C. 创新　　D. 雇员培训

E. 经济收益

6. 存货周转率可以以(　　)为基础的存货周转率计算。

A. 主营业务收入　　B. 主营业务成本　　C. 其他业务收入

D. 营业费用　　E. 其他业务成本

7. 股票获利率的高低取决于(　　)。

A. 股利政策　　B. 现金股利的发放　　C. 股票股利

D. 股票市场价格的状况　　E. 期末股价

8. 下面事项中能导致普通股股数发生变动的是(　　)。

A. 企业合并　　B. 库藏股票的购买　　C. 可转换债券转为普通股

D. 股票分割　　E. 增发新股　　F. 子公司可转换为母公司普通股的证券

9. 下列经济事项中不能产生现金流量的有(　　)。

A. 出售固定资产　　B. 企业从银行提取现金

C. 投资人投入现金　　D. 将库存现金送存银行

E. 企业用现金购买将于 3 个月内到期的国库券

10.(　　)是计算固定支出偿付倍数时应考虑的因素。

A. 所得税率　　B. 优先股股息　　C. 息税前利润

D. 利息费用　　E. 融资租赁费中的利息费用

三、判断题(每题1分,共10分)

1. 比较分析主要有三个标准:历史标准、同业标准、预算标准。　(　　)
2. 营运资金是一个绝对指标不利于不同企业之间的比较。　(　　)
3. 营业周期越短,资产流动性越强,资产周转相对越快。　(　　)
4. 从银行的角度分析,企业资产负债率越高越好,其债权安全性越高。　(　　)
5. 酸性测试比率也可以被称为现金比率。　(　　)
6. 通常情况下,速动比率保持在1左右较好。　(　　)
7. 存货发出计价采用后进先出法时,在通货膨胀情况下会导致高估本期利润。　(　　)
8. 在进行同行业比较分析时最常用的是选择同业最先进水平平均水平作为比较的依据。　(　　)
9. 企业放宽信用政策就会使应收账款增加从而增大了发生坏账损失的可能。　(　　)
10. 企业要想获取收益必须拥有固定资产,因此运用固定资产可以直接为企业创造收入。　(　　)

四、名词解释(每题5分,共15分)

1. 资产负债率
2. 息税前利润
3. 市盈率

五、计算分析题(第1题15分,第2题25分,共40分)

1. 根据下列数据计算存货周转率及周转天数:

　流动负债40万元　流动比率2.2　速动比率1.2　销售成本80万元

　毛利率20%　年初存货30万元

2. 某企业全部资产总额为6000万元,流动资产占全部资产的40%,其中存货占流动资产的一半,流动负债占流动资产的30%。

　请分别计算发生以下交易后的营运资本、流动比率、速动比率。

　(1)购买材料,用银行存款支付4万元,其余6万元为赊购;

　(2)购置机器设备价值60万元,以银行存款支付40万元,余款以生产成品抵消;

　(3)部分应收账款确认为坏账,金额28万元,同时借入短期借款80万元。

复习题二

一、单选题(每小题2分,共20分)

1. 下列项目不属于资本公积核算范围的是(　　)。

A. 股本溢价　　B. 提取公积金

C. 法定资产重估增值　　D. 接受捐赠

2.成龙公司 2000 年的主营业务收入为 60111 万元，其中年初资产总额为 6810 万元，年末资产总额为 8600 万元，该公司总资产周转率及周转天数分别为(　　)。

A. 8.83 次　40.77 天　　B. 6.99 次　51.5 天

C. 8.83 次　51.5 天　　D. 7.8 次　46.15 天

3.企业(　　)时，可以增强流动资产的实际变现能力。

A.取得应收票据贴现款　　B.为其他单位提供债务担保

C.拥有较多的长期资产　　D.有可动用的银行贷款指标

4.某企业的流动资产为 360000 元，长期资产为 4800000 元，流动负债为 205000 元，长期负债为 780000 元，则资产负债率为(　　)。

A. 15.12%　B. 19.09%　C. 16.25%　D. 20.52%

5.企业为股东创造财富的主要手段是增加(　　)。

A.自由现金流量　B.净利润　C.净现金流量　D.营业收入

6.假设某公司普通股 2000 年的平均市场价格为 17.8 元，其中年初价格为 16.5 元，年末价格为 18.2 元，当年宣布的每股股利为 0.25 元。则该公司的股票获利率是(　　)%。

A. 25　B. 0.08　C. 10.96　D. 1.7

7.资产负债表的附表是(　　)。

A.应交增值税明细表　B.分部报表　C.利润分配表　D.会计报表附注

8.(　　)产生的现金流量最能反映企业获取现金的能力。

A.投资活动　B.经营活动　C.筹资活动　D.以上各项均是

9.企业当年实现销售收入 3800 万元，净利润 480 万元，资产周转率为 3，则总资产收益率为(　　)%。

A. 4.21　B. 12.63　C. 25.26　D. 37.89

10.确定现金流量的计价基础是(　　)。

A.权责发生制　　B.应收应付制

C.收付实现制　　D.收入费用配比制

二、多选题(每小题 2 分，共 20 分)

1.影响企业资产周转率的因素包括(　　)。

A.资产的管理力度　　B.经营周期的长短

C.资产构成及其质量　　D.企业所采用的财务政策

E 所处行业及其经营背景

2.(　　)属于收回投资所收到的现金。

A.收回固定资产　　B.收回长期债权投资的利息

C.收回除现金等价物以外的短期投资　　D.收回长期债权投资本金

E.收回非现金资产

3.不能用于偿还流动负债的流动资产有(　　)。

A.信用卡保证金存款　B.有退货权的应收账款　C.存出投资款

D.回收期在一年以上的应收账款　　E.现金

4. 与息税前利润相关的因素包括(　　)。
A. 利息费用　　B. 所得税　　C. 营业费用
D. 净利润　　E. 投资收益

5. (　　)是计算固定支出偿付倍数时应考虑的因素。
A. 所得税率　　B. 优先股股息　　C. 息税前利润
D. 利息费用　　E. 融资租赁费中的利息费用

6. 分析企业投资报酬情况时可使用的指标有(　　)。
A. 市盈率　　B. 股票获利率　　C. 市净率
D. 销售利润率　　E. 资产周转率

7. 在会计报表附注中应披露的会计政策有(　　)。
A. 所得税的处理方法　　B. 借款费用的处理
C. 存货的毁损和过时损失　　D. 长期待摊费用的摊销期
E. 坏账损失的核算

8. 计算存货周转率时应考虑的因素有(　　)。
A. 主营业务收入　　B. 期初存货净额
C. 期末存货净额　　D. 主营业务成本
E. 存货平均净额

9. 分析长期资本收益率指标所适用的长期资本额是指(　　)。
A. 长期负债　　B. 长期股票投资　　C. 长期债券投资
D. 所有者权益　　E. 长期资产

10. 在现金再投资比率中总投资具体是指(　　)项目之和。
A. 流动资产　　B. 固定资产总额　　C. 对外投资
D. 其他长期资产　　E. 营运资金

三、判断题(每小题 1 分,共 10 分)

1. 会计报表是传输信息的一个重要工具。(　)
2. 在进行会计报表分析时只可以选择一个分析标准。(　)
3. 即将到期的 3 年定期存款仍不属于现金。(　)
4. 经营活动产生的现金净流量大于零,说明企业当期实现了净利润。(　)
5. 对债权人而言,企业资产负债率越高越好。(　)
6. 对任何企业而言,速动比率大于 1 才是正常的。(　)
7. 一般来讲,存货周转次数越多越好,周转天数越少越好。(　)
8. 营业成本越高,营业收入毛利率越高。(　)
9. 不良资产比率越高,表明企业资产质量越差,利用效率越低。(　)
10. 速动资产是流动资产中变现能力较强的那部分资产。(　)

四、名词解释(每小题 5 分,共 10 分)

1. 速动资产
2. EPS

五、计算分析题(第 1 题 15 分,第 2 题 25 分,共 40 分)

1. 甲公司 2012 年实现营业收入 3500 万元,年初流动资产和流动负债分别为 900 万元、600 万元,年末流动资产和流动负债分别为 1100 万元、700 万元。根据上述资料:

(1)计算该公司 2012 年年初和年末的营运资金及当年平均营运资金;

(2)计算当年营运资金周转率。

2. 丙公司 2012 年度会计报表主要资料如表 1、表 2 所示:

表 1　资产负债表

2012 年 12 月 31 日　　单位:万元

资产	金额	负债及所有者权益	金额
现金	764	应付账款	516
应收账款	1156	应付票据	336
存货	700	其他流动负债	468
固定资产净额	1170	长期负债	1026
		实收资本	1444
资产合计	3790	负债及所有者权益合计	3790

根据上述资料,计算该公司的如下财务指标,并对企业的偿债能力进行分析。

(1)流动比率:

(2)速动比率:

(3)营运资金:

(4)资产负债率:

(5)产权比率:

(6)权益乘数:

复习题三

一、单选题(每小题 2 分,共 20 分)

1. 获利能力是(　　)最关心的核心问题。

A. 投资者　　B. 债权人　　C. 职工　　D. 客户

2. 资产负债表的附表是(　　)。

A. 利润分配表　　B. 分部报表

C. 会计报表附注　　D. 应交增值税明细表

3. 减少企业流动资产变现能力的因素是(　　)。

A. 取得商业承兑汇票　　B. 未决诉讼、仲裁形成的或有负债

C. 有可动用的银行贷款指标　　D. 长期投资到期收回

4. 资产运用效率是指资产利用的有效性和(　　)。

A. 完整性　　B. 充分性　　C. 真实性　　D. 流动性

5. (　　)可以用来反映企业的财务效益。

A. 资本积累率　　B. 已获利息倍数　　C. 资产负债率　　D. 总资产报酬率

6. 如果某企业以收入基础计算的存货周转率为 16 次,而以成本为基础的存货周转率为 12 次,又已知本年毛利 32000 元,则平均存货为(　　)元。

A. 2000　　B. 2667　　C. 8000　　D. 128000

7. 以下对市盈率表述正确的是(　　)。

A. 过高的市盈率蕴含着较高的风险　　B. 过高的市盈率意味着较低的风险

C. 市盈率越高越好　　D. 市盈率越低越好

8. 在选择利息偿付倍数指标时,一般应选择几年中(　　)的利息偿付倍数指标作为最基本的标准。

A. 最高　　B. 平均　　C. 最低　　D. 没有标准

9. 股票获利率中的每股利润是(　　)。

A. 每股收益　　B. 每股股利

C. 每股股利＋每股市场利得　　D. 每股利得

10. (　　)不属于财务弹性分析。

A. 每股经营活动现金流量　　B. 现金流量适合比率

C. 现金再投资比率　　D. 现金股利保障倍数

二、多选题(每小题 2 分,共 20 分)

1. 存货周转率可以(　　)为基础的存货周转率计算。

A. 主营业务收入　　B. 主营业务成本　　C. 其他业务收入

D. 营业费用　　E. 其他业务成本

2. 会计报表分析的原则可以概括为(　　)。

A. 目的明确原则　　B. 动态分析原则　　C. 系统分析原则

D. 成本效益原则　　E. 实事求是原则

3. 属于非财务计量指标的是(　　)。

A. 市场增加值　　B. 服务　　C. 创新

D. 雇员培训　　E. 经济收益

4. 企业持有货币资金主要是为了(　　)

A. 投机的需要　　B. 经营的需要　　C. 投资的需要

D. 获利的需要　　E. 预防的需要

5. 下面各项关于租赁资产的叙述错误的是(　　)。

A. 企业可以通过经营租赁或融资租赁方式获得资产的使用权

B. 经营租赁实际上就是一种暂时性租赁

C. 融资租赁资产不能作为企业的自有资产

D. 一般情况下长期经营租赁费用中的利息费用为租赁金额的 1/3

E. 融资租赁期满,租赁资产必须归还出租公司

6. 保守速动资产一般是指以下几项流动资产(　　)。

A. 短期证券投资净额　　B. 待摊费用

C. 预付账款　　D. 应收账款净额

E. 货币资金

7. 如果某公司的资产负债率为60%,则可以推算出(　　)。

A. 全部负债占资产的比重为60%

B. 产权比率为1.5

C. 所有者权益占资金来源的比例少于一半

D. 在资金来源构成中负债占3/5,所有者权益占2/5

8. 分析企业投资报酬情况时可使用的指标有(　　)。

A. 市盈率　　B. 股票获利率　　C. 市净率

D. 销售利润率　　E. 资产周转率

9. 下列业务中属于支付给职工以及为职工支付的现金有(　　)。

A. 支付给职工工资奖金　　B. 支付职工社会保险基金

C. 支付职工的住房公积金　　D. 支付职工困难补助

E. 支付给退休人员工资

10. 影响企业资产周转率的因素包括(　　)。

A. 资产的管理力度　　B. 经营周期的长短

C. 资产构成及其质量　　D. 企业所采用的财务政策

E. 所处行业及其经营背景

三、判断题(每小题1分,共10分)

1. 计提折旧不影响当期的现金流。(　　)

2. 企业当期发生的成本总额的增加意味着利润的下降和企业管理水平的降低。(　　)

3. 营业收入中关联方交易所占比重越大,说明企业营业收入的质量越低。(　　)

4. 息税前利润等于利润总额加上管理费用。(　　)

5. 资产负债表中某项目的变动幅度越大,对资产或权益的影响就越大。(　　)

6. 固定资产比例越高,说明企业资产的弹性越好。(　　)

7. 流动资产周转率总是和营业收入成正比。(　　)

8. 资产负债率是反映企业的营业能力的主要指标。(　　)

9. 企业财务综合分析方法包括平衡计分卡。(　　)

10. 杜邦分析法的核心指标是销售毛利率。(　　)

四、名词解释(每小题5分,共15分)

1. 总资产息税前利润率

2. 现金流量表

五、计算分析题(第1题15分,第2题25分,共40分)

1. 已知某公司资产总额450万元,流动资产占30%。其中货币资金有25万元,其余为应收

账款和存货。所有者权益项目共计280万元，本年实现毛利90万元。年末流动比率1.5，产权比率0.6，收入基础的存货周转率10次，成本基础的存货周转率8次。根据以上数据，计算下列指标：应收账款、存货、长期负债、流动负债、流动资产的数额。

2.资料：已知某企业2010年、2011年有关资料如下表：

金额单位：万元

项目	2010年	2011年
销售收入	280	350
其中 赊销收入	76	80
全部成本	235	288
其中 销售成本	108	120
管理费用	87	98
财务费用	29	55
销售费用	11	15
利润总额	45	62
所得税	15	21
税后净利	30	41
资产总额	128	198
其中 固定资产	59	78
现金	21	39
应收账款 平均	8	14
存货	40	67
负债总额	55	88

要求：运用杜邦分析法对该企业的净资产收益率及其增减变动原因进行分析。

复习题四

一、单选题（每小题1分，共15分）

1.利润表的附表是（　　）。

A.利润分配表　　B.分部报表

C.会计报表附注　　D.应交增值税明细表

2.正大公司2001年年末资产总额为1650000元，负债总额为1023000元，计算产权比率为（　　）。

A.0.62　　B.0.61　　C.0.38　　D.1.63

3.企业的应收账款周转天数为90天，存货周转天数为180天，则简化计算营业周期为

(　　)天。

A. 90　　B. 180　　C. 270　　D. 360

4. 企业(　　)时,可以增强流动资产的实际变现能力。

A. 取得应收票据贴现款　　B. 为其他单位提供债务担保

C. 拥有较多的长期资产　　D. 有可动用的银行贷款指标

5. 从严格意义上说,计算应收账款周转率时应使用的收入指标是(　　)。

A. 主营业务收入　　B. 赊销净额　　C. 销售收入　　D. 营业利润

6. 销售毛利率+(　　)=1。

A. 变动成本率　　B. 销售成本率　　C. 成本费用率　　D. 销售利润率

7. 已知企业上年营业利润为 2000 万元,实现销售甲产品 40 万件,本年实现销售该产品 46 万件,实现营业利润 2340 万元,则可以计算出经营杠杆系数为(　　)。

A. 1.17　　B. 1.15　　C. 1.13　　D. 0.98

8. 投资报酬分析的最主要分析主体是(　　)。

A. 短期债权人　　B. 长期债权人　　C. 上级主管部门　　D. 企业所有者

9. 假设某公司普通股 2000 年的平均市场价格为 17.8 元,其中年初价格为 16.5 元,年末价格为 18.2 元,当年宣布的每股股利为 0.25 元,则该公司的股票获利率是(　　)。

A. 25　　B. 0.08　　C. 10.96　　D. 1.7

10. 企业为股东创造财富的主要手段是增加(　　)。

A. 自由现金流量　　B. 净利润　　C. 净现金流量　　D. 营业收入

二、多选题(每小题 2 分,共 20 分)

1. 现金流量表中的现金包括(　　)。

A. 库存现金　　B. 活期存款　　C. 定期存款　　D. 短期证券

2. 以下属于筹资活动现金流量的项目有(　　)。

A. 接受的现金捐赠　　B. 对外现金捐赠　　C. 借款收到的现金　　D. 股票发行收入

3. 企业的长期债务包括(　　)。

A. 应付债券　　B. 长期应付款　　C. 长期股权投资　　D. 长期借款

4. 影响短期偿债能力的因素有(　　)。

A. 流动资产的数量和结构　　B. 流动负债的数量和结构

C. 经营现金流量　　D. 未来的发展

5. 息税前利润包括(　　)。

A. 净利润　　B. 管理费用　　C. 利息费用　　D. 所得税费用

6. 可以反映企业增长能力的指标有(　　)。

A. 资产增长率　　B. 销售增长率

C. 资本积累率　　D. 三年营业收入增长率

7. 用于反映资产质量的比率有(　　)。

A. 固定资产增长率　　B. 资产损失比率

C. 固定资产成新率　　D. 不良资产比率

8. 下列属于投资活动产生的现金流量有(　　)。

A. 购置固定资产支付的现金　　B. 处置无形资产的收入

C. 取得的投资收益　　D. 收回投资本金

9. 评价短期偿债能力的指标包括(　　)。

A. 流动比率　　B. 速动比率

C. 现金比率　　D. 营运资金

10. 当资产负债率大于50%时,下列正确的是(　　)。

A. 产权比率大于1　　B. 权益乘数大于2

C. 所有者权益比率小于50%　　D. 利息保障倍数大于1

三、判断题(每小题1分,共10分)

1. 对任何企业而言,速动比率大于1才是正常的。(　　)
2. 资产负债率不可能超过100%。(　　)
3. 利息保障倍数是评价企业盈利能力的指标。(　　)
4. EPS包括基本每股收益和稀释每股收益。(　　)
5. 在短期偿债能力分析中,最关心速动比率大小的是经营者。(　　)
6. 存货计价方法的变化会影响存货周转率指标的大小。(　　)
7. 不良资产比率越高表明企业资产质量越差,利用效率越低。(　　)
8. 单位毛利率越高,说明企业获利能力越强。(　　)
9. 息税前利润是企业的税前利润与利息费用之和。(　　)
10. 存货不属于速动资产的范畴。(　　)

四、名词解释(每题5分,共15分)

1. 产权比率
2. 雷达图分析法
3. 资本结构

五、计算分析题(第1题15分,第2题25分,共40分)

1. 根据下列数据计算存货周转率及周转天数。

流动负债40万元　流动比率2.2　速动比率1.2

销售成本80万元　毛利率20%　年初存货30万元

2. 某企业全部资产总额为6000万元,流动资产占全部资产的40%,其中存货占流动资产的一半。流动负债占流动资产的30%。请分别计算发生以下交易后的营运资本、流动比率、速动比率。

(1)购买材料,用银行存款支付4万元,其余6万元为赊购;

(2)购置机器设备价值60万元,以银行存款支付40万元,余款以生产成品抵消;

(3)部分应收账款确认为坏账金额28万元,同时借入短期借款80万元。

复习题五

一、单选题(每小题 1 分,共 10 分)

1. 会计报表根据分析主体不同,可以分为(　　)。
   A. 动态分析和静态分析　　B. 综合分析和专题分析
   C. 定期分析和不定期分析　　D. 内部分析和外部分析
2. 正大公司 2001 年年末资产总额为 1650000 元,负债总额为 1023000 元,计算产权比率为(　　)。
   A. 0.62　　B. 0.61　　C. 0.38　　D. 1.63
3. 企业的应收账款周转天数为 90 天,存货周转天数为 180 天,则简化计算营业周期为(　　)天。
   A. 90　　B. 180　　C. 270　　D. 360
4. 企业(　　)时,可以增强流动资产的实际变现能力。
   A. 取得应收票据贴现款　　B. 为其他单位提供债务担保
   C. 拥有较多的长期资产　　D. 有可动用的银行贷款指标
5. 从严格意义上说,计算应收账款周转率时应使用的收入指标是(　　)。
   A. 主营业务收入　　B. 赊销净额　　C. 销售收入　　D. 营业利润
6. 销售毛利率+(　　)=1。
   A. 变动成本率　　B. 销售成本率　　C. 成本费用率　　D. 销售利润率
7. 已知企业上年营业利润为 2000 万元,实现销售甲产品 40 万件,本年实现销售该产品 46 万件,实现营业利润 2340 万元,则可以计算出经营杠杆系数为(　　)。
   A. 1.17　　B. 1.15　　C. 1.13　　D. 0.98
8. 投资报酬分析的最主要分析主体是(　　)。
   A. 短期债权人　　B. 长期债权人　　C. 上级主管部门　　D. 企业所有者
9. 假设某公司普通股 2000 年的平均市场价格为 17.8 元,其中年初价格为 16.5 元,年末价格为 18.2 元,当年宣布的每股股利为 0.25 元。则该公司的股票获利率是(　　)。
   A. 25　　B. 0.08　　C. 10.96　　D. 1.7
10. 企业为股东创造财富的主要手段是增加(　　)。
   A. 自由现金流量　　B. 净利润　　C. 净现金流量　　D. 营业收入

二、多选题(每小题 2 分,共 20 分)

1. 会计报表的使用者主要有(　　)。
   A. 银行　　B. 供应商　　C. 潜在投资人　　D. 税务局
2. 偿债能力是(　　)最关心的核心内容。
   A. 银行　　B. 供应商　　C. 投资者　　D. 职工
3. 因素分析法包括(　　)。
   A. 差额分析法　　B. 连环替代法　　C. 比率分析法　　D. 趋势分析法

4. 会计报表分析的依据有(　　)。

A. 会计数据　B. 非会计数据　C. 审计报告　D. 分析标准

5. 会计报表分析常用的方法有(　　)。

A. 比较分析法　B. 趋势分析法　C. 结构分析法　D. 因素分析法

6. 以下属于企业收入的有(　　)。

A. 营业收入　B. 其他业务收入　C. 股利收入　D. 利息收入

7. 反映企业在某一时点财务状况的报表有(　　)。

A. 资产负债表　B. 利润表　C. 现金流量表　D. 存货明细表

8. 下列项目中属于速动资产的有(　　)。

A. 现金　B. 预付账款　C. 存货　D. 应收票据

9. 反映营运能力的指标有(　　)。

A. 总资产报酬率　B. 总资产周转率

C. 存货周转率　D. 应收账款周转率

10. 可用于反映资产质量的指标有(　　)。

A. 不良资产比率　B. 资产损失比率　C. 固定资产成新率　D. 资产周转率

三、名词解释(每小题 5 分,共 15 分)

1. 营运资本

2. 资本结构

3. 产权比率

四、简答题(每题 8 分,共 16 分)

1. 债权人进行会计报表分析的主要目的是什么?

2. 速动比率计算中为何要将存货扣除?

五、计算分析题(39 分)

1. 爱华公司 2011 年比较资产负债表如下:

爱华公司 2011 年比较资产负债表

单位:万元

项目	2010 年末	2011 年末	项目	2010 年末	2011 年末
货币资金	164551.57	100511.92	流动负债	487674.33	571762.19
交易性金融资产	109598.57	113635.64	非流动负债	857.15	1579.61
应收账款	540996.09	579749.09	负债合计	488531.48	573359.80
预付账款	10337.70	12581.96	股东权益		
存货	594130.03	719287.39	股本	216421.14	216421.14
其他流动资产	450.94	143.10	资本公积	406516.08	408075.74
流动资产合计	1420064.90	1525909.10	盈余公积	484056.72	487057.07
长期股权投资	19802.18	13913.55	未分配利润	168225.75	182122.98

续 表

项目	2010 年末	2011 年末	项目	2010 年末	2011 年末
固定资产	276421.89	280233.36			
无形资产及其他资产	47462.20	46980.72	股东权益合计	1275219.69	1293676.93
资产总计	1763751.17	1867036.72	负债与股东权益合计	1763751.17	1867036.73

根据以上资料，计算该公司 2010 和 2011 年末的如下财务指标，并对企业的偿债能力进行分析评价：

(1)营运资金：

(2)流动比率：

(3)速动比率：

(4)现金比率：

(5)资产负债率：

(6)产权比率：

(7)权益乘数：

复习题六

一、单选题(每小题 1 分，共 10 分)

1. 销售毛利率＋(　　)＝1。

A. 变动成本率　B. 销售成本率　C. 成本费用率　D. 销售利润率

2. 已知企业上年营业利润为 2000 万元，实现销售甲产品 40 万件，本年实现销售该产品 46 万件，实现营业利润 2340 万元，则可以计算出经营杠杆系数为(　　)。

A. 1.17　B. 1.15　C. 1.13　D. 0.98

3. 投资报酬分析的最主要分析主体是(　　)。

A. 短期债权人　B. 长期债权人

C. 上级主管部门　D. 企业所有者

4. 假设某公司普通股 2000 年的平均市场价格为 17.8 元，其中年初价格为 16.5 元，年末价格为 18.2 元，当年宣布的每股股利为 0.25 元。则该公司的股票获利率是(　　)。

A. 25　B. 0.08　C. 10.96　D. 1.7

5. 企业为股东创造财富的主要手段是增加(　　)。

A. 自由现金流量　B. 净利润　C. 净现金流量　D. 营业收入

6. 会计报表根据分析主体不同，可以分为(　　).

A. 动态分析和静态分析　B. 综合分析和专题分析

C. 定期分析和不定期分析　D. 内部分析和外部分析

7. 正大公司 2001 年年末资产总额为 1650000 元，负债总额为 1023000 元，计算产权比率为(　　)。

A. 0.62　　B. 0.61　　C. 0.38　　D. 1.63

8. 企业的应收账款周转天数为 90 天，存货周转天数为 180 天，则简化计算营业周期为(　　)天。

A. 90　　B. 180　　C. 270　　D. 360

9. 企业(　　)时，可以增强流动资产的实际变现能力。

A. 取得应收票据贴现款　　B. 为其他单位提供债务担保

C. 拥有较多的长期资产　　D. 有可动用的银行贷款指标

10. 从严格意义上说计算应收账款周转率时应使用的收入指标是(　　)。

A. 主营业务收入　　B. 赊销净额　　C. 销售收入　　D. 营业利润

二、多选题(每小题 2 分，共 20 分)

1. 以下属于企业收入的有(　　)。

A. 营业收入　　B. 其他业务收入　　C. 股利收入　　D. 利息收入

2. 反映企业在某一时点财务状况的报表有(　　)。

A. 资产负债表　　B. 利润表　　C. 现金流量表　　D. 存货明细表

3. 下列项目中属于速动资产的有(　　)。

A. 现金　　B. 预付账款　　C. 存货　　D. 应收票据

4. 反映营运能力的指标有(　　)。

A. 总资产报酬率　　B. 总资产周转率

C. 存货周转率　　D. 应收账款周转率

5. 可用于反映资产质量的指标有(　　)。

A. 不良资产比率　　B. 资产损失比率　　C. 固定资产成新率　　D. 资产周转率

6. 会计报表的使用者主要有(　　)。

A. 银行　　B. 供应商　　C. 潜在投资人　　D. 税务局

7. 偿债能力是(　　)最关心的核心内容。

A. 银行　　B. 供应商　　C. 投资者　　D. 职工

8. 因素分析法包括(　　)。

A. 差额分析法　　B. 连环替代法　　C. 比率分析法　　D. 趋势分析法

9. 会计报表分析的依据有(　　)。

A. 会计数据　　B. 非会计数据　　C. 审计报告　　D. 分析标准

10. 会计报表分析常用的方法有(　　)。

A. 比较分析法　　B. 趋势分析法　　C. 结构分析法　　D. 因素分析法

三、名词解释(每小题 5 分，共 15 分)

1. 产权比率

2. 资本结构

3. 营运资本

四、简答题(每题 8 分,共 16 分)

1.债权人进行会计报表分析的主要目的是什么?

2.速动比率计算中为何要将存货扣除?

五、计算分析题(39 分)

1.爱华公司 2011 年比较资产负债表如下:

爱华公司 2011 年比较资产负债表

单位:万元

项目	2010 年末	2011 年末	项目	2010 年末	2011 年末
货币资金	164551.57	100511.92	流动负债	487674.33	571762.19
交易性金融资产	109598.57	113635.64	非流动负债	857.15	1579.61
应收账款	540996.09	579749.09	负债合计	488531.48	573359.80
预付账款	10337.70	12581.96	股东权益		
存货	594130.03	719287.39	股本	216421.14	216421.14
其他流动资产	450.94	143.10	资本公积	406516.08	408075.74
流动资产合计	1420064.90	1525909.10	盈余公积	484056.72	487057.07
长期股权投资	19802.18	13913.55	未分配利润	168225.75	182122.98
固定资产	276421.89	280233.36			
无形资产及其他资产	47462.20	46980.72	股东权益合计	1275219.69	1293676.93
资产总计	1763751.17	1867036.72	负债与股东权益合计	1763751.17	1867036.73

根据以上资料,计算该公司 2010 和 2011 年末的如下财务指标,并对企业的偿债能力进行分析评价:

(1)营运资金:

(2)流动比率:

(3)速动比率:

(4)现金比率:

(5)资产负债率:

(6)产权比率:

(7)权益乘数:

复习题七

一、单选题(每小题 1 分,共 15 分)

1. 可以分析评价长期偿债能力的指标是(　　)。
A. 存货周转率　B. 流动比率　C. 保守速动比率　D. 利息保障倍数

2. 要想取得财务杠杆效应,应当使全部资本利润率(　　)借款利息率。
A. 大于　B. 小于　C. 等于　D. 无关系

3. 计算应收账款周转率时应使用的收入指标是(　　)。
A. 主营业务收入　B. 赊销收入净额　C. 销售收入　D. 营业利润

4. 当销售利润率一定时,投资报酬率的高低直接取决于(　　)。
A. 销售收入的多少　B. 营业利润的高低
C. 投资收益的大小　D. 资产周转率的快慢

5. 销售毛利率=1-(　　)。
A. 变动成本率　B. 销售成本率　C. 成本费用率　D. 销售利润率

6. 会计报表分中投资人是指(　　)。
A. 社会公众　B. 金融机构　C. 优先股东　D. 普通股东

7. 流动资产和流动负债的比值被称为(　　)。
A. 流动比率　B. 速动比率　C. 营运比率　D. 资产负债比率

8. 当法定盈余公积达到注册资本的(　　)时可以不再计提。
A. 5%　B. 10%　C. 25%　D. 50%

9. 可以用于偿还流动负债的流动资产指(　　)。
A. 存出投资款　B. 回收期在一年以上的应收款项
C. 现金　D. 存出银行汇票存款

10. 减少企业流动资产变现能力的因素是(　　)。
A. 取得商业承兑汇票　B. 未决诉讼、仲裁形成的或有负债
C. 有可动用的银行贷款指标　D. 长期投资到期收回

11. 投资报酬分析的最主要分析主体是(　　)。
A. 短期债权人　B. 长期债权人　C. 上级主管部门　D. 企业所有者

12. 在企业编制的会计报表中,反映财务状况变动的报表是(　　)。
A. 现金流量表　B. 资产负债表
C. 利润表　D. 股东权益变动表

13. 确定现金流量的计价基础是(　　)。
A. 权责发生制　B. 应收应付制　C. 收入费用配比制　D. 收付实现制

14. 当现金流量适合比率(　　)时表明企业经营活动所形成的现金流量恰好能够满足企业日常基本需要。
A. 大于 1　B. 小于 1　C. 等于 1　D. 接近 1

15.通货膨胀环境下,一般采用(　　)能够较为精确地计量收益。

A.个别计价法　　B.加权平均法

C.先进先出法　　D.后进先出法

二、多选题(每小题2分,共20分)

1.国有资本金效绩评价的对象是(　　)。

A.国家控股企业　　B.有限责任公司　　C.所有公司制企业

D.国有独资企业　　E.股份有限公司

2.保守速动资产一般是指以下几项流动资产(　　)。

A.短期证券投资净额　　B.待摊费用　　C.预付账款

D.应收账款净额　　E.货币资金

3.企业持有货币资金主要是为了(　　)。

A.投机的需要　　B.经营的需要　　C.投资的需要

D.获利的需要　　E.预防的需要

4.与息税前利润相关的因素包括(　　)。

A.投资收益　　B.利息费用　　C.营业费用

D.净利润　　E.所得税

5.属于非财务计量指标的是(　　)。

A.市场增加值　　B.服务　　C.创新

D.雇员培训　　E.经济收益

6.存货周转率可以以(　　)为基础的存货周转率计算。

A.主营业务收入　　B.主营业务成本　　C.其他业务收入

D.营业费用　　E.其他业务成本

7.股票获利率的高低取决于(　　)。

A.股利政策　　B.现金股利的发放　　C.股票股利

D.股票市场价格的状况　　E.期末股价

8.下面事项中,能导致普通股股数发生变动的是(　　)。

A.企业合并　　B.库藏股票的购买

C.可转换债券转为普通股　　D.股票分割

E.增发新股　　F.子公司可转换为母公司普通股的证券

9.下列经济事项中,不能产生现金流量的有(　　)。

A.出售固定资产　　B.企业从银行提取现金

C.投资人投入现金　　D.将库存现金送存银行

E.企业用现金购买将于3个月内到期的国库券

10.(　　)是计算固定支出偿付倍数时应考虑的因素。

A.所得税率　　B.优先股股息　　C.息税前利润

D.利息费用　　E.融资租赁费中的利息费用

三、判断题(每题1分,共10分)

1.比较分析主要有三个标准:历史标准、同业标准、预算标准。 ( )

2.营运资金是一个绝对指标不利于不同企业之间的比较。 ( )

3.营业周期越短,资产流动性越强,资产周转相对越快。 ( )

4.从银行的角度分析,企业资产负债率越高越好,其债权安全性越高。 ( )

5.酸性测试比率也可以被称为现金比率。 ( )

6.通常情况下,速动比率保持在1左右较好。 ( )

7.存货发出计价采用后进先出法时,在通货膨胀情况下会导致高估本期利润。 ( )

8.在进行同行业比较分析时最常用的是选择同业最先进水平平均水平作为比较的依据。 ( )

9.企业放宽信用政策就会使应收账款增加从而增大了发生坏帐损失的可能。 ( )

10.企业要想获取收益必须拥有固定资产,因此运用固定资产可以直接为企业创造收入。 ( )

四、名词解释(每题5分,共15分)

1.市盈率

2.息税前利润

3.资产负债率

五、计算分析题(第1题15分,第2题25分,共40分)

1.根据下列数据计算存货周转率及周转天数:

流动负债40万元　流动比率2.2　速动比率1.2

销售成本80万元　毛利率20%　年初存货30万元

2.某企业全部资产总额为6000万元,流动资产占全部资产的40%,其中存货占流动资产的一半。流动负债占流动资产的30%。

请分别计算发生以下交易后的营运资本、流动比率、速动比率。

(1)购买材料,用银行存款支付4万元,其余6万元为赊购;

(2)购置机器设备价值60万元,以银行存款支付40万元,余款以生产成品抵消;

(3)部分应收账款确认为坏账,金额28万元,同时借入短期借款80万元。

复习题八

一、名词解释(每题5分,共15分)

1.产权比率

2.雷达图分析法

3.资本结构

二、单选题(每小题1分,共15分)

1.利润表的附表是(　　)。

A.利润分配表　　B.分部报表

C. 会计报表附注　　D. 应交增值税明细表

2. 正大公司 2001 年年末资产总额为 1650000 元，负债总额为 1023000 元，计算产权比率为(　　)。

A. 0.62　　B. 0.61　　C. 0.38　　D. 1.63

3. 企业的应收账款周转天数为 90 天，存货周转天数为 180 天，则简化计算营业周期为(　　)天。

A. 90　　B. 180　　C. 270　　D. 360

4. 企业(　　)时，可以增强流动资产的实际变现能力。

A. 取得应收票据贴现款　　B. 为其他单位提供债务担保

C. 拥有较多的长期资产　　D. 有可动用的银行贷款指标

5. 从严格意义上说，计算应收账款周转率时应使用的收入指标是(　　)。

A. 主营业务收入　　B. 赊销净额　　C. 销售收入　　D. 营业利润

6. 销售毛利率＋(　　)＝1。

A. 变动成本率　　B. 销售成本率　　C. 成本费用率　　D. 销售利润率

7. 已知企业上年营业利润为 2000 万元，实现销售甲产品 40 万件，本年实现销售该产品 46 万件，实现营业利润 2340 万元，则可以计算出经营杠杆系数为(　　)。

A. 1.17　　B. 1.15　　C. 1.13　　D. 0.98

8. 投资报酬分析的最主要分析主体是(　　)。

A. 短期债权人　　B. 长期债权人　　C. 上级主管部门　　D. 企业所有者

9. 假设某公司普通股 2000 年的平均市场价格为 17.8 元，其中年初价格为 16.5 元，年末价格为 18.2 元，当年宣布的每股股利为 0.25 元。则该公司的股票获利率是(　　)。

A. 25　　B. 0.08　　C. 10.96　　D. 1.7

10. 企业为股东创造财富的主要手段是增加(　　)。

A. 自由现金流量　　B. 净利润　　C. 净现金流量　　D. 营业收入

三、多选题(每小题 2 分，共 20 分)

1. 现金流量表中的现金包括(　　)。

A. 库存现金　　B. 活期存款　　C. 定期存款　　D. 短期证券

2. 以下属于筹资活动现金流量的项目有(　　)。

A. 接受的现金捐赠　　B. 对外现金捐赠

C. 借款收到的现金　　D. 股票发行收入

3. 企业的长期债务包括(　　)。

A. 应付债券　　B. 长期应付款　　C. 长期股权投资　　D. 长期借款

4. 影响短期偿债能力的因素有(　　)。

A. 流动资产的数量和结构　　B. 流动负债的数量和结构

C. 经营现金流量　　D. 未来的发展

5. 息税前利润包括(　　)。

A. 净利润　　B. 管理费用　　C. 利息费用　　D. 所得税费用

6. 可以反映企业增长能力的指标有（　　）。

A. 资产增长率　　B. 销售增长率

C. 资本积累率　　D. 三年营业收入增长率

7. 用于反映资产质量的比率有（　　）。

A. 固定资产增长率　B. 资产损失比率　C. 固定资产成新率　D. 不良资产比率

8. 下列属于投资活动产生的现金流量有（　　）。

A. 购置固定资产支付的现金　　B. 处置无形资产的收入

C. 取得的投资收益　　D. 收回投资本金

9. 评价短期偿债能力的指标包括（　　）。

A. 流动比率　B. 速动比率　C. 现金比率　D. 营运资金

10. 当资产负债率大于50%时，下列正确的是（　　）。

A. 产权比率大于1　　B. 权益乘数大于2

C. 所有者权益比率小于50%　　D. 利息保障倍数大于1

四、判断题（每小题1分，共10分）

1. 对任何企业而言，速动比率大于1才是正常的。（　　）
2. 资产负债率不可能超过100%。（　　）
3. 利息保障倍数是评价企业盈利能力的指标。（　　）
4. EPS包括基本每股收益和稀释每股收益。（　　）
5. 在短期偿债能力分析中，最关心速动比率大小的是经营者。（　　）
6. 存货计价方法的变化会影响存货周转率指标的大小。（　　）
7. 不良资产比率越高表明企业资产质量越差，利用效率越低。（　　）
8. 单位毛利率越高，说明企业获利能力越强。（　　）
9. 息税前利润是企业的税前利润与利息费用之和。（　　）
10. 存货不属于速动资产的范畴。（　　）

五、计算分析题（第1题15分，第2题25分，共40分）

1. 根据下列数据计算存货周转率及周转天数。

流动负债40万元　流动比率2.2　速动比率1.2

销售成本80万元　毛利率20%　年初存货30万元

2. 某企业全部资产总额为6000万元，流动资产占全部资产的40%，其中存货占流动资产的一半。流动负债占流动资产的30%。

请分别计算发生以下交易后的营运资本、流动比率、速动比率。

（1）购买材料用银行存款支付4万元，其余6万元为赊购；

（2）购置机器设备价值60万元，以银行存款支付40万元，余款以生产成品抵消；

（3）部分应收账款确认为坏账金额28万元，同时借入短期借款80万元。

复习题九

一、名词解释(每小题5分,共15分)

1.营运资本

2.资本结构

3.产权比率

二、单选题(每小题1分,共10分)

1.会计报表根据分析主体不同,可以分为(　　)。

A.动态分析和静态分析　　B.综合分析和专题分析

C.定期分析和不定期分析　　D.内部分析和外部分析

2.正大公司2001年年末资产总额为1650000元,负债总额为1023000元,计算产权比率为(　　)。

A.0.62　　B.0.61　　C.0.38　　D.1.63

3.企业的应收账款周转天数为90天,存货周转天数为180天,则简化计算营业周期为(　　)天。

A.90　　B.180　　C.270　　D.360

4.企业(　　)时,可以增强流动资产的实际变现能力。

A.取得应收票据贴现款　　B.为其他单位提供债务担保

C.拥有较多的长期资产　　D.有可动用的银行贷款指标

5.从严格意义上说计算应收账款周转率时应使用的收入指标是(　　)。

A.主营业务收入　　B.赊销净额　　C.销售收入　　D.营业利润

6.销售毛利率+(　　)=1。

A.变动成本率　　B.销售成本率　　C.成本费用率　　D.销售利润率

7.已知企业上年营业利润为2000万元,实现销售甲产品40万件,本年实现销售该产品46万件,实现营业利润2340万元,则可以计算出经营杠杆系数为(　　)。

A.1.17　　B.1.15　　C.1.13　　D.0.98

8.投资报酬分析的最主要分析主体是(　　)。

A.短期债权人　　B.长期债权人　　C.上级主管部门　　D.企业所有者

9.假设某公司普通股2000年的平均市场价格为17.8元,其中年初价格为16.5元,年末价格为18.2元,当年宣布的每股股利为0.25元,则该公司的股票获利率是(　　)。

A.25　　B.0.08　　C.10.96　　D.1.7

10.企业为股东创造财富的主要手段是增加(　　)。

A.自由现金流量　　B.净利润　　C.净现金流量　　D.营业收入

三、多选题(每小题2分,共20分)

1.会计报表的使用者主要有(　　)。

A.银行　　B.供应商　　C.潜在投资人　　D.税务局

2. 偿债能力是(　　)最关心的核心内容。

A. 银行　B. 供应商　C. 投资者　D. 职工

3. 因素分析法包括(　　)。

A. 差额分析法　B. 连环替代法　C. 比率分析法　D. 趋势分析法

4. 会计报表分析的依据有(　　)。

A. 会计数据　B. 非会计数据　C. 审计报告　D. 分析标准

5. 会计报表分析常用的方法有(　　)。

A. 比较分析法　B. 趋势分析法　C. 结构分析法　D. 因素分析法

6. 以下属于企业收入的有(　　)。

A. 营业收入　B. 其他业务收入　C. 股利收入　D. 利息收入

7. 反映企业在某一时点财务状况的报表有(　　)。

A. 资产负债表　B. 利润表　C. 现金流量表　D. 存货明细表

8. 下列项目中属于速动资产的有(　　)。

A. 现金　B. 预付账款　C. 存货　D. 应收票据

9. 反映营运能力的指标有(　　)。

A. 总资产报酬率　B. 总资产周转率

C. 存货周转率　D. 应收账款周转率

10. 可用于反映资产质量的指标有(　　)。

A. 不良资产比率　B. 资产损失比率　C. 固定资产成新率　D. 资产周转率

四、简答题(每题 8 分,共 16 分)

1. 债权人进行会计报表分析的主要目的是什么?

2. 速动比率计算中为何要将存货扣除?

五、计算分析题(39 分)

1. 安泰公司 2011 年比较资产负债表如下:

安泰公司 2011 年比较资产负债表

单位:万元

项目	2010 年末	2011 年末	项目	2010 年末	2011 年末
货币资金	164551.57	100511.92	流动负债	487674.33	571762.19
交易性金融资产	109598.57	113635.64	非流动负债	857.15	1579.61
应收账款	540996.09	579749.09	负债合计	488531.48	573359.80
预付账款	10337.70	12581.96	股东权益		
存货	594130.03	719287.39	股本	216421.14	216421.14
其他流动资产	450.94	143.10	资本公积	406516.08	408075.74
流动资产合计	1420064.90	1525909.10	盈余公积	484056.72	487057.07
长期股权投资	19802.18	13913.55	未分配利润	168225.75	182122.98

续　表

项目	2010年末	2011年末	项目	2010年末	2011年末
固定资产	276421.89	280233.36			
无形资产及其他资产	47462.20	46980.72	股东权益合计	1275219.69	1293676.93
资产总计	1763751.17	1867036.72	负债与股东权益合计	1763751.17	1867036.73

根据以上资料，计算该公司2010和2011年末的如下财务指标，并对企业的偿债能力进行分析评价。

(1)营运资金：

(2)流动比率：

(3)速动比率：

(4)现金比率：

(5)资产负债率：

(6)产权比率：

(7)权益乘数：

复习题十

一、单选题(每小题1分，共15分)

1.会计报表分析的最终目的是(　　)。

A.阅读会计报表　B.做出某种判断　C.决策支持　D.解析报表

2.下列不属于会计报表分析对象的是(　　)。

A. 筹资活动　B.经营活动　C.投资活动　D.管理活动

3.通过相关经济指标的对比分析以确定指标之间差异或指标发展趋势的方法是(　　)。

A.比率分析法　B.比较分析法　C.因素分析法　D.平衡分析法

4.股东进行会计报表分析时将更为关注企业的(　　)。

A. 偿债能力　B. 营运能力　C. 获利能力　D. 投资能力

5.基于比较分析法的比较标准，下列各项具有可比性的是(　　)。

A.中国石油的销售利润率与中国石化的成本费用率

B.家乐福超市与麦当劳的销售额

C.苏宁电器本年一季度利润额与上年年度利润额

D.百度本年一季度利润指标与本年一季度计划利润指标

6.下列方法中常用于因素分析的是(　　)。

A.比较分析法　B.比率分析法　C.连环替代法　D.平衡分析法

7.下列关于偿债能力的理解错误的是(　　)。

A. 偿债能力是指企业清偿到期债务的资产保障程度
B. 偿债能力分为短期偿债能力和长期偿债能力
C. 短期偿债能力分析要看企业流动资产的多少和质量以及流动负债的多少与质量
D. 分析企业的长期偿债能力主要是为了确定企业偿还债务本金和支付债务利息的能力

8. 流动资产转换为现金所需要的时间即我们通常所说的（　　）。
A. 短期偿债能力　　B. 流动性　　C. 长期偿债能力　　D. 营运资金

9. 短期偿债能力是企业的任何利益关系人都应重视的问题。下面说法不正确的是（　　）。
A. 短期偿债能力弱，企业获得商业信用的可能性会降低
B. 企业短期偿债能力下降通常是获利水平降低和投资机会减少的先兆
C. 企业短期偿债能力下降将直接导致债权人无法收回其本金与利息
D. 对企业的供应商和消费者来说，短期偿债能力的强弱意味着企业履行合同能力的强弱

10. 下列有关速动比率的理解不正确的是（　　）。
A. 速动比率只是揭示了速动资产与流动负债的关系，是一个静态指标
B. 速动资产中包含了流动性较差的应收账款，使速动比率所反映的偿债能力受到怀疑
C. 各种预付款项的变现能力也很差
D. 速动比率是速动资产与速动负债的比值，是流动比率的一个重要的辅助指标

11. 下列有关短期偿债能力指标的判断正确的是（　　）。
A. 企业营运资金越多越好
B. 流动比率越高说明短期偿债能力越好，因此企业应该不断追求更高的流动比率
C. 不同行业的速动比率会有很大差别，因此不存在统一的速动比率标准
D. 现金比率高不能说明企业支付能力强，所以这个指标过高不一定是好事

12. 下列指标不属于资本结构比率的是（　　）。
A. 资产负债率　　B. 固定支出保障倍数
C. 产权比率　　D. 权益乘数

13. 对于计算利息费用保障倍数时使用息税前利润的原因，下列各种理解中不正确的是（　　）。
A. 如果使用税后利润，不包括利息支出，将会低估企业偿付利息的能力
B. 如果使用税后利润，不包括所得税，也会低估企业偿付利息的能力
C. 因为利息支出是剔除了资本化利息后计算的，因此对评价企业偿付利息能力不产生影响
D. 因为所得税在支付利息后才计算，故应将所得税加回到税后利润中

14. 计算固定资产周转次数时“固定资产占用额”的取值可用（　　）。
A. 固定资产总额　　B. 固定资产折旧额
C. 固定资产变现价值　　D. 固定资产净值

15. 在一定时期内，企业应收账款的周转天数越多，周转次数越少，说明（　　）。
A. 企业收回应收账款的速度越快，信用销售管理严格
B. 应收账款的流动性强，从而有利于增强企业短期偿债能力

C. 收账费用和坏账损失减少,流动资产的投资收益相对增加

D. 企业的营业资金过多滞留在应收账款上,资金的机会成本变大

二、多选题(每小题 2 分,共 20 分)

1. 存货周转率可以(　　)为基础的存货周转率计算。

A. 主营业务收入　B. 主营业务成本　C. 其他业务收入

D. 营业费用　E. 其他业务成本

2. 会计报表分析的原则可以概括为(　　)。

A. 目的明确原则　B. 动态分析原则　C. 系统分析原则

D. 成本效益原则　E. 实事求是原则

3. 属于非财务计量指标的是(　　)。

A. 市场增加值　B. 服务　C. 创新

D. 雇员培训　E. 经济收益

4. 企业持有货币资金主要是为了(　　)。

A. 投机的需要　B. 经营的需要　C. 投资的需要

D. 获利的需要　E. 预防的需要

5. 下面各项关于租赁资产的叙述错误的是(　　)。

A. 企业可以通过经营租赁或融资租赁方式获得资产的使用权

B. 经营租赁实际上就是一种暂时性租赁

C. 融资租赁资产不能作为企业的自有资产

D. 一般情况下长期经营租赁费用中的利息费用为租赁金额的 1/3

E. 融资租赁期满租赁资产必须归还出租公司

6. 保守速动资产一般是指以下几项流动资产(　　)。

A. 短期证券投资净额　B. 待摊费用

C. 预付账款　D. 应收账款净额

E. 货币资金

7. 如果某公司的资产负债率为 60%,则可以推算出(　　)。

A. 全部负债占资产的比重为 60%

B. 产权比率为 1.5

C. 所有者权益占资金来源的比例少于一半

D. 在资金来源构成中负债占 3/5,所有者权益占 2/5

8. 分析企业投资报酬情况时可使用的指标有(　　)。

A. 市盈率　B. 股票获利率　C. 市净率

D. 销售利润率　E. 资产周转率

9. 下列业务中属于支付给职工以及为职工支付的现金有(　　)。

A. 支付给职工工资奖金　B. 支付职工社会保险基金

C. 支付职工的住房公积金　D. 支付职工困难补助

E. 支付给退休人员工资

10.影响企业资产周转率的因素包括(　　)。

A.资产的管理力度　　B.经营周期的长短

C.资产构成及其质量　　D.企业所采用的财务政策

E.所处行业及其经营背景

三、判断题(每小题1分,共10分)

1.计提折旧不影响当期的现金流。(　　)

2.企业当期发生的成本总额的增加意味着利润的下降和企业管理水平的降低。(　　)

3.营业收入中关联方交易所占比重越大,说明企业营业收入的质量越低。(　　)

4.息税前利润等于利润总额加上管理费用。(　　)

5.资产负债表中某项目的变动幅度越大,对资产或权益的影响就越大。(　　)

6.固定资产比例越高,说明企业资产的弹性越好。(　　)

7.流动资产周转率总是和营业收入成正比。(　　)

8.资产负债率是反映企业的营业能力的主要指标。(　　)

9.企业财务综合分析方法包括平衡计分卡。(　　)

10.杜邦分析法的核心指标是销售毛利率。(　　)

四、名词解释(每小题5分,共15分)

1.资本结构

2.营运资本

3.每股收益

五、计算分析题(第1题15分,第2题25分,共40分)

1.已知某公司资产总额450万元,流动资产占30%。其中货币资金有25万元,其余为应收账款和存货。所有者权益项目共计280万元,本年实现毛利90万元。年末流动比率1.5,产权比率0.6,收入基础的存货周转率10次,成本基础的存货周转率8次。

要求计算下列指标:应收账款、存货、长期负债、流动负债、流动资产的数额。

2.资料:已知某企业2010年、2011年有关资料如下表:

单位:万元

项目	2010年	2011年
销售收入	280	350
其中　赊销收入	76	80
全部成本	235	288
其中　销售成本	108	120
管理费用	87	98
财务费用	29	55
销售费用	11	15
利润总额	45	62

续　表

项目	2010 年	2011 年
所得税	15	21
税后净利	30	41
资产总额	128	198
其中 固定资产	59	78
现金	21	39
应收账款平均	8	14
存货	40	67
负债总额	55	88

要求:运用杜邦分析法对该企业的净资产收益率及其增减变动原因进行分析。

参考文献

[1] [美]K. R. 苏布拉马尼亚姆. 财务报表分析[M]. 11 版. 北京：中国人民大学出版社，2015.
[2] [美]查尔斯·吉普森. 会计报表分析[M]. 7 版. 大连：东北财经大学出版社，1998.
[3] [美]怀特. 财务报表分析与运用[M]. 李志强，译. 北京：中信出版社，2008.
[4] [美]利奥波德·伯恩斯坦. 会计报表分析[M]. 5 版. 北京：北京大学出版社，2004.
[5] [美]罗宾逊. 国际财务报表分析[M]. 北京：机械工业出版社，2015.
[6] 崔也光. 会计报表分析[M]. 天津：南开大学出版社，2002.
[7] 何韧. 会计报表分析[M]. 上海：上海财经大学出版社，2010.
[8] 姜国华. 财务报表分析与证券投资[M]. 北京：北京大学出版社，2008.
[9] 康健，胡祖光. 产业集群脆弱性测度模式初探[J]. 经济地理，2012，32(2)：111-115.
[10] 康健，胡祖光. 产业集群情境下出版企业供应链分析[J]. 中国出版，2012，(8)：17-20.
[11] 康健. 服务企业虚拟经营战略实施途径研究——基于价值链的视角[J]. 河南社会科学，2011，(2)：163-165.
[12] 康健，胡祖光. 基于区域产业互动的三螺旋协同创新能力评价研究[J]. 科研管理，2014，35(5)：19-26.
[13] 康健. 基于物元分析的虚拟服务企业风险评估模型研究[J]. 科技管理研究，2009，(4)：183-185.
[14] 康健. 价值链重构视角下服务企业虚拟经营战略研究[J]. 中国商贸，2010，(8)：14-15.
[15] 康健. 竞争情报系统在战略资源评价中的应用研究[J]. 情报杂志，2007，(11)：20-21，25.
[16] 康健. 论服务企业虚拟经营战略的研究视角[J]. 企业经济，2009，(5)：70-72.
[17] 康健. 培育我国出版产业集群的竞争力研究[J]. 编辑之友，2013，(10)：33-36.
[18] 康健. 新经济环境下企业战略管理中的关键点控制研究[J]. 经济视角，2010，(5)：20-21.
[19] 康健. 战略性新兴产业集群化发展的供应链支持网络绩效提升研究——以衡阳市文化创意产业为例[J]. 经济视角，2012，(12)：19-22 .
[20] 康健，胡祖光. 战略性新兴产业与生产性服务业协同创新研究：演化博弈推演及协同度测度[J]. 科技管理研究，2015，35(4)：154-161.
[21] 康晓明. 跟我学财务报表分析[M]. 北京：电子工业出版社，2014.
[22] 李敏. 会计报表解读与分析[M]. 上海：上海财务大学出版社，2011.
[23] 李心合，赵华. 会计报表分析[M]. 北京：中国人民大学出版社，2003.
[24] 梁美仪. 财务报表分析从入门到精通[M]. 北京：清华大学出版社，2015.

[25] 刘桔林.会计报表分析[M].北京:经济科学出版社,2013.
[26] 刘文国.会计报表分析[M].2版.上海:上海财经大学出版社,2013.
[27] 陆正飞.财务报告与分析[M].北京:北京大学出版社,2009.
[28] 单喆敏.上市公司财务报表分析[M].上海:上海财经大学出版社,2004.
[29] 谭中阳.财务报表分析从入门到精通[M].北京:人民邮电出版社,2015.
[30] 唐欣.基于BP神经网络模型的企业绿色经营绩效评价方法[J].统计与决策,2012,(2):87-88.
[31] 唐欣.循环经济视角下企业绩效三重评价模型的构建[J].企业经济,2009,(6):38-41.
[32] 唐欣.构建企业环境会计报告模式的设想[J].商业会计,2008,(16):16-17.
[33] 唐欣.基于模糊数学评价的环境投资项目绩效审计模式研究[J].财会研究,2010,(4):47-49.
[34] 唐欣.竞争情报系统在企业环境价值链重构中的应用研究[J].财政监督,2009,(12):14-15.
[35] 唐欣.作业成本法在环境成本核算中的应用——基于啤酒生产企业的分析[J].财会通讯,2009,(2):54-55.
[36] 唐欣.基于环境价值链的环境成本计量模型探讨[J].财会通讯,2008,(12):48-49.
[37] 唐欣.对真实性原则的几点思考[J].山西财经大学学报,2005,(2).
[38] 唐欣.AHP方法在战略管理会计竞争价值链分析中的应用[J].财会通讯,2006,(4).
[39] 王德发.会计报表分析[M].3版.北京:中国人民大学出版社,2011.
[40] 许拯声.会计报表分析[M].2版.北京:北京交通大学出版社,2012.
[41] 杨松涛,林小驰.财务报表分析[M].北京:中国金融出版社,2015.
[42] 袁淳,张新玲.会计报表分析(精要版)[M].北京:东北财经大学出版社,2010.
[43] 张学惠.会计报表分析[M].北京:清华大学出版社,2007.
[44] 张新民,钱爱民.会计报表分析(第二版)[M].北京:中国人民大学出版社,2011.
[45] 张远录,刘春秀.会计报表分析[M].北京:机械工业出版社,2006.
[46] 中国注册会计师协会.会计(注册会计师全国统一考试辅导教材)[M].北京:中国财政经济出版社,2010.
[47] 祝建军.会计报表分析[M].北京:经济科学出版社,2012.

后 记

财务报表分析是一个受到广泛关注的领域，本书通过介绍财务报表分析的基本理论，结合现实企业的经营状况阐述了会计报表分析的观念及方法。

在本书中，编者们尽量全面地说明财务报表分析的基本理论和方法，并且尽量拓宽视野，使得财务报表分析的内容始终与现实企业的经济活动紧密相连。但在本书稿完成之时，编者们依然感觉还不够完善，主要是对财务报表分析的背景，比如新经济形势和新的企业经营模式等了解未能深入，分析还有不足。

本书的完成得到了来自许多方面的支持和帮助。首先要感谢湖南工学院张平书记的鼓励，其次要感谢湖南工学院经济管理学院杨凤鸣院长、赵少平副院长的支持，然后还要感谢湖南工学院经济管理学院会计教研室的各位同事：邓小龙老师、周清老师、刘晓英老师、杨丽萍老师、李蓉老师、贺益生老师、唐瑜冲老师、沈航老师、徐飒老师、张黄老师、刘传福老师、洪敏老师、徐昱春老师、肖小月老师、杨湘琳老师、伍赛君老师等。对他们的每一份关心和帮助，我们都一直铭记在心。

谨以本书作为编者们近年来教学、科研、教研工作的一个阶段性成果，也期待在以后的工作中继续前行。

本书所有编者

2016 年 7 月